遺留分をめぐる紛争事例解説集

編集　星野　雅紀（日本大学大学院法務研究科教授
前千葉家庭裁判所長）

新日本法規

はしがき

近時、遺言の利用が一般化し、相続に対する市民的な関心が高くなるにつれて、相続をめぐる紛争が増加する傾向にある。その中でも、遺留分に関する紛争の増加が目立つとともに、これまでは、共同相続人間の紛争であったのが、共同相続人対第三者との紛争というように、質的な変化も見られるようになった。それに伴って、遺留分をめぐる紛争は、次第に複雑、困難さを加えてきており、その解決には、多大の時間を要する状況にある。

しかしながら、遺留分に関する文献は少なく、裁判例の蓄積がなされているにも関わらず、それを集積し、体系的な考察を加えた文献も散見されるにすぎない。

こうしたことを背景として、今回、「遺留分をめぐる紛争事例解説集」の刊行を企画した。多くの裁判例の中から実務の指針となるものを集め、相続事件等に精通した実務家による有意的な解説を付した。これにより遺留分に関する問題点を網羅的に概観することができ、実務的観点からの考察を加えることができたと自負している。

本書が、裁判官、弁護士あるいは裁判所書記官、調停委員、司法書士等の多くの実務家はもとより、研究者あるいは法曹を志す人たちの利便に供されることを望むものである。

終わりに、本書の刊行に際して、新日本法規出版株式会社の編集部局のご尽力を得たのをはじめ、資料の蒐集、提供、校正等に、多くの方々のご協力を得た。ここに記して、厚く御礼申し上げる次第である。

平成20年10月

星野　雅紀

編集・執筆者一覧

＜編　集＞

星野　雅紀（日本大学大学院法務研究科教授・前千葉家庭裁判所長）

＜執　筆＞（五十音順）

朝倉　亮子（横浜地方裁判所　判事）
大島佳奈子（家事調停官・弁護士）
大沼　洋一（駿河台大学法科大学院教授・弁護士）
岡口　基一（大阪高等裁判所　判事）
長　　秀之（東京家庭裁判所　判事）
金子　順一（国税不服審判所長）
日下部克通（千葉家庭裁判所佐倉支部　判事）
栗原　壯太（横浜家庭裁判所　判事）
佐藤　隆幸（法務省・外務省　検事）
佐藤　　卓（横浜家庭裁判所　判事補）
島田　充子（弁護士・元東京家庭裁判所　判事）
鈴木　秀雄（千葉家庭裁判所　判事）
鈴木　正弘（東京地方裁判所　判事）
佃　　浩一（水戸家庭裁判所長）
畠山　　新（千葉地方裁判所　判事）
畠山　　稔（東京地方裁判所　判事）

藤原　俊二（横浜家庭裁判所　判事）

古谷健二郎（長野地方裁判所佐久支部長　判事）

星野　雅紀（日本大学大学院法務研究科教授・前千葉家庭裁判所長）

本多　健司（神戸家庭・地方裁判所明石支部　判事補）

増永謙一郎（福島地方裁判所会津若松支部長　判事）

松葉佐隆之（神戸地方裁判所尼崎支部　判事）

水野　有子（東京家庭裁判所八王子支部　判事）

山下　　満（公証人）

山之内紀行（鹿児島地方裁判所　判事）

吉井　隆平（松江地方裁判所　判事）

吉田　尚弘（福岡法務局　訟務部長）

吉野内謙志（仙台家庭裁判所　判事補）

凡　　例

＜本書の趣旨＞

本書は、遺留分について争われた判例を分類・整理し、各判例について事案の概要や判決内容を示すとともに、コメントを加え、遺留分に関する紛争解決の実務の参考に資することをねらいとするものである。

＜本書の構成＞

本書は遺留分紛争に関する事例を、「序章」「第１章　遺留分」「第２章　遺留分の減殺（遺留分減殺請求権）」「第３章　価額による弁償」「第４章　遺留分の放棄」「第５章　その他」に分類し、第５章以外の各章の冒頭には［概　説］を設け、全般的な解説を行った。

各事例は**事案の概要**、**当事者の主張**、**裁判所の判断**、**コメント**から成り、必要に応じて**参考判例**を事例の末尾に掲載した。

なお、巻末に**判例年次索引**を設け、検索の便を図った。

＜表記の統一事項＞

1　法　令

本文中は原則としてフルネームを用い、根拠として（　）で表示する場合は略語を用い、条数等を含め、次の要領で略記した。

民法970条１項１号　＝（民970①一）

法令の略語は次のとおりである。

家審	家事審判法	弁護	弁護士法
家審規	家事審判法規則	民	民法
相税	相続税法	民執	民事執行法
非訟	非訟事件手続法	民訴	民事訴訟法
不登	不動産登記法	民保	民事保全法

また、民法は必要に応じて以下の略称を用いた。

①　明治民法…昭和22年法律第222号によって改正される前の民法

②　改正前民法…平成16年法律第147号によって改正される前の民法

2　判　例

判例の出典・根拠は、次のとおり表記した。

・最高裁判所平成20年１月24日判決　最高裁判所民事判例集62巻１号63頁、判例時報1999号73頁ほか

＝（最判平20・１・24民集62・１・63、判時1999・73ほか）

出典等の略語は次のとおりである。なお、公刊物に出典がないものは、事件番号を掲げ、かつ、最高裁判所ホームページに掲載されている場合は「最高裁ＨＰ」を出典として掲げた。

民録	大審院民事判決録
民集	最高裁判所（大審院）民事判例集
高民	高等裁判所民事判例集
裁判集民	最高裁判所裁判集民事
東高時報	東京高等裁判所判決時報
下民	下級裁判所民事裁判例集
行集	行政事件裁判例集
裁時	裁判所時報
家月	家庭裁判月報
新聞	法律新聞
評論全集	法律〔学説判例〕評論全集
訟月	訟務月報
判時	判例時報
判タ	判例タイムズ
金判	金融・商事判例
金法	金融法務事情
ジュリ	ジュリスト
判評	判例評論
曹時	法曹時報
法叢	法学論叢
最高裁HP	最高裁判所ホームページ

3　その他

明治民法の条文及び大審院判決はひらがな表記にした。

目　次

序　章

頁

概　説 …… 3

1　相続開始前に遺留分を侵害されたとして不動産仮登記を求めることの可否…… 8

2　遺留分減殺を登記原因とする所有権移転登記申請の可否…… 11

第1章　遺留分

概　説 …… 17

第1　遺言と遺留分

1　家督相続開始前相続人以外の者に対してした被相続人の全財産の贈与について公序良俗違反を理由に無効を求めることの可否…… 29

2　被相続人が相続人の一人に対してした全財産の遺贈について公序良俗違反を理由に無効を求めることの可否…… 33

3　女戸主がした財産留保について家督相続人の遺留分を害することを理由に無効を求めることの可否…… 36

4　遺言者の財産全部の包括遺贈について、遺留分権利者が受遺者に対し減殺請求権を行使して所有権移転登記手続を求めることの可否…… 40

5　特定の不動産を特定の相続人に相続させる趣旨の遺言がされた場合の遺留分減殺請求訴訟において、①遺言執行者を被告とすること、及び、②相続人の譲受人に対して遺留分減殺を求めることの可否…… 46

6　全部相続させる趣旨の遺言がされた場合、法定相続分に応じて分割された相続債務の額を遺留分の額に加算することの可否…… 52

第2　遺留分の財産の範囲

7　相続開始1年前の贈与のうち、遺留分算定の基礎となる財産に参入すべき「遺留分権利者に損害を加えることを知って」された贈与（民法1030条後段）の意義…… 57

8　「遺留分権利者に損害を加えることを知って」された贈与（民法1030条後段）に該当するか否かの具体的判断要素…… 61

9　停止条件付贈与契約の場合の「1年前」（民法1030条）の標準時…… 64

10　受給権者ないし受取人が固有の権利として取得する死亡退職手当、遺族年金及び生命保険金の特別受益該当性…… 67

11　相続人の一人を受取人と指定した保険金請求権を遺留分算定の基礎とすること及び遺留分減殺請求の対象とすることの可否…… 72

12　民法903条1項の定める相続人に対する贈与と遺留分減殺の対象（民法1030条の定める要件を満たすことの要否）…… 76

第3　財産の評価・算定方法

13　遺留分侵害の有無の算定時期と算定方法……………………79

14　負担付贈与と遺留分減殺請求権…………………………………83

15　相続人が被相続人から贈与された金銭についての特別受益額の算定方法………………………………………………………87

16　共同相続人の一部の相続放棄と他の共同相続人の遺留分……………………………………………………………………92

17　被相続人が相続開始時に債務を有していた場合における遺留分の侵害額の算定……………………………………………96

第4　遺留分と特別受益

18　被相続人が設立し経営していた会社からの相続人に対する死亡弔慰金の支払は特別受益に当たるか…………………101

19　被相続人を被保険者とする生命保険契約において、保険金受取人が「相続人」と指定されていたときに、相続人が取得した生命保険金は特別受益財産に当たるか…………105

20　遺留分の基礎財産の算定における、特別受益についての持戻し免除の意思表示の効力……………………………………110

21　自己を被保険者とする生命保険契約の契約者が死亡保険金の受取人を変更する行為と民法1031条に規定する遺贈又は贈与との該当性……………………………………………114

第5　遺留分と寄与分

22　遺留分減殺請求訴訟において、寄与分を抗弁として主張することの可否……………………………………………………118

23　寄与分を定めるに当たって、他の相続人の遺留分について考慮しないことの可否………………………………………123

第6　遺留分と債務

24　遺留分侵害額を算定するに当たって遺留分額から控除すべき「債務」に被相続人の保証債務を含めることの可否……128

第2章　遺留分の減殺（遺留分減殺請求権）

概　説……135

第1　遺留分減殺請求権の当事者

1　遺留分減殺請求権の性質……147
2　受贈者が目的物についての他の受贈者の持分を他の受贈者の持分放棄によって取得した場合に、遺留分権利者が民法1040条1項ただし書に基づき当該受贈者に対しその善意悪意にかかわらず遺留分減殺請求をすることの可否……152
3　自己の遺留分の範囲内で贈与又は遺贈を受けている受贈者又は受遺者に対する遺留分減殺請求の可否……155
4　不動産を相続人の一人に相続させ、遺言執行者を指定した遺言がある場合、他の相続人が遺留分減殺による所有権一部移転登記手続を求める訴訟を提起する際の被告……159
5　包括遺贈の減殺請求の相手方……165
6　遺留分減殺請求後の転得者に対する減殺請求の許否及び同請求権の消滅時効期間の起算点……170

7　遺留分減殺請求後に受遺者が目的物を第三者に譲渡した場合に遺留分権利者が受遺者に対し価額弁償の請求をすることの可否……175

8　遺留分権利者が受遺者に対し不法行為に基づく損害賠償を請求した場合に受遺者が価額弁償をして損害賠償義務を免れることの可否……180

第2　遺留分減殺請求権の行使

9　遺贈の目的物が複数ある場合における減殺請求権行使の方法……184

10　相続人に対する遺贈と民法1034条の「目的の価額」の趣旨……187

11　複数の贈与がある場合の減殺の方法……191

12　同一人に対する贈与、遺贈の目的物が複数存在する場合の遺留分権利者の選択権の有無……195

13　遺贈、死因贈与及び生前贈与がある場合の減殺の順序……199

14　遺贈より前に贈与の減殺をすることの可否……203

15　贈与の時期を異にする数個の贈与財産に対する遺留分減殺請求権の行使方法……206

16　受遺者への生前贈与の否認と遺留分減殺の意思表示……209

17　遺産分割協議の申入れ又は遺産分割調停の申立てと遺留分減殺の意思表示……213

18　遺産分割協議の申入れと遺留分減殺の意思表示……219

19　被相続人の生前、相続人間で遺留分の放棄について合意している場合に遺留分減殺請求権の行使が権利濫用となる場合(1)……225

20　被相続人の生前、相続人間で遺留分の放棄について合意している場合に遺留分減殺請求権の行使が権利濫用となる場合(2)……231

21　遺留分減殺請求権の行使により遺留分権利者に帰属する権利の性質(1)……237

22　遺留分減殺請求権の行使により遺留分権利者に帰属する権利の性質(2)……242

第3　遺留分減殺請求権の消滅

23　遺留分減殺請求権の行使の結果生じた目的物の返還請求権等と民法1042条所定の消滅時効……245

24①　民法1042条にいう減殺すべき贈与があったことを知った時の意義
②　遺留分権利者が減殺すべき贈与の無効を訴訟上主張している時と減殺すべき贈与があったことを知ったと推認される場合……250

25　相続人の一人に遺贈をする旨の遺言書の存在を知った他の相続人が訴訟で同遺言の効力を争っていた場合と遺留分減殺請求権の短期消滅時効の起算点……257

26　遺留分権利者が遺贈の無効を信じていたため遺留分減殺請求権を行使しなかった場合における遺留分減殺請求権の消滅時効の開始時期……261

27①　受贈者に対する遺留分減殺請求がなされた後に転得行為があった場合、転得者に対し重ねて減殺請求をすることの許否（消極）
②　贈与の目的物を転得した者に対する遺留分減殺請求権の消滅時効の起算点……265

28　遺留分減殺請求権の行使と時効中断の関係……………………269

29　遺留分減殺の対象としての要件を満たす贈与に基づき目的物を占有した者の取得時効の援用と減殺請求による遺留分権利者へのその目的物についての権利の帰属…………273

30　共同相続人の一部の間で土地所有権確認請求を棄却する判決が確定した場合に敗訴原告がその土地につき遺産確認の訴えを提起することの可否………………………………278

第4　遺留分減殺請求に関する手続

(1)　訴訟手続

31　共有物分割と遺産分割を審判手続の中で併せて行うことの可否…………………………………………………………………282

32　遺留分減殺請求訴訟における自己の取得分を増大させるため、遺産分割の申立てがされていないにもかかわらず、寄与分を定める処分の申立てをすることの可否…………286

33　遺産分割審判における遺留分減殺請求権行使の事実及びその効果を主張することの可否………………………………291

34　日本民法と相続分等の割合が異なる他国民法を適用することの可否……………………………………………………………295

35　価額弁償の抗弁が提出されていない場合に、遺留分権利者から価額弁償を請求することの可否…………………………299

36　遺留分減殺の抗弁に対し、原告が価額弁償の再抗弁を主張した場合に、弁償額の弁済をするか又はその提供を条件として請求を認容することの可否…………………………304

37　遺留分権利者からの不動産持分移転登記手続請求訴訟において、受遺者が裁判所が定めた価額による価額弁償の意思表示をした場合の判決主文(1)…………………………309

38　遺留分権利者からの不動産持分移転登記手続請求訴訟において、受遺者が裁判所が定めた価額による価額弁償の意思表示をした場合の判決主文(2)……………………………316

(2)　保全処分等

39　遺言無効確認の訴えの本案性について………………………320

40　遺留分減殺請求による土地共有持分の返還請求権を被保全権利とする処分禁止仮処分と特別事情による取消し……324

41　遺留分減殺請求に基づく共有持分移転の仮登記仮処分を求める場合の疎明内容……………………………………328

(3)　債権者代位

42　遺留分減殺請求権を債権者代位の目的とすることの可否………………………………………………………………………332

43　遺留分減殺請求権に対して債権差押えをすることの可否………………………………………………………………………337

第３章　価額による弁償

概　説 ……………………………………………………………343

1　遺留分権利者が受贈者又は受遺者に対し民法1041条１項の価額弁償を請求する訴訟における贈与又は遺贈の目的物の価額算定の基準時……………………………………347

2　特定物の遺贈につき履行がされた場合に民法1041条の規定により受遺者が遺贈の目的の返還義務を免れるためにすべき価額弁償の意義……352

3　遺留分減殺の訴えの判決確定後に民法1041条に定める価額弁償を行うことの可否……357

4　受贈者が目的物を第三者に処分した後に遺留分減殺請求がなされた場合の価額弁償の基準時……362

5　遺留分減殺の対象とされた贈与等の目的である各個の財産について価額弁償をすることの可否……367

6　価額弁償請求訴訟における弁償金に対する遅延損害金の起算点……372

7　遺留分権利者が、遺留分減殺によって取得した遺贈の目的物の所有権等を失い、価額弁償請求権を確定的に取得する時期……377

第4章　遺留分の放棄

概　説……383

1①　遺産分割協議の申入れと遺留分減殺の意思表示の関係

②　留置期間満了で返戻された内容証明郵便による遺留分減殺の意思表示の到達……389

2　推定相続人廃除審判に対する即時抗告中に遺留分放棄が認められた場合の廃除審判の可否……395

3　将来、履行が確実といえない贈与契約に基づく遺留分の放棄の許否……399
4　遺留分放棄の許可審判と非訟事件手続法19条１項の準用によるその取消しの認否……401
5　遺留分放棄許可審判取消しの申立ての可否……407
6　遺留分放棄許可審判の取消しが許されるための要件……412
7　遺留分放棄の許可取消しの申立てに基づく審判に対する不服申立ての可否……416

第５章　その他

第１　遺留分と登記

1　遺贈に係る不動産につき遺留分減殺請求権行使の結果、共有権者となった者から、当該不動産の第三取得者に対する登記の全部抹消請求の可否……423
2　被相続人が遺産である不動産を相続人の一人に包括遺贈した場合、他の相続人は、遺留分減殺請求権の行使の結果、当該不動産について遺留分割合による共有持分の移転登記手続を請求することの可否……427
3　遺贈の対象不動産についてされた共同相続登記を遺留分減殺請求による持分の相続登記に更正することの可否……432
4　不動産を単独相続した相続人が法定相続登記を単独相続登記に更正登記手続することを求めたのに対し、他の相続人が遺留分減殺請求権を行使したことを抗弁として主張することの可否……436

第2　遺留分と税務

5　法人に対する遺贈を目的としてされた遺留分減殺請求につき価額弁償がされた場合における所得税法59条１項のみなし譲渡課税の成否……441

6　遺贈を受けた法人が価額弁償により遺留分減殺請求に伴う現物返還を免れた場合における価額弁償額の損金算入時期……445

7　遺留分減殺請求に係る訴訟が係属していた場合における租税特別措置法39条1項所定の期間の起算点……449

8　遺留分減殺義務者から価額弁償を受けた場合における相続税法34条１項の相続税連帯納付義務……454

第3　その他

9　韓国民法の遺留分制度における贈与、特別受益等の解釈……458

10　遺留分減殺請求事件を受任した弁護士が期待された職務の遂行を怠ったとして慰謝料の支払を命じられた事例……463

11　弁護士である遺言執行者が遺留分減殺請求事件の代理人となることと弁護士倫理（当時）……468

判例年次索引……475

序　章

概　説

1　遺留分の沿革

(1)　遺留分制度の沿革

遺留分とは、相続が発生した場合、相続人のために一定割合の相続財産を確保する制度をいう。ところで、遺留分制度は、沿革的にゲルマン法の流れをくむフランス法型とローマ法の流れをくむドイツ法型がある。

前者は、被相続人の財産は家に帰属するという観念を基礎に置くもので、被相続人は、財産を一定の範囲（可譲分）においてのみ処分することができるにすぎず、その反面として、法定相続人に対しては一定の相続財産が保障されることとなる。そして、遺留分を有する相続人は、自己の相続分に相応する部分については、相続人としての権利を有し、被相続人が可譲分を超えて財産を処分した場合には、原則として現物を取り戻すこととなるが、近時は、フランス法においても、価値の返還を求める方向に転換されつつあるという。

後者は、遺言制度あるいは遺言の自由を基礎とする制度であるが、被相続人の権利の濫用から近親者が経済的に困窮するという弊害が生じたことから、これに対処する制度として、近親者（主に尊属・卑属及び兄弟姉妹）がわずかな相続しか受けなかったような場合には、その遺言を無効とする訴えを提起することができることとした。すなわち、被相続人は、自由に相続財産を処分することができるが、近親者に対しては、一定割合の財産を残さなければならない割合（義務分）を定め、遺言により受けた財産が、この義務分に満たないときには、相続人は、義務分に相当する出捐の返還を訴求することができるというものである。したがって、遺留分としての償還は、相続財産そのものの償還を求めるというよりは金銭的な債権として観念されるといえる。

(2) 日本における遺留分制度の変遷

明治民法の相続法は、「家」の制度といわゆる家督相続の制度を基本原理としたことから、遺留分については、ドイツ民法によることなくゲルマン型に立つフランス法の理念を基礎として立法がなされたといわれている（中川善之助＝加藤永一編『新版注釈民法(28)』445頁〔中川淳〕（有斐閣、補訂版、2002））。その結果、明治民法における遺留分権者は、「家督相続人」、「遺産相続人たる直系卑属」及び「資産相続人たる配偶者又は直系尊属」と定められ（明治民1130・1131）、相続人の資格において遺留分権を有するとされた。また、前記相続人は、遺留分権を侵害された場合、原則として相続財産の現物の返還を求めるが、減殺を受けるべき範囲において目的物の価値の弁済を求めることもできるとした。

戦後、昭和22年に改正された民法では、相続に関して家の制度、家督相続の制度が廃止されたことに伴って、遺留分制度についても、「家」を前提とした明治民法の遺留分制度が改められた。その結果、配偶者は、常に相続人として遺留分権を有するとともに、兄弟姉妹以外の相続人も、遺留分として一定の割合の額を受けることができることとなった。また、新たに家庭裁判所の許可を得て相続開始前に遺留分の放棄ができる旨の制度が定められた。そのほかは、明治民法における定めが大概踏襲された。なお、遺留分の割合については、昭和22年の改正では、直系卑属のみが相続人であるとき又は直系卑属及び配偶者が相続人であるときは２分の１、その他の場合には３分の１と改正されたが、昭和55年の改正において、さらに直系尊属のみが相続人である場合には３分の１、その他の場合には２分の１と改められ、配偶者に対する保障が強化された（民1028）（前示のとおり、相続人が、直系卑属のみであるとき、直系卑属と配偶者であるときは、従前と異なることはない。）。

2　遺留分制度の概観

(1)　遺留分の意義

民法における遺留分制度は、配偶者と兄弟姉妹以外の相続人について、一定割合の遺留分の保有を認めている。これは、遺留分制度が、家督相続人の相続権の保障、家の資産の保持という意味合いから配偶者及び近親者の生活保障という観点への変化に由来したことにあるといわれている。しかしながら、遺留分としての額は、抽象的な一定の割合が定められているにすぎないし、遺留分を行使するに当たっては、相続人の経済的状況等が考慮されることはない。このように民法の定める遺留分の割合は、必ずしも配偶者等の相続人の実質的な生活保障としての財産的基礎となる取り分の確保を理念とするものではない。このようなことに照らすと、遺留分における生活保障としての意義はおのずから補充的なものにとどまるといわざるを得ない（相続人の生活保障として、住宅等の特定の財産を保障するとか、相続財産から生存を保障される取り分を得ることができる定額的権利あるいは生活の基礎となる財産を優先的に取得し得る権利とを補充的に認める必要があることを指摘する見解もある（遠藤浩ほか編『民法(9)』253頁（有斐閣双書、第4版増補補訂版、2005）。）。

(2)　相続人の遺留分

民法における遺留分は、被相続人が相続財産を処分するに当たっては、一定の相続人に対し抽象的な割合としての相続財産を留保することを求めるものである。民法が遺留分権利者として定めるのは、兄弟姉妹とその代襲相続人を除く者であり（民1028）、具体的には直系卑属、直系尊属及び配偶者である。

遺留分は、直系尊属のみが相続人である場合は、被相続人の財産の３分の１、その他の場合（このケースとしては、直系卑属のみが相続人の場合、直系卑属と配偶者が相続人の場合、配偶者と直系尊属が相続人の場合、配偶者と兄弟姉妹が相続人の場合、配偶者のみが相続人の場合が考えられる。）は、被相続人の財産の２分の１である。この遺留分の割合については、昭和55年の改正の際、配偶者の法定相続分が引き上げられたことによって、配偶者の遺留分の割合が引き上げられたことは、先に触れたとおりである。

相続開始前の遺留分の放棄については、家庭裁判所の許可を得ることによりその効力を生ずるとした（民1043①）。放棄は、遺留分の全部を放棄することも、その一部を放棄することも可能である。放棄によって他の相続人の遺留分が増加するものでなく（民1043②）、被相続人の行った処分が減殺を免れる。

(3)　遺留分と贈与

被相続人は、生前においては、自己の財産を自由に処分することができる立場にある。遺留分制度の下において、相続人に対し一定の割合の相続財産を保留しなければならないから、被相続人の処分も、その割合を侵害しない限り、相続財産を自己の財産として自由に処分することができるということになる。そして、遺留分算定の基礎となる財産に参入されるのは、相続開始前の１年間になされた贈与と当事者双方が遺留分権利者に損害を加えることを知ってなした贈与に限るとされる（民1030）。この贈与は、贈与契約の締結が相続開始前１年間になされれば足り、その履行が１年間内になされた場合は含まれないし、贈与をした当事者に害意があるか否かを問わないと解されている。贈与契約として締結されたものだけでなく、広く無償による財産の処分行為を含むとされている。また、当事者双方が遺留分権利者に損害を加えることを知ってなした贈与は、１年以前になされたものであっても算入される。この場合の贈与は、遺留分権利者に損害を加えるべき事実関係を知ること、将来（相続開始の日までに）被相続人の財産に何らの変動がないこと、少なくともその増加がないことの予見の下に贈与したとする事実が認められなければならない（大判昭11・6・17民集15・1246）。（なお、同大判は、贈与から19年という長期間を経過した贈与については、加害の認識を認めがたいとして、減殺されるものではないとする（高木多喜男「遺留分の算定」家族法大系刊行委員会編『家族法大系Ⅶ』292頁（有斐閣、1960）参照）。）。

有償行為による財産の処分であっても、当事者が不当な対価で処分したとか、遺留分権を有する者に損害を加えることを知りながら処分したなどという特段の事由が存する場合には、贈与とみなされる（民1039）。

また、特別受益者の相続分に関する民法903条が準用されることから、婚姻若しくは養子縁組、生計の資本として贈与を受けた時は、贈与の時期、その贈与が遺留分権利者に損害を与えるか否かを問わず、原則として遺分の算定財産に算入される。ただし、減殺請求を認めることが相続人に酷であるという特段の事由が存する場合には除外される（最判平10・3・24民集52・2・433、判時1638・82ほか（**第1章・事例12**））。

負担付贈与の場合は、その目的の価額から負担に相当する部分の価額を控除したものについて遺留分の算定の対象となる（民1038）。

遺留分を侵害した贈与等は、当然に無効となるものでなく、減殺請求を受けるにとどまる。

このように遺留分の対象となる処分行為を一定に限ることにより、取引の安全との調和を図ったものといえる。

(4) 遺留分の権利行使

遺留分は、前示のとおり、相続人のために一定割合の相続財産を確保する制度であるから、遺留分が問題となるのは、相続が開始し、相続人の相続分の侵害という事実が存した場合である。

1　相続開始前に遺留分を侵害されたとして不動産仮登記を求めることの可否

相続開始前においては贈与に関し、将来減殺請求権を生ずべき法律関係も存在しないとして、不動産に対し将来の請求権を保全する仮登記をすることはできないとした事例

（大三民決大6・7・18民録23・1161）

事案の概要

○当事者

抗告人X：第1順位の推定相続人（家督相続人）

相手方Y：受贈者

○事実経過

――	第1順位の推定相続人である抗告人Xは、被相続人が生前にその所有財産の全部を他人に贈与した。
――	そこで、抗告人Xは、受贈者Yに対し、その財産のうち遺留分の定率である2分の1又は3分の1の不動産を指定して、将来に確定すべき所有権移転の請求権を有するとして、仮登記をなすべきことを求めた。
――	原審は、相続人は遺留分減殺請求権を相続開始によって獲得するべきであり、相続開始前には、法律によって保護されるべき遺留分保全の減殺請求権は存

	しないとして、その申請を却下したため、抗告人Xは、これを不服として本件抗告の申立てをした。

裁判所の判断

「遺留分権利者たるには確定的に相続人と為りたるものならざるべからざるを以て相続開始したる後にあらざれば遺留分権利者なる者存在することなし〔中略〕推定相続人（例えば法定の推定家督相続人直系卑属たる推定遺産相続人の如し）は〔中略〕相続人と為るべき権利（相続権）を有し従って遺留分権利者となるべき期待権を有するものと言うことを得べき〔中略〕減殺請求権は叙上の如く相続開始後に至り遺留分侵害の事実確定したる上にあらざれば発生せざるのみならず其請求権は受贈者Yに対して贈与を相対的に取消すの権利にして贈与財産に関する物権的請求権にあらざるを以て相続開始前に於ては贈与に関し将来に於て減殺請求権を生ずべき法律関係も存在せざるものと謂わざるを得ず従って第一順位の推定相続人Xは被相続人の贈与したる不動産に対し〔中略〕将来の請求権を保全する為仮登記をなすことを得ざるものとす」

コメント

遺留分は、相続が発生した場合、相続人のために一定割合の相続財産を確保する制度であり、相続は、被相続人の死亡によって開始するから、被相続人の死亡によって相続人となる地位にある者、すなわち推定相続人には遺留分を主張する権利はないといえる。推定相続人の地位は、いまだ具体的かつ現実のものでなく、相続人としての順位あるいは地位を失う事由が生じなければ相続人となる地位にあるにすぎず、相続人となるべき期待権を有するにすぎない。したがって、仮に、被相続人が、推定相続人の遺留分を侵害する贈与をしたとしても、推定相続人は、法律上、遺留分権を有することを主張してその減殺を求めることはできない。

また、遺留分を侵害する贈与がなされても、被相続人が贈与した財産の価額を同額以上の財産を増殖した場合には遺留分侵害とはならず、結局、遺留分の侵害の有無は、相続開始の時にならなければ判明し、確定しないといわざるを得ない。遺留分減殺請求は、侵害された遺留分相当価額について行使できるものであるから、推定相続人の危険又は不安について、推定相続人については、法律上これを除去する利益がないといえる。

遺留分減殺請求権は、相続が開始した後は、具体的な権利となり、財産権の１つとなる。このような遺留分減殺請求権は、一身専属的な権利でないから、遺留分権利者の相続人、包括受遺者、相続分の譲受者等の包括承継人及び特定承継人らも遺留分減殺請求権を行使し得る立場にある（民1031）。

参考判例

○被相続人が仮装売買をしたとしても、その推定相続人であるというだけでは、上記売買の無効の確認を求めることはできないとされた事例（最判昭30・12・26民集９・14・2082、金法126・28ほか）

2　遺留分減殺を登記原因とする所有権移転登記申請の可否

遺留分減殺の意思表示に基づく仮登記仮処分が許されないとされた事例

（東京高決昭63・７・19東高時報39・５－８・43）

事案の概要

○当事者

抗告人Ｘ：亡Ａの相続人

相手方Ｙ：亡Ａの相続人

関係者亡Ａ：被相続人

○事実経過

——	相手方Ｙ及び抗告人Ｘらは亡Ａの相続人であり、抗告人Ｘらは亡Ａの相続財産についてそれぞれ16分の１の遺留分を有している。
——	相手方Ｙは、亡Ａの「全財産を相手方に相続させる。」旨の遺言によって、亡Ａの全財産を相続する立場にある。
——	抗告人Ｘらは、相手方Ｙに対し、遺留分に基づいて減殺をする旨の意思表示をした。
——	そこで、抗告人Ｘらは、相手方Ｙに対し、抗告人Ｘらが亡Ａの相続財産について各16分の１の共有持分権を有することは明らかであるとして仮登記を求め

	たが、相手方Ｙは、これに応じなかったため、抗告人Ｘらは、本件仮登記仮処分の申立てをした。
——	抗告人Ｘら、これを却下した原決定を不服として、本件抗告の申立てをした。

裁判所の判断

「減殺の意思表示は右遺言によって指定された相手方Ｙの相続分を減殺したもの（いわゆる相続分の指定の減殺）であるから、これにより抗告人Ｘらは亡Ａの相続財産につき各16分の１の相続分（抗告人Ｘらのいう抽象的相続分）を有することになったというべきであるが、右減殺の意思表示により、抗告人Ｘらが特定の相続財産すなわち本件不動産についてその主張する共有持分を確定的に取得したかどうかは、右事実のみから当然に明らかであるとはいえない。すなわち、抗告人Ｘらが右減殺の結果、本件不動産につき確定的に所有権（その主張する各共有持分）を取得したというためには、抗告人Ｘらは、亡Ａの相続財産の範囲及びその総額を明らかにし、抗告人Ｘらが現実に得た相続利益と抗告人Ｘらが有する遺留分の割合によって算出された相続財産額とを比較して抗告人Ｘらの遺留分が侵害された割合を求めた上、右割合と抗告人Ｘらが本件不動産について主張する共有持分の割合が一致することを明らかにしなければならないというべきである。」

「そして、遺留分に基づく減殺を登記原因とする所有権（共有持分）移転の登記（仮登記を含む。）は、その登記原因に係る物権の変動が確定的に生じた場合になされるべきものであるから、前記のとおり、抗告人Ｘらが本件不動産について確定的に所有権（共有持分）を取得したことについて何ら具体的に主張し、立証しない以上、本件申請については、その申請に係る仮登記原因につき疎明がないものといわなければならない。」

コメント

1　遺留分権利者は、遺留分を保全するに必要な限度で、贈与等の減殺を請求することができる（民1031）。

遺留分を侵害する贈与等は、当然に無効となるのではなく、減殺請求をする対象となるにとどまると解されている。

遺留分の減殺請求をすることによって、その限度で贈与等の効力は失われ、相続人は、目的財産がいまだ給付されていない場合には、相手方からの給付請求に対してはこれを拒絶することができ、また、既に給付がなされている場合には、その現物の返還あるいは価額の返還を求めることができる。遺留分減殺請求権の法的性質は、一般的には形成権であり、減殺請求権の行使により物権的効力を生ずると解されている。これに対して、遺留分減殺請求によって贈与等の効力は失われることはなく、相続人らは、受贈者等に対して、対象物件の返還を求める請求権が生ずるにとどまるとする見解もあるが、実務的には多数を占めるには至っていない。

判例や多数の学説によると、遺留分減殺請求によって当該贈与等の効力は消滅し、目的物件の権利は遺留分権者に復帰することとなる。すなわち、減殺の効果として、復帰的な物権変動があったと見られ、その効果を第三者に対抗するには登記が必要である。

2　遺留分減殺請求権の行使は、贈与等を受けた者に対して一方的な意思表示をすることで足り、裁判外でも行使できる。裁判外で遺留分減殺請求をした場合は、これによって遺留分減殺の効力を生じ、裁判においては、その効果として生ずる現物の返還請求あるいは価額の返還を求めることになると解されている。

3　本件は、これまでの判例の立場に立って、遺留分減殺請求によって、抗告人らは相続財産の16分の１の相続分を有するに至ったとしながらも、減殺の意思表示により確定的に所有権（共有持分）を取得したというためには、相続財産の範囲及びその総額を明らかにすること、遺留分が侵害された割合を求め、その割合と共有持分の割合が一致することを明らかにすることが必要であると判示する。本決定は、減殺による物権変動については、厳しい主張・立証を求めているように見えるが、これは本件が特定不動産に対して減殺を登記原因とする仮登記仮処分を求める事案であることから、登記原因に係る物権変動すなわち減殺による物権変動が確定的に生じ、共有持分を確定的に取得したことを具体的に主張し、立証（疎明）することを求めるといえる。また、抗告人らが、本件における減殺の結果、相続財産につき16分の１の相続分を有することは明らかであるとして、その旨の登記を求めているとしても、このような登記は、減殺を登記原因とするものでなく、相続を登記原因とする登記又はその更正の登記を求めることによって実現すべきであるとし、保全の必要性についても言及しているといえよう。

本決定によると、遺留分減殺を登記原因とする仮登記仮処分を求める場合には、特定の不動産に対して減殺の意思表示をしただけでは、いまだ抽象的な相続分を有することとなったにとどまり、減殺を登記原因とする登記を求めるには、更に侵害された割合と当該不動産について主張する共有持分の割合が一致すること、ほかに登記手続の方法がないなど当該事件において減殺を原因とする所有権登記手続をする必要性があることを明らかにする必要があることとなる。

参考判例

◯減殺請求後の転得者に対する減殺請求の許否（最判昭35・７・19民集14・９・1779、判時232・22ほか）

◯遺留分権利者の減殺請求権は形成権であるとされた事例（最判昭41・７・14民集20・６・1183、判時458・33ほか、最判昭44・１・28家月21・７・68、判時548・68ほか、最判昭51・８・30民集30・７・768、判時826・37ほか）

第1章

遺留分

概　説

1　遺留分

遺留分とは、遺贈など被相続人による遺産の処分があった場合にも、法律上一定の法定相続人に保障されなければならない財産部分をいい、また、その財産部分が相続財産に占める割合の意味で用いられることもある。遺留分を得ることのできる権利を「遺留分権」といい、遺留分が最終的に価額で表されたものを「遺留分額」という。これに対し、遺留分に服さずに被相続人による自由な処分にゆだねられている部分を「自由分」という（中川善之助＝加藤永一編『新版注釈民法㉘』449頁（有斐閣、補訂版、2002)、潮見佳男『相続法』242頁（弘文堂、第2版、2005))。

遺留分は、被相続人の生前の財産処分を直接制約するものではなく、相続開始時の財産状態に基づき、被相続人が贈与や遺贈した財産を一定の限度で取り戻す権利にすぎない。その意味で、遺留分は、一種の期待権的な性格を持ったものである。その結果、遺留分をあらかじめ保全するための手続を採ることもできないとされている。したがって、被相続人が贈与した不動産について、遺留分権に基づいて仮登記をすることは許されず、被相続人がした生前贈与が減殺の対象となることの確認を求めることもできない（中川＝加藤・前掲書452頁、中川善之助＝泉久雄『相続法』651頁注㊂（有斐閣、第4版、2000))。

2　遺留分権利者と遺留分割合

(1)　遺留分権利者

遺留分を有する相続人を遺留分権利者といい、その範囲は兄弟姉妹以外の相続人である（民1028)。具体的には、配偶者、子、直系尊属であり、相続欠格、廃除及び相続放棄によって相続権を失った者は、遺留分を有しない。

子の代襲相続人も、子と同じ遺留分を有する（民1044・887）。

(2)　遺留分割合

ア　総体的遺留分

遺留分の割合は、まず、遺留分権利者全員が遺産全体に有する遺留分を前提として、遺留分権利者が複数いる場合には、これを各遺留分権利者に配分することによって定まる。

遺留分権利者全員が、遺産全体に対して有する遺留分を「総体的遺留分」といい、その割合は、相続人が直系尊属のみである場合には被相続人の財産の３分の１、それ以外の場合には２分の１である（民1028）。したがって、相続人が①直系卑属のみ、②配偶者のみ、③配偶者と直系卑属、④配偶者と直系尊属及び⑤配偶者と兄弟姉妹の各場合には、総体的遺留分はいずれも２分の１となる。

イ　個別的遺留分

総体的遺留分が、各遺留分権利者に配分される割合を「個別的遺留分」といい、その割合は、相続分の規定の準用によって定められる。すなわち、遺留分を有する相続人が１人である場合には、総体的遺留分がすなわち個別的遺留分になる。これに対し、相続人が複数いる場合には、総体的遺留分に各自の法定相続分の割合を乗じて算定される（民1044・887②・900・901）。

したがって、例えば、被相続人が配偶者のみであった場合（配偶者が、遺留分のない兄弟姉妹と共に相続人であった場合も同じ。）、配偶者の個別的遺留分は２分の１であり､配偶者と子が３名いた場合には、配偶者の個別的遺留分は４分の１（２分の１×２分の１）、子１人当たりの個別的遺留分は12分の１（２分の１×２分の１×３分の１）となる。

また、非嫡出子は嫡出子の２分の１となり（民1044・900四ただし書）、代襲相続人は、被代襲者が受けるべきであった遺留分を受けるが、数人の代襲相続人がいる場合には、被代襲者の遺留分が代襲相続人間で均等に分けられる（民1044・901①）。

3　遺言と遺留分

(1)　遺留分を侵害する贈与、遺贈の効力

遺留分の前記のような性質からして、生前贈与や遺贈が、たとえ相続が開始した場合に遺留分を侵害するようなものであったとしても、当然に無効とはいえないとの見解が、判例上も学説上も一般的である（最判昭25・４・28民集４・４・152、判タ３・47（**第１章・事例１**）等）。

(2)　遺留分減殺請求権の行使と遺言の効力

遺留分侵害の場合、遺留分権利者が遺留分を侵害する遺贈や贈与を受けた者に対する意思表示により、自己の遺留分を保全するのに必要な限度で侵害行為の効力を失わせ、目的財産を取り戻すことを「遺留分の減殺」といい、そのような権利を「遺留分減殺請求権」という。

全部包括遺贈又は特定遺贈が減殺された場合、減殺の結果取り戻された財産については、相続財産の性質を有するか、それとも相続財産の性質を失っているかについて争いがあり、前者は、相続財産の性質を失わず、取戻し財産を含めて、全体を遺産分割審判の手続で取り扱うべきであるとし（審判説）、後者は、取戻し財産は相続財産の性質を失っており、共有物分割訴訟によって解決すべきものとする（訴訟説）。最高裁は、後者の見解に立つことを明らかにした（最判平８・１・26民集50・１・132、判時1559・43ほか（**第１章・事例４**））。

4　遺留分額及び遺留分侵害額の算定

遺留分額は、被相続人が相続開始の時において有した財産の価額にその贈与した財産の価額を加えた額から、債務の全額を控除し、これを遺留分算定の基礎となる財産額とし（民1029)、これに前記個別的遺留分の割合を乗じ、遺留分権利者が特別受益を受けているときはこれを控除して算定する。

さらに、遺留分侵害額を算定するには、遺留分額から、遺留分権利者が相続によって取得した純相続分（積極財産から相続により負担した債務を引いた残額）を控除して算定されることとなる（最判平８・11・26民集50・10・2747、判時1592・66ほか（**第１章・事例17**))。

この点については、遺留分算定の基礎となる財産、基礎となる財産の評価、遺留分侵害額の算定が問題となる。

(1)　遺留分算定の基礎となる財産

ア　意　義

遺留分算定の基礎となる財産は、被相続人が相続開始の時において有した財産の価額にその贈与した財産の価額を加えた額から、債務の全額を控除して算定する（民1029)。

問題となるのは、以下の点である。

イ　被相続人が相続開始の時において有した財産

「被相続人が相続開始の時において有した財産」とは、相続人が承継した財産、すなわち相続財産のうちの積極財産である。祭祀財産は相続による承継とは別に扱われるから、ここでいう相続開始時に有した財産には含まれない。また、被相続人の一身専属財産もここには含まれない。

これに対し､遺贈された財産は遺産中に存するものとして含まれる。死因贈与も、遺留分の算定に際しては、遺贈と同様に扱うと解されている（中川＝加藤・前掲書456頁)。

ウ　贈　与

(ア)　相続開始前１年間にした贈与

相続開始前の１年間にした贈与は無条件に算入される（民1030前段）。これは、贈与契約の時点が基準となり、履行が１年以内であっても、契約がそれ以前であればここにいう贈与には含まれない（仙台高秋田支判昭36・９・25下民12・９・2373（**第１章・事例９**））。

負担付贈与については、その全額を加算すべきであるとするのが通説であるが、贈与額から負担額を差し引いた残額のみを加算し、負担が相続人の利益に帰するときは相続人の受けた財産として、第三者の利得となるときは第三者への贈与として加算すべきであるとの説もある（中川＝加藤・前掲書458頁）。負担が債務の引受けである場合について、全額を算入し、債務を控除すべきであるとした裁判例がある（大判大11・７・６民集１・455（**第１章・事例14**））。

(イ)　加害の認識ある贈与

１年以上前の贈与でも、契約当事者の双方が遺留分権利者に損害を加えることを知って贈与した場合には、その贈与も算入される（民1030後段）。

損害を加えることを知っていたというのは、客観的に損害を加えることを認識していればよく、加害の意思までは要しない（大判昭４・６・22民集８・618）。しかし、贈与の時から相続開始まで期間が経過する間に、被相続人の積極財産が増加し、その結果、相続開始時には遺留分が侵害されていないということもあり得るから、贈与契約の時点で遺留分を侵害していることを認識しているだけでは足りず、将来、被相続人の財産が増加し、その結果遺留分侵害の状態がなくなることはないとの認識をも要するとされている（大判昭11・６・17民集15・1246（**第１章・事例７**））。

加害の認識の立証責任は、遺留分減殺請求権者にあるとされている（大判大10・11・29新聞1951・20）。

(ウ)　不当な対価をもってした有償行為

不当な対価をもってした有償行為は、当事者双方が遺留分権利者に損害を加えることを知ってしたものに限り、贈与とみなされる（民1039前段）。

加害の認識がある場合に限られるから、1年以上前の贈与も含まれる。この場合、対価との差額が贈与として基礎財産に算入されることになる（中川＝加藤・前掲書509頁、中川＝泉・前掲書655頁）。

(エ)　共同相続人に対する贈与（特別受益）

a　特別受益

被相続人から特別受益に当たる贈与がなされていた場合、特別受益は遺留分に関する規定に反しない範囲内で効力を有するとされている（民1044・903③）ため、贈与が相続開始よりも相当以前にされたものであっても、また、加害の認識の有無を問わず、基礎財産に算入される。ただし、その贈与が減殺の対象とされるか否かについては見解の対立があるが、判例は、贈与の後の時の経過に伴う社会経済事情や相続人などの関係者の個人的事情の変化を考慮すると、減殺請求を認めることが当該相続人に酷であるといった、特段の事情がない限り、減殺の対象となることを認めている（最判平10・3・24民集52・2・433、判時1638・82ほか（**第1章・事例12**））。

b　持戻し免除の意思表示がある場合

被相続人により、特別受益財産につき持戻し免除の意思表示がなされた場合（民903③）、当該贈与を算入するか否かについては争いがある。多数説は、持戻し免除の意思表示の有無にかかわらず、生前贈与による特別受益は、すべて遺留分算定の基礎財産に算入すべきであるとしており（中川＝泉・前掲書658頁注（十一）、潮見・前掲書262頁）、同旨の裁判例もある（大阪高判平11・6・8高民52・1、判時1704・80ほか（**第1章・事例20**））。

(オ)　贈与以外の無償行為

a　一般論

贈与以外にも、実質的に贈与と同じ無償処分とみられるものは贈与と同様に扱われる。例えば、財団法人設立のための寄附行為、無償の債務免除行為等がこれに該当する（遠藤浩ほか編『民法(9)相続』（有斐閣双書、第4版増補補訂版、2005））。

b　生命保険金

贈与と同視すべきかが問題となるものとして、生命保険金がある。被相続人が自らを受取人としていた場合には、それが相続財産に当たり遺留分算定の基礎財産に含まれることは当然である。他方、被相続人が自分以外の者を受取人に指定していた場合には、基礎財産に含めるか否か争いがある。

通説は、実質を重視して何らかの範囲で算入することを認めているが、有力な否定説もある（中川＝加藤・前掲書467頁、潮見・前掲書259頁）。この点に関連して、生命保険金の受取人の変更について、民法1031条に規定する遺贈や贈与に準じるものとはいえないとの判決がある（最判平14・11・5民集56・8・2069、判時1804・17ほか（**第1章・事例21**）。さらに、生命保険金が民法903条1項の特別受益に当たるか否かについて、原則として否定しつつ、特段の事情が存する場合には、同条の類推適用を認めた最判平16・10・29民集58・7・1979、判時1884・41ほか）。

c　死亡退職金・遺族年金

死亡退職金及び遺族年金については、支給を受ける遺族の固有の権利であるとして、算入を否定する見解が多数説であるが、一種の特別受益であるとして、減殺の対象となるとの説もある（中川＝加藤・前掲書467頁）。

裁判例も、原則的に算入を肯定するもの（大阪家審昭53・9・26家月31・6・33）と否定するものとがある（大阪家審昭40・3・23家月17・4・64、判タ185・196、山下寛ほか「遺留分減殺請求訴訟を巡る諸問題（上）」判タ1250号27頁以下）。

エ　相続債務

控除される債務は、被相続人が負担した債務であれば、私法上の債務に限らず、租税債務や罰金等の公法上の債務も含まれる。

他方、相続財産に関する費用（相続税、管理費用等）、遺言執行費用（遺言書検認に要する費用、相続財産目録調製に要する費用等）は含まないと解するのが通説である（中川＝加藤・前掲書457頁）。民法885条２項が、相続財産に関する費用は、遺留分権利者が贈与の減殺によって得た財産をもって支弁することを要しないとし、民法1021条が、遺言執行費用を相続財産の負担とするが、遺留分を減ずることができないと定めていること等を理由とする。これに対し、相続に関する費用については、控除すべきであるとの見解もある（中川＝泉・前掲書655頁注（二））。

また、保証債務がこれに含まれるかは問題となるところであるが、主債務者が弁済不能の状態にあるため保証人がその債務を履行しなければならず、かつ、その履行による出捐を主債務者に求償しても返還を得られる見込みがないような特段の事情がない限り、民法1029条所定の債務に該当しないとの判決がある（東京高判平８・11・７高民49・３・104、判時1637・31ほか（**第１章・事例24**））。

(2)　基礎となる財産の評価

ア　評価の基準時

遺留分算定の基礎となる財産は、相続開始時を基準として評価すべきであるとするのが判例、通説である。金銭が贈与された場合には、贈与当時の金額を、相続開始時の貨幣価値に換算した額で評価すべきである（最判昭51・３・18民集30・２・111、判時811・50ほか（**第１章・事例15**））。

贈与された財産が、相続開始前に滅失し、又は価格の増減があったときも、それが受贈者の行為によるものである限り、相続開始の当時、なお原状のままであるとして価額評価される（民1044・904）。

イ　評価の方法

(ア)　一般論

評価は客観的な基準によるべきであり、不動産については取引価格により、債権については、原則として債権額を基礎にした取引価格によるが、債務者の資力や担保の有無を考慮する必要がある。

(イ)　抵当権付不動産

抵当権付不動産が贈与された場合、抵当債務が相続債務として控除されることになる。また、物上保証の場合は、保証債務と同様の問題があり得る（山下ほか・前掲28頁）。

(ウ)　負担付贈与

負担付贈与は、前記のとおり、遺留分の算定においては贈与額全部を算入するべきであるというのが通説であるが、減殺の対象となるのは、目的の価額から負担の価額を控除したものに限られる（民1038）。

(エ)　相続財産がゼロ又はマイナスの場合

例えば、積極財産ゼロ、生前贈与が2,000万円、相続債務が2,000万円である場合、遺留分算定の基礎財産はゼロとなるし、相続債務が3,000万円である場合には、基礎財産はマイナスとなる。このような場合、基礎財産がプラスでない以上遺留分がないと解すべきか否かについては争いがある。

基礎財産がプラスでない以上、遺留分もゼロであるとの見解と、民法1029条によって算定されるのは遺留分ではなく自由分であるとの立場から、自由分がゼロであるにもかかわらず生前贈与されたのであるから、生前贈与は減殺の対象となるとの説がある（中川＝加藤・前掲書460頁、潮見・前掲書265頁）。

(3) 遺留分侵害額の算定

遺留分額の算定に当たっては、生前贈与又は遺贈がされた財産以外に遺産がある場合、この遺産の分割と遺留分減殺との関係が問題となる。また、遺留分権利者が相続する債務の算定方法についても議論がある。

ア　遺産分割との関係

(ア)　未分割遺産がある場合

遺留分侵害額の算定は、遺留分額から当該相続人が取得する純相続分額を控除して算定されることになるが（具体的には、遺留分額から相続により得た積極財産を控除し、相続債務を加算する。）、純相続分額の算定に当たって、未分割遺産がある場合、遺留分侵害額の算定については以下のような問題がある。

まず、未分割遺産が存する場合、各相続人の取得分が確定しないため、遺留分侵害額も算定し得ないのではないかという問題がある。この点については、遺産分割手続が完結しなければ遺留分額が算定し得ないと解すると、遺留分権利者の権利行使に時効の制限があること等から問題が大きいとして、未分割遺産の分割を経なくとも遺留分侵害額の算定が許されるとの見解が有力である（松原正明『全訂判例先例相続法Ⅱ』474頁（日本加除出版、2006）、山下ほか・前掲30頁）。

次に、算定が許されるとして、この場合の遺留分額の算定方法が問題となる。この点については、未分割遺産についての相続人の取得分を、法定相続分で算定すべきであるとの見解（松原・前掲書474頁）と、特別受益を考慮した具体的相続分によるべきであるとの見解（山下ほか・前掲30頁）に分かれている。前説は、遺留分侵害額算定に当たって考慮すべきは、相続開始時における未分割遺産に対する相続人らの権利であるところ、具体的相続分は実体法上の権利とはいえない上、相続開始時に確定していないこと等を根拠としている。これに対し、後説は、特別受益は相続開始時までに生じた事実であり、同時期の具体的相続分を確定することは可能であることを根拠としている（寄与分を考慮し得ないことについては、後記5(3)参照）。

(イ)　遺産分割が行われた場合

相続財産の一部又は全部について、遺産分割が行われた場合、遺留分額の算定に当たり、遺産分割の結果を前提として算出すべきか否かについても争いがある。

多数説は、現実の取得額を前提にすべきであるとして、遺産分割の結果を前提とすべきであるとするが、遺留分減殺請求の効果は、減殺請求権の行使とともに当然に生じているから、現実の分割結果に左右されないとして、反対する説もある（山下ほか・前掲30頁）。

イ　遺留分権利者が相続する債務

遺留分侵害額の算定についての前記方式によれば、純相続分として、遺留分権利者が相続によって負う債務を考慮することになる。その場合、相続債務が各相続人にどのように承継されるのかが問題となる。

まず、相続債務が可分債務である場合、原則として、相続人は法定相続分に応じて債務を負担する（最判昭34・6・19民集13・6・757、判時190・23ほか）。

しかし、包括遺贈がされた場合については、包括遺贈の割合によって債務を負担するとの説や債権者との関係では飽くまで法定相続分で負担するなどの見解がある（山下ほか・前掲31頁）。

5　遺留分と寄与分

遺留分と寄与分の関係については、寄与分は遺留分減殺の対象となり得るのか、遺留分を侵害するような寄与分を定めることはできるのか、遺留分減殺請求に対し、寄与分を抗弁として主張し得るのかが問題となる。

(1) 寄与分は遺留分減殺の対象となるか

寄与分は、相続人間の協議又は審判で定められるものであり、遺留分減殺の対象にならないとの見解が一般的である（鈴木禄弥『相続法講義』306頁（創文社、改訂版、1996）、中川＝泉・前掲書299頁注（七）、673頁注（十三））。

(2) 寄与分の上限と遺留分

協議又は審判によって寄与分が定められた結果、寄与分が認められた相続人以外の相続人の遺留分が侵害される結果を招くこともあり得なくはない。しかし、寄与分について遺留分減殺をすることは予定されていないため（民1031）、遺留分を侵害された相続人は減殺請求をすることができないことになる。このような場合、結果の妥当性を考慮し、裁判所が寄与分を定める場合、他の相続人の遺留分を考慮すべきであるとの裁判例がある（東京高決平3・12・24判タ794・215（**第1章・事例23**）、中川＝泉・前掲書300頁注（七））。

(3) 遺留分減殺請求に対する寄与分の抗弁の可否

遺留分の算定に当たって寄与分額が控除されることはなく、寄与分の有無によって遺留分額が影響を受けることはない。これは、民法1044条が904条の2を準用していないことによるものである。また、寄与分は、協議で定めるか、協議が整わない場合は家庭裁判所が定めるが（民904の2②）、家庭裁判所が定める場合は家事審判事項である（家審9①乙九の二）。他方、遺留分減殺請求訴訟の第一審管轄は地方裁判所にあるから、訴訟裁判所が寄与分を定めることができないことになる。

したがって、遺留分減殺請求に対し、抗弁として寄与分を主張する余地はないとの見解が一般的である（東京高判平3・7・30家月43・10・29、判時1400・26ほか（**第1章・事例22**）、潮見・前掲書253頁）。

第1　遺言と遺留分

1　家督相続開始前相続人以外の者に対してした被相続人の全財産の贈与について公序良俗違反を理由に無効を求めることの可否

家督相続開始前、被相続人がその所有に係る一切の動産、不動産を挙げて相続人以外の者に贈与したとしても、これをもって直ちに民法90条の公序良俗に反する無効の契約とすることはできないとした事例

（最二小判昭25・4・28民集4・4・152、判タ3・47）

事案の概要

○当事者

上告人（控訴人・被告）X：差押債権者

被上告人（被控訴人・原告）Y：Aの妻

関係者A：被相続人（昭17・10・28死亡）

関係者B：Aの養子

○事実経過

昭14・8・26	Y及びAがXの弟であるBと養子縁組
昭17・8	Aが肺結核に罹り臥床するに及び、従前から養親との間に多少円満を欠くところがあったBは、養親家

	の財産は何も欲しないからその処分を養親に一任する旨を言い残して別居
昭17・８末	Ａは、後妻であるＹとの間に実子がないところから、死亡後のＹの将来を慮り、その所有に係る一切の動産不動産をＹに贈与（以下「本件贈与」という。）
昭17・10・28	Ａが死亡し、相続が開始
昭19・９・18	ＸがＢに対する貸金請求事件の執行力ある判決正本に基づき本件贈与の対象物である物件の差押え
——	Ｙは、差押物件の所有権は本件贈与により自己に移転したと主張して差押えの排除を求めたところ、第一審（佐賀地判）は、本件贈与が有効に成立するとの判断の下にＸの差押えを許さず、Ｘはそれを不服として控訴
昭23・12・27	第二審（福岡高判昭23・12・27）も、同判断に加え、Ｘの遺留分減殺請求権は時効により消滅していると判示して、Ｘの控訴を棄却したためＸが上告

当事者の主張

○上告人（Ｘ）の主張

被相続人が相続財産のすべてを家督相続人以外の者に贈与する契約は、相続財産の半額を遺留分とする当時の家督相続法の精神にもとり、公序良俗に反する無効の契約である。

裁判所の判断

Ａは、実子を持たない後妻であるＹの将来を慮り、当時同人の所有していた一切の動産、不動産を挙げて、これをＹに贈与したのであって、長子相続制を認めていた当時の民法下においても、これをもって直ちに公序良俗に反する無効の契約とすることはできない。

かかる場合に、家督相続人に遺留分減殺請求権を認めた同民法の趣旨からしても、上記のごとき契約を当然無効とするものでないことは明らかである。

コメント

昭和22年法律第222号による改正前の民法（以下「明治民法」という。）においては、「家」制度を維持するため、戸主の地位をその有する権利義務を含めて嫡出長男子に単独承継させる家督相続が定められていた。本件は、このような明治民法の家督相続の下で行われた、家督相続人の遺留分を侵害する生前贈与の効力が問題となった事案である（なお、このほか、本件では、Ｘによる本件贈与の否認が遺留分減殺請求権の行使の意思表示を包含するものであるか否かも問題となっているところ、この点については本書**第２章・事例16**を参照されたい。）。

遺留分侵害行為の効力について、学説は、これを当然に全部無効とする説（全部無効説）、遺留分を侵害する限度で無効とする説（一部無効説）、有効とした上遺留分減殺に服するとする説（減殺説）に分かれ、さらに、無効説の中でも、その無効原因を相続法の強行法規性の違反に求めるか、公序良俗違反に求めるかなどの相違がある（乾昭三「全財産贈与の効力」別冊ジュリ66号256頁）。明治民法時代は無効説が多数説であったが、現行法の下では減殺説が通説となっている（中川淳『相続法

逐条解説（下）』422頁（日本加除出版、1995））。

判例は、大審院時代において、当初、全部無効説によるもの（大判明40・6・24民録13・705、大判明41・4・21民録14・458等）が見られたが、次第に減殺説（大判明44・12・1民録17・745、大判大4・6・2民録21・873、大判大12・4・17民集2・257、大判昭5・6・16評論全集19民1039等）が大勢を占めるようになり、その判断は、最高裁にも引き継がれている（全部遺贈について本書**第1章・事例2**、財産留保について本書**第1章・事例3**各参照）。

このように判例通説が減殺説に傾斜する背景には、取引の安全との調和を考えるならば、相続人の保護は遺留分減殺制度の範囲内にとどめるべきとの考え方が影響しているものと考えられる。

本判決は、遺留分侵害行為のうち生前贈与について、最高裁が初めて全部無効説を排し、減殺説を採ることを明らかにしたものであり、明治民法下の判例とはいえ、その判断の基礎は今日においても通ずると思われる。

参考判例

○家督相続人の遺留分を害する財産留保が公序良俗に反し無効であるとはいえないとした事例（大判昭4・3・11評論全集18民740）

○相続人の遺留分を害する全部遺贈が公序良俗に反し無効であるとはいえないとした事例（最判昭37・5・29家月14・10・111、判タ141・71ほか）

2　被相続人が相続人の一人に対してした全財産の遺贈について公序良俗違反を理由に無効を求めることの可否

被相続人が相続人の一人に対してした全財産の遺贈が民法90条の公序良俗に反し無効であるとはいえないとした事例

（最三小判昭37・5・29家月14・10・111、判タ141・71ほか）

事案の概要

○当事者

上告人X：Aの子

被上告人Y：Aの子（昭16・2・10生）

関係者A：被相続人（昭27・6・27死亡）

○事実経過

――	Aがその所有する全財産に近い家屋敷、田畑等をYに対し4回にわたり生前贈与
――	Aがその所有する残余財産のすべて（土地、家具什器衣類等）をYに遺贈する旨の遺言（以下「本件遺言」という。）作成
昭27・6・27	Aが死亡し、相続が開始
――	Xが本件遺言の無効確認請求

当事者の主張

○上告人（X）の主張

本件遺言は、Y以外の共同相続人の相続分を無視するものであり、遺留分減殺の規定にも反するものであるから、公序良俗に反し無効である。

裁判所の判断

Aにおいてその全財産に近い家屋敷、田畑等を挙げてYに贈与した上、更にその余の不動産及び動産を全部Yに遺贈したとしても、遺留分権利者において遺留分減殺を請求するものはともかく、上記遺贈が公序良俗に反し無効であるとはいえない（最判昭25・4・28民集4・4・152、判タ3・47参照）。

コメント

遺言者は、包括又は特定の名義でその財産の全部又は一部を処分することができる（民964本文）が、遺留分に関する規定に違反することができないとされている（民964ただし書）。本件は、同規定に違反してされた全部遺贈の効力について争われた事案である。本判決が引用する前掲・最高裁昭和25年4月28日判決が、昭和22年法律第222号による改正前の民法（以下「明治民法」という。）の家督相続の下で行われた生前贈与が問題となったものであるのに対し、本件は、現行民法の下で行われた全部遺贈が問題となったものである。

遺留分を侵害する遺贈の効力についても、遺留分侵害行為の一類型として、学説上、全部無効説、一部無効説、減殺説に分かれているところ、現在では減殺説が通説となっている（**第1章・事例1**コメント参照）。

大審院昭和5年6月16日判決（評論全集19民1039）は、明治民法の家督相続の下で行われた包括遺贈について、「家督相続人あるときといえども、遺言者は、遺留分に関する規定に違反せざる限りは、包括名義をもってその財産を処分することを得べく、又仮令遺留分に関する規定に違反しその財産全部を処分したりとするも、単に減殺請求権に服するに止まりその遺言全部を無効となすべきものにあらず」として、減殺説の立場を採った。

本判決は、現行民法の下でも上記大審院判例の立場を踏襲し、遺留分を侵害する遺贈の効力について減殺説を採ることを明らかにしたものである。

参考判例

○家督相続人の遺留分を害する財産留保が公序良俗に反し無効であるとはいえないとした事例（大判昭4・3・11評論全集18民740）

○家督相続人の遺留分を害する包括遺贈は減殺請求権に服するも、その遺言全部が当然に無効となるものではないとした事例（大判昭5・6・16評論全集19民1039）

○家督相続人の遺留分を害する生前贈与が公序良俗に反し無効であるとはいえないとした事例（最判昭25・4・28民集4・4・152、判タ3・47）

3　女戸主がした財産留保について家督相続人の遺留分を害することを理由に無効を求めることの可否

家督相続人の遺留分を害する財産留保が当然に無効となるものではないとした事例

（最一小判昭49・10・24家月27・7・47、判時761・77ほか）

事案の概要

○当事者

上告人X_1～X_{12}：農地買受人

被上告人Y：女戸主

関係者A：Yの夫、家督相続人

○事実経過

明44・12・16以来	Yが女戸主として農地（以下「本件農地」という。）を所有
昭6・3・24	YがAと入夫婚姻
――	Yが本件農地をYに財産留保する旨の公正証書を作成
――	同公正証書が紛失
――	兵庫県知事が本件農地がAに家督相続されたものと

	誤信してAから本件農地を買収し、Xらに売渡し
昭34	Yが所有者の誤認等を本件農地の買収処分の無効原因として主張し、Xらに対し所有権取得登記抹消登記等を請求
昭46・3・18	原審（大阪高判昭46・3・18（昭42(行コ)23））は、本件農地は公正証書によってYに留保されたものであるなどとして、前記買収処分を無効とした。これに対し、Xらが上告

当事者の主張

○上告人（Xら）の主張

家督相続人の遺留分を侵害する財産留保は、その限度において当然無効であり、原審が本件農地をYの留保財産であるとしたのは、財産留保に関する民法(ただし、昭和22年法律第222号による改正前のもの。以下「明治民法」という。）988条の解釈を誤った違法がある。

裁判所の判断

家督相続人の遺留分を害する財産留保は、その害する限度で、遺留分に関する規定にのっとり減殺請求権に服するにとどまり、当然に無効となるものではないと解するのが相当である（大判大12・4・17民集2・257参照)。

コメント

家督相続法の下では、隠居や入夫婚姻の場合に生前相続が認められており（明治民964）、隠居者や入夫婚姻をする女戸主は、確定日付ある証書によりその所有する財産を留保することができた（明治民988本文）が、家督相続人の遺留分に関する規定に違反することはできない（明治民988但書）とされていた。本件は、同規定に違反してされた財産留保の効力が争われた事案である。

遺留分を侵害する財産留保は、家督相続法の下での遺留分侵害行為の一類型であったところ、その効力について、当時の学説は、無効説が多数説であった（**第１章・事例１**コメント参照）。

判例は、大審院時代において、当初、一切の財産を挙げて留保する行為は家の存立を危うくし、公の秩序を害するものであるなどとして、全部無効説（大判明40・6・24民録13・705、大判明41・4・21民録14・458）を採っていたところ、まもなく、財産留保は全部無効となるものでなく、家督相続人の減殺請求権に服するにすぎないなどとして、減殺説（大判明44・12・１民録17・745、大判大４・６・２民録21・873、前掲・大判大12・４・17、大判昭４・３・11評論全集18民740）に改め、これが大勢を占めるようになった。しかし、再び、全部無効説（大判昭９・４・20法叢４・４・496）が現れ、判例の立場が必ずしも明確とはいえない状況にあった。戦後、最高裁は、隠居者の財産全部の留保につき、遺留分の問題を生ずるだけで留保を全面的に無効ならしめるものではないなどとして、全部無効説を採らないことを明らかにした（最判昭29・12・24民集８・12・2271、判タ46・30ほか）が、それでも、これが一部無効説を採るのか、減殺説を採るのかの問題は残された。

本判決は、このような判例の流れの中、最高裁において減殺説を採ることを初めて明らかにしたものである。既に廃止された家督相続法特有の問題であり、今日的な意義は薄いが、前記判例の動向と併せ、参考事例として紹介する。

参考判例

○家督相続人の遺留分を害する財産留保が公序良俗に反し無効であるとはいえないとした事例（大判昭４・３・11評論全集18民740）

○隠居者の財産全部の留保は遺留分の問題を生ずるだけで当然に全部無効となるものではないとした事例（最判昭29・12・24民集８・12・2271、判タ46・30ほか）

4　遺言者の財産全部の包括遺贈について、遺留分権利者が受遺者に対し減殺請求権を行使して所有権移転登記手続を求めることの可否

遺言者の財産全部が包括遺贈された場合、遺留分権利者は、民法1031条に基づく減殺請求権の行使により遺贈された不動産上に遺留分割合に相当する共有持分権を取得し、これに基づき受遺者に対し所有権移転登記手続を求めることができるとした事例

（最二小判平８・１・26民集50・１・132、判時1559・43ほか）

事案の概要

○当事者

上告人Ｘ：Ａの子

被上告人Ｙ：Ａの子

関係者Ａ：被相続人（昭62・７・６死亡）

関係者Ｂ、Ｃ、Ｄ：受遺者からの譲受人

○事実経過

昭59・６・４	Ａは、その所有する不動産（以下「本件不動産」という。）を含む財産全部をＸに包括遺贈する旨の公正証書遺言を作成
昭62・７・６	Ａが死亡し、相続が開始。法定相続人は、Ａの妻及びＸ、Ｙを含む６人の子
昭62・10・15	Ｘは、本件不動産につき遺贈を登記原因として所有

	権移転登記を経由
昭62・11・27	Ｙは、Ｘに対し、遺留分減殺請求権を行使（Ａの相続財産に対するＹの遺留分は24分の１）
昭62・11・30	Ｘは、Ｂ、Ｃ及びＤに対し、本件不動産に含まれる土地を売却、所有権移転登記を経由
平２	Ｙは、Ｘに対し、Ｂらに売却された土地を除く本件不動産について遺留分減殺を原因とする所有権一部移転登記手続を求めるとともに、Ｂらへの土地の売却は不法行為を構成するなどとして、遺留分割合に相当する金額の損害賠償を請求
平２・10・29	第一審（東京地判平２・10・29金法1285・28）は、包括遺贈に対して遺留分減殺請求がされたときの法律関係は、相続分の指定に対して遺留分減殺請求がされたときの法律関係と同視すべきであり、遺留分権利者は、被相続人の全遺産について抽象的な持分を有するにすぎず、遺産分割手続が完了しない限り、遺産を構成する個々の財産について遺留分の割合による共有持分権を取得したり、相続開始後に処分された遺産の価額弁償請求権を取得するということはできないとして、Ｙの請求を棄却。これに対し、Ｙが控訴
平３・７・30	第二審（東京高判平３・７・30家月43・10・29、判時1400・26ほか（**第１章・事例22**））は、Ｙの遺留分減殺請求権行使により、本件不動産を含むＡの全遺産につきＸ

とＹとの遺産分割前の遺産共有の関係が成立したところ、このように遺産分割前の遺産共有の状態にある場合でも、相続人は、遺産を構成する個々の不動産につき相続人全員の各相続分に従った共同相続登記を受けることができ、相続人の一人が遺産共有の状態に反して単独の相続による所有権移転登記を受けているときは、遺産共有権に基づきその是正を求めることができるのであるから、本件のようにいったん包括遺贈がされた後、遺留分減殺請求権の行使により相続人間の遺産共有の関係になった場合においても、その遺産を構成する個々の不動産につき受遺者である相続人が遺贈による単独の所有権移転登記を受けているときは、これを各相続人の相続分に応じた共同相続の状態にあることを示す登記に是正することが許されるべきであるとして、Ｙの請求を認容。これに対し、Ｘが上告

当事者の主張

○上告人（Ｘ）の主張

包括遺贈に対する遺留分減殺請求がされたときの法律関係は、遺言による相続分の指定に対する遺留分減殺請求がされたときの法律関係と同視されるべきものであり、遺留分権利者は、被相続人の全遺産の上に抽象的な相続分を有するにすぎないから、Ｙが、Ｘに対し、本件不動産の共有持分権に基づき所有権移転登記手続を求めることは認められない。

裁判所の判断

遺贈に対して遺留分権利者が減殺請求権を行使した場合、遺贈は遺留分を侵害する限度において失効し、受遺者が取得した権利は遺留分を侵害する限度で当然に減殺請求をした遺留分権利者に帰属するところ（最判昭51・8・30民集30・7・768、判時826・37ほか）、遺言者の財産全部についての包括遺贈に対して遺留分権利者が減殺請求権を行使した場合に遺留分権利者に帰属する権利は、遺産分割の対象となる相続財産としての性質を有しないと解するのが相当である。

なぜなら、特定遺贈が効力を生ずると、特定遺贈の目的とされた特定の財産は何らの行為を要せずして直ちに受遺者に帰属し、遺産分割の対象となることはなく、また、民法は、遺留分減殺請求を減殺請求をした者の遺留分を保全するに必要な限度で認め（民1031）、遺留分減殺請求権を行使するか否か、これを放棄するか否かを遺留分権利者の意思にゆだね（民1031・1043参照）、減殺の結果生ずる法律関係を、相続財産との関係としてではなく、請求者と受贈者、受遺者等との個別的な関係として規定する（民1036・1037・1039・1040・1041参照）など、遺留分減殺請求権行使の効果が減殺請求をした遺留分権利者と受贈者、受遺者等との関係で個別的に生ずるものとしていることがうかがえるから、特定遺贈に対して遺留分権利者が減殺請求権を行使した場合に遺留分権利者に帰属する権利は、遺産分割の対象となる相続財産としての性質を有しないと解される。そして、遺言者の財産全部についての包括遺贈は、遺贈の対象となる財産を個々的に掲記する代わりにこれを包括的に表示する実質を有するもので、その限りで特定遺贈とその性質を異にするものではないからである。

以上によれば、Yが本件不動産に有する共有持分権は、遺産分割の対象となる相続財産としての性質を有しないものであって、Yは、X

に対し、同共有持分権に基づき所有権一部移転登記手続を求めることができる。

コメント

遺留分減殺請求権が行使されると、贈与又は遺贈は、遺留分を侵害する限度において失効し、受贈者又は受遺者が取得した権利は、その限度で遺留分権利者に当然に帰属する（いわゆる形成権＝物権的効果説）。

もっとも、その結果生ずる法律関係については従前から多くの議論がされており（司法研修所編『遺産分割事件の処理をめぐる諸問題』35頁（法曹会、1994））、学説は、遺留分減殺により取り戻した財産は遺産を構成し、その共有関係の解消は家庭裁判所の遺産分割手続によるとする説（審判説）と、同財産は遺産を構成せず、その共有関係の解消は地方裁判所の共有物分割訴訟手続によるとする説（訴訟説）とに分かれている。ただし、現在の学説は、両説を択一的に捉えるものではなく、例えば、相続分の指定や割合的包括遺贈の場合については遺産分割事項とし、特定遺贈や特定の財産を相続させる趣旨の遺言の場合については共有物分割事項とするなど、減殺請求の対象となる処分行為の内容、性質ごとに区別して考えている（山下寛ほか「遺留分減殺請求訴訟を巡る諸問題（下）」判タ1252号28頁）。

本件のような全部包括遺贈の場合は、相続分をいわば100とする相続分の指定とみて、遺留分減殺はその指定を修正するものであるから、これにより生ずる法律関係は依然として遺産としての性質を有するとする説（本件第一審（前掲・東京地判平２・10・29）、第二審（前掲・東京高判平３・７・30（**第１章・事例22**））参照）と、個々の財産を特定表示する代わりに包括名義で表示するものとみて、遺留分減殺により取り戻した財産は特定遺贈の場合と同様に減殺者の固有の財産となるから、もはや遺産としての性質を有しないとする説（東京高判平４・９・29家月45・８・39、判時1440・75ほか参照）とに分かれている。

本判決は、後者の説に立ち、全部包括遺贈について遺留分減殺の結果生ずる法律関係の解消を地方裁判所の共有物分割訴訟手続によることを明らかにしたものであり、裁判実務に与える影響は大きいと思われる（なお、分割未了の遺産等があり、共有物分割と遺産分割が併存するような場合の実務上の問題や処理等について、雨宮則夫＝石田敏明編『遺産相続訴訟の実務』370頁以下（新日本法規、2001)、名古屋弁護士会法律研究部編『Ｑ＆Ａ遺留分の実務』331頁（新日本法規、2001))。

参考判例

○遺留分減殺請求権は形成権であって、その行使により贈与又は遺贈は遺留分を侵害する限度において失効し、受贈者又は受遺者が取得した権利はその限度で当然に遺留分権利者に帰属するとした事例（最判昭41・７・14民集20・６・1183、判時458・33ほか、最判昭51・８・30民集30・７・768、判時826・37ほか、最判昭57・３・４民集36・３・241、判時1038・285ほか）

○共同相続人の一人に対する包括遺贈につき、遺留分減殺の結果生じた共有関係解消の手続は地方裁判所における共有物分割訴訟によるとした事例（東京高判平４・９・29家月45・８・39、判時1440・75ほか）

5　特定の不動産を特定の相続人に相続させる趣旨の遺言がされた場合の遺留分減殺請求訴訟において、①遺言執行者を被告とすること、及び、②相続人の譲受人に対して遺留分減殺を求めることの可否

相続させる遺言がされた場合

①　同遺言の内容に反する不実の登記の是正を求める訴訟と合一確定を要する遺留分減殺請求訴訟について、遺言執行者を被告とすることができるとした事例

②　相続人が相続の目的を他人に譲り渡したときは、民法1040条１項が類推適用され、同項ただし書に当たる場合を除き、譲受人に対し遺留分減殺を求めることはできないとした事例

（最一小判平11・12・16民集53・９・1989、判時1702・61ほか）

事案の概要

○事件表示

①事件：遺言執行者の登記名義人に対する持分移転登記手続請求事件

②事件：遺留分権利者の遺言執行者に対する共有持分確認並びに登記名義人に対する共有持分権確認及び持分移転登記手続各請求事件

③事件：遺留分権利者の登記名義人に対する共有持分権確認及び持分移転登記手続各請求事件

なお、①及び②事件は、合一確定を要する関係にある。

○当事者

〈①事件〉

上告人（②事件被上告人・第一審原告）X_1：遺言執行者

同補助参加人X_2：Ａの子

〈②事件〉

上告人（①事件被上告人・第一審被告）Y_1：Ａの子

〈③事件〉

上告人（第一審被告）Y_2：Y_1の子、Ａの養子

①、②、③事件各被上告人（当事者参加人）Z_1、同Z_2：Ａの亡長男の子、代襲相続人

関係者Ａ：被相続人（平５・１・22死亡）

関係者Ｂ、Ｃ、Ｄ、Ｅ：Ａの子

○事実経過

昭57・10・15	Ａは、公正証書によりその所有する財産全部をY_1に相続させる旨の遺言（以下「旧遺言」という。）を作成
昭58・２・15	Ａは、公正証書により、旧遺言を取り消した上、改めて次の内容の遺言（以下「新遺言」という。）を作成 ①土地１をX_2、Ｂ、Ｃ、Ｄ及びＥに各５分の１ずつ相続させる ②土地２ないし５をＹらに各２分の１ずつ相続させる ③Ａ所有のその他の財産は、相続人全員に平等に相続させる ④遺言執行者としてX_1を指定する

平５・１・22	Ａが死亡し、相続が開始
平５・２・５	Y_1は、旧遺言の遺言書を用い、前記各土地について自己名義に相続を原因とする所有権移転登記を経由
平５・９・30	Ｚらは、他の相続人ら及びX_1に対し、遺留分減殺の意思表示
平７・４・６	Y_1は、土地３ないし５の各持分２分の１について、Y_2に対し、真正な登記名義の回復を原因とする所有権一部移転登記を経由

○訴訟経過

X_1は、新遺言の内容に応じた登記を実現すべく、Y_1に対し、土地１につきX_2、Ｂ、Ｃ、Ｄ及びＥへの真正な登記名義の回復を原因とする持分移転登記手続を、土地２の持分２分の１につきY_2への同原因とする持分移転登記手続を求めた（①事件）。一方、Ｚらは、遺留分減殺請求により各土地について共有持分権を取得したとして、①事件の訴訟に独立当事者参加をし、X_1に対し共有持分権確認を、Y_1に対し共有持分権確認と遺留分減殺を理由とする持分移転登記手続をそれぞれ求めた（②事件）上、さらに、これとは別に、Y_2に対し土地３ないし５につき共有持分権確認と遺留分減殺を原因とする持分移転登記手続を求めた（③事件）。

第一審（千葉地一宮支判平８・８・23（平５(ワ)53）等）は、①事件のX_1の請求、②及び③事件のＺらの各請求をいずれも認容したところ、Ｙらが控訴した。

第二審（東京高判平10・３・31判時1642・105ほか）は、①事件につき、X_1

は当事者適格を有しないとしてX_1の訴えを却下した。②及び③事件につき、ＺらのX_1に対する訴えについてX_1は当事者適格を有しないとしてこれを却下したが、その余についてはＹらの主張（Ｚらの遺留分減殺請求権の行使は権利の濫用に当たる、ＹらはＡの遺産に対して寄与分を有する、土地１はＢらからY_1に対しその共有持分が譲渡されたものであるから、民法1040条１項の規定により譲受人であるY_1に対して遺留分減殺請求はできない。）を容れず、控訴を棄却した。これに対し、X_1及びＹらが上告した。

当事者の主張

○上告人（X_1）の主張

X_1は、①事件について当事者適格を有する。

○上告人（Ｙら）の主張

第二審におけるＹらの前記主張に同旨。

裁判所の判断

①　相続させる遺言において相続人への所有権移転登記がされる前に、他の相続人が当該不動産につき自己名義の所有権移転登記を経由した場合には、遺言執行者は、遺言執行の一環として、同所有権移転登記の抹消登記手続及び真正な登記名義の回復を原因とする所有権移転登記手続を求めることができると解するのが相当であるから、X_1は、新遺言に基づく遺言執行者として、Y_1に対する訴えの原告適格を有するというべきである。

②　X_1の請求の成否とＺらの遺留分減殺請求の成否とは、表裏の関係にあり、合一確定を要するから、土地１及び２についてＺらが遺留

分減殺請求に基づき共有持分権の確認を求める訴訟に関しては、遺言執行者であるX_1も当事者適格（被告適格）を有するものと解するのが相当である。

③　相続させる遺言がされた場合において、遺留分権利者が減殺請求権を行使するよりも前に減殺を受けるべき相続人が相続の目的を他人に譲り渡したときは、民法1040条１項が類推適用され、遺留分権利者は、同項ただし書の場合を除き、相続人に対し価額の弁償を請求し得るにとどまり（民1040①本文)、譲受人に対し遺留分に相当する共有持分の返還等を請求することはできないものと解するのが相当である。また、同項にいう「他人」には共同相続人も含まれるものというべきである。

コメント

本件の中心争点は、相続させる遺言がされた場合に遺言執行者が遺言の執行として登記手続に関与できるかということであり、その前提問題や派生する問題について、論点は多岐にわたっているところ（河邉義典「最高裁判所判例解説38事件」曹時54巻８号109頁参照)、本稿では、特に遺留分減殺と関係する範囲で触れることにする。

相続させる遺言の性質について、判例は、遺産分割の方法の指定と解し、特段の事情のない限り、当該遺産は被相続人の死亡の時に直ちに相続により承継されるとの立場を示したところ（最判平３・４・19民集45・４・477、判時1384・24ほか)、同判決後、遺言執行者には登記手続に関する遺言執行の余地がない（当該遺産は遺産分割手続を経ることなく直ちに受益の相続人に承継される上、不動産登記法27条（現63条２項）により同人が単独で相続登記をすることができるため）として、遺言執行者の登記関係訴訟の当事者適格を否定する裁判例が続いた（当該不動産の登記が被相続人名義である事案について、最高裁平成7年1月24日判決（裁判集民174・67、判時1523・81ほか）は、遺言執行者に登記手続をする義務がないと判示した。）。

しかし、本判決は、当該不動産の登記名義が被相続人にとどまらず、他の相続人に移転され、遺言の実現が妨害されるような状況が出現したような場合には、遺言執行者において登記の是正を図ることは民法1012条1項にいう「遺言の執行に必要な行為」に当たり、遺言執行者の職務権限に属するなどと判示して、この場合の遺言執行者の当事者適格を認めた（前記裁判所の判断①）。

そして、本判決は、これと表裏の関係にある遺留分減殺請求訴訟（②事件）についても、合一確定を要するとして、遺言執行者であるX_1の被告適格を認めた（前記裁判所の判断②）。もっとも、これを一般化させるのは相当でなく、本判決の射程は、当該不動産の不実の登記が存在し、その是正を求める訴訟と合一確定を要する遺留分減殺請求訴訟の場合に限られるというべきであろう。

また、本判決は、相続させる遺言の場合についても、民法1040条1項が類推適用されることを明らかにした点（前記裁判所の判断③）でも、注目されよう。

参考判例

○遺贈について民法1040条1項の類推適用を認めた事例（最判昭57・3・4民集36・3・241、判時1038・285ほか）

6　全部相続させる趣旨の遺言がされた場合、法定相続分に応じて分割された相続債務の額を遺留分の額に加算することの可否

全部相続させる趣旨の遺言により相続人の相続分が全部と指定されたのであるから、相続人は相続債務をすべて承継し、遺留分権利者が負担すべき相続債務はないとした事例

（福岡地判平19・2・2（平16(ワ)3481）最高裁ＨＰ）

事案の概要

○当事者

原告Ｘ：Ａの子

被告Ｙ：Ａの子

関係者Ａ：被相続人（平15・11・14死亡）

○事実経過

平15・7・23	Ａは、Ａの有する不動産（以下「本件不動産」という。）を含む財産全部をＹに相続させる趣旨の公正証書遺言（以下「本件遺言」という。）を作成
平15・11・14	Ａが死亡し、相続が開始。法定相続人は、Ｘ及びＹ
平16・4・4	Ｘは、Ｙに対し、遺留分減殺請求権を行使する旨の意思表示
平16・5・17	Ｙは、本件不動産につき平成15年11月14日相続を原因としてＡからの所有権移転登記を経由

平16	Ｘは、Ｙに対し、遺留分減殺請求権の行使を理由に本件不動産の所有権一部移転登記手続を請求
平18・２・20	Ｙは、Ｘに対し、口頭弁論期日において遺留分減殺に対する価額弁償の意思表示

当事者の主張

○原告（Ｘ）の主張

本件遺言は、相続させる趣旨の遺言であり、これによりＹをして単独で相続させる遺産分割の方法及び相続分が指定されたものと解すべきところ、遺言者が遺産分割の方法及び相続分を指定したとしても、これが相続債務に影響を与えることはなく、相続債務のうち可分債務は、法律上当然に分割され、共同相続人がその相続分に応じて承継するのが確定した判例（最判昭34・６・19民集13・６・757、判時190・23ほか）である。そうすると、Ａの消極財産のうち可分債務については法定相続分に応じて当然に分割され、その２分の１をＸが負担するのであるから、これを遺留分の額に加算しなければならない。

○被告（Ｙ）の主張

本件遺言は、全部包括遺贈と同視されるべきところ、包括受遺者は相続人と同一の権利義務を有する（民990）から、全部包括遺贈の場合には包括受遺者が全債務を負担し、また、相続債務が相続により当然に法定相続分による分割債務になるという趣旨は、債権者保護の観点からであるから、債権者及び債務を相続する相続人に異議のない場合は、法定相続分と異なる債務の相続分の指定は有効である。そうすると、Ｙは、本件遺言により相続債務の全部を相続し、Ｘが負担すべき相続債務は存在しないことになるから、遺留分の額に相続債務の額の

2分の1を加算するのは間違っている。

裁判所の判断

① 特定の遺産を特定の相続人に相続させる趣旨の遺言は、特段の事情がない限り、遺贈と解すべきではなく、当該相続人をして単独で相続させる遺産分割の方法が指定されたものであり、また、何らの行為を要せずして、当該遺産は、被相続人の死亡の時に直ちに相続により承継されるものと解すべきである（最判平3・4・19民集45・4・477、判時1384・24ほか）。

このことは、遺産全部について相続させる趣旨の遺言をした場合でも同様に解すべきであって、この場合は法定相続分を超える遺産を相続させることになるから、遺産分割の方法が指定されたとともに相続分が指定されたものと解すべきである。

本件遺言は、Yの相続分を全部と指定し、その遺産分割の方法の指定として遺産全部の権利をYに移転したものであって、その結果、遺産全部の権利はA死亡の時に直ちにYに承継されたものと認められる。

② たとえ遺言で相続分が指定されたとしても、債権者は、法定相続分の割合に従って相続債務が承継されたものとして各法定相続人に対し請求することができると解する余地があるが、各共同相続人は、その相続分に応じて被相続人の権利義務を承継する（民899）のであるから、指定相続分が定められたときは、その指定相続分の割合に応じて相続債務は承継されることになる。

そうすると、債権者は、各共同相続人に対して、法定相続分の割合に従って請求することもできるし、本来の承継された指定相続分の割合に従って相続債務を請求することもできることになるが、いずれにせよ、相続人間においては、指定相続分の割合に応じて相続債務が承継されたものとしてその法律関係が律せられることに変わりない。

したがって、本件遺言によりＹの相続分が全部と指定されたのであるから、Ｙは相続債務をすべて承継し、Ｘが負担すべき相続債務はないことになる。

コメント

1　判例によれば、遺留分の侵害額は、被相続人が相続開始時に有していた財産の価額にその贈与した財産の価額を加え、その中から債務の全額を控除して遺留分算定の基礎となる財産額を確定し、それに法定の遺留分の割合を乗じるなどして算定した遺留分の額から、遺留分権利者が相続によって得た財産の額を控除し、同人が負担すべき相続債務の額を加算して算定するとされる。

本件は、上記算定式のうち、全部相続させる趣旨の遺言がされた場合の遺留分権利者が負担すべき債務の有無が問題となった事案である。

2　まず、相続させる遺言は、遺産分割の方法の指定であると解され、特段の事情のない限り、当該遺産は、被相続人の死亡時に直ちに相続人に承継される（最判平３・４・19民集45・４・477、判時1384・24ほか）。そして、法定相続分を超える遺産を相続させる場合は、相続分の指定を伴うとするのが多数説であり（司法研修所編『遺産分割事件の処理をめぐる諸問題』66頁（法曹会、1994））、遺留分減殺の対象となる（民902①ただし書）とするのが通説である（雨宮則夫＝石田敏明編『遺産相続訴訟の実務』351頁（新日本法規、2001））。

これらの判例通説の理解の下、本判決は、本件遺言により遺産全部の権利はＡ死亡時に直ちにＹに承継されたと判示した（前記裁判所の判断①）。

3　では、この場合、Ｘは、Ａの債務を法定相続し、遺留分の額に加算されるべき債務を負担するのか。

この点に関する判例は見当たらないところ、学説は、包括遺贈の場合についてであるが（もっとも、包括受遺者は相続人と同一の権利義務を有する（民990）ので、全部相続させる遺言により相続分が全部と指定された相続人と同様に考えてよいと考える。）、①包括遺贈をもって債権者には対抗できず、相続人（遺留分権利者）は法定相続分に応じて相続債務を負担するとする説、②包括受遺者のみが相続財産を相続財産を負担し、遺留分権利者が個別に負担すべき相続債務はないとする説、③遺留分権利者は個別の法定遺留分率に応じた割合で相続債務を負担するとする説に分かれている（神谷遊「遺留分および遺留分侵害額の算定方法」久貴忠彦編『遺言と遺留分　第2巻　遺留分』47頁（日本評論社、2003））。①説が相続債務は法定相続分により当然分割されるという判例法理（前掲・最判昭34・6・19）と債権者保護を重視しているのに対し、②説は包括遺贈における権利義務の包括承継性や当事者の合理的意思解釈を重視していると考えられる（③説はその中間的なものと考えられる。）。

本判決は、債権者は各共同相続人に対して法定相続分の割合に従って請求することができる（後は相続人間で求償の問題が生じる。）としても、相続人間においては、②説の考え方が妥当するとして、遺留分権利者であるXが個別に負担すべき相続債務はないと判示した（前記裁判所の判断②）。これまであまり論じられてこなかった問題に対する裁判所の判断であることから、先例的価値があり、今後の裁判実務に与える影響は少なくないと思われる。

参考判例

○遺留分の侵害額は、遺留分の額に遺留分権利者が負担すべき相続債務の額を加算して算定されるとした事例（最判平8・11・26民集50・10・2747、判時1592・66ほか）

第２　遺留分の財産の範囲

７　相続開始１年前の贈与のうち、遺留分算定の基礎となる財産に算入すべき「遺留分権利者に損害を加えることを知って」された贈与（民法1030条後段）の意義

贈与が「遺留分権利者に損害を加えることを知って」(明治民法1133条、現行民法1030条に相当）されたと認められるためには、贈与の当事者双方が、贈与財産の価額が残存財産の価額を超えることを知っていたのみならず、相続開始までに、被相続人の財産が何ら変動しないか、少なくとも増加しないことを予見して贈与したとの事実が認められなければならないとした事例

（大四民判昭11・６・17民集15・1246）

事案の概要

○当事者

上告人Ｘ：二男

被上告人Ｙ：長男（家督相続人）

関係者Ａ：被相続人（昭９・３・５死亡）

関係者Ｂ：三男

○事実経過

大４・11・19	Ａは、不動産68筆を所有し、そのほかには財産を有

	していなかったところ、36筆をXに、24筆をBに贈与した。
大7・4・28	Bは、Xに対し、24筆を贈与した。Aは、Xに対し、残余不動産8筆を売り渡した。
昭9・3・5	Aが死亡し、相続が開始。相続開始時、Aには、積極財産はなく、負債があった。法定家督相続人は、Y その後、Yは、Xに対し、XがAから贈与された不動産36筆及びBから贈与された不動産24筆（以下まとめて「本件各不動産」という。）について、遺留分減殺請求に基づく所有権移転登記手続請求訴訟を提起 第一審（大洲区裁判所）は、Yの請求を認容し、Xに対し、本件各不動産の所有権の各2分の1の移転登記手続をすることを命じた。 第二審（松山地方裁判所）は、Xに対し、本件各不動産の一部について所有権移転登記手続をすることを命じ、Yのその余の請求を棄却した。Xは、上告した。

当事者の主張

○上告人（X）の主張

本件各不動産についての贈与は、Yに損害を加えることを知らずにしたものであり、かつ、相続開始19年前にしたものであるから、遺留分算定の基礎となる財産ないし遺留分減殺請求の対象とはならない。

裁判所の判断

（家督）相続開始19年前の贈与が遺留分権利者に損害を加えることを知ってされたと認められるためには、贈与の当事者双方が、贈与財産の価額が残存財産の価額を超えることを知っていることのみならず、将来（家督相続開始時）被相続人の財産に何らの変動がなく、少なくとも、増加しないことを予見して贈与したことが認められなければならない。

（原判決には、被相続人の財産の将来の変動に対する贈与の当事者の認識について審理を尽くさない違法があるから、上告人（X）敗訴の部分を破棄し、本件を原審に差し戻す。）

コメント

遺留分減殺請求の対象となるべき被相続人による贈与のうち、相続開始前1年以内のものは、当然に遺留分算定の基礎となる財産ないし遺留分減殺請求の対象となる（民1030前段・1031）。しかし、それより前の贈与については、「遺留分権利者に損害を加えることを知って」（民1030後段）された場合のみ、遺留分算定の基礎となる財産ないし遺留分減殺請求の対象となる。

「遺留分権利者に損害を加えることを知って」については、損害を加えるべき事実関係の認識があること（大判昭9・9・15民集13・1792（**第2章・事例11**））であり、本判決によると、将来、財産が増加しないことの予見も必要であるとされている。

なお、遺留分減殺請求の対象となるべき被相続人による贈与は、まず、虚偽表示や公序良俗違反等により無効であるか否かが争われ、その後、遺留分減殺請求がされることがある。この場合、遺留分減殺請求権の１年の消滅時効の起算点である「減殺すべき贈与又は遺贈があったことを知った時」（民1042）は、単に贈与や遺贈があったことを知ったことで足りるのかが問題となるが、判例は、当該贈与又は遺贈が遺留分を侵害し、減殺することができることを知ることを要するとしている（大判明38・４・26民録11・611）（遺留分減殺請求権の消滅について、詳しくは、「**第２章　第３　遺留分減殺請求権の消滅**」参照）。

8　「遺留分権利者に損害を加えることを知って」された贈与（民法1030条後段）に該当するか否かの具体的判断要素

「遺留分権利者に損害を加えることを知って」された贈与であるか否かは、贈与財産の全財産に対する割合だけではなく、贈与の時期、贈与者の年齢、健康状態、職業などから将来財産が増加する可能性が少ないことを認識してなされたか否かにより決せられるとされた事例

（東京地判昭51・10・22判時852・80）

事案の概要

○当事者

原告X_1：妻

原告X_2、X_3：長女、二女

被告Y：同棲相手

関係者A：被相続人（昭47・6・3死亡）

関係者B：A及びYの子

○事実経過

大3・8・30	X_1、A（明22・5・37生）婚姻。X_2及びX_3をもうける。
昭31～32頃	Y、Aと交際するようになる。
昭34・11・28	Y、Bを出産。Aは、後にBを認知

昭36頃	Ｙ・Ａ同棲するようになる。
昭35～43	不動産登記簿上、Ｙが、土地建物を売買により取得したり、Ａから土地を売買により取得した旨の表示がされたほか、建物についてＹ名義で保存登記がされた旨の表示がされた。 Ａは、昭和39年度から昭和43年度までの間、500万円台から900万円台の範囲の収入があった。
昭47・6・3	Ａが死亡し、相続が開始。法定相続人はX_1ないしX_3及びＢ。Ａの遺産は、土地、建物及び現金があった。 X_1ないしX_3は、前記のとおりＹが取得した土地及び建物について、Ａから贈与されたものと主張して、遺留分減殺請求権に基づき、これらの不動産について共有持分移転登記手続等を求め、本件訴訟を提起

裁判所の判断

遺留分権利者に損害を加えることを知ってなした贈与であるか否かは、贈与財産の全財産に対する割合だけではなく、贈与の時期、贈与者の年齢、健康状態、職業などから将来財産が増加する可能性が少ないことを認識してなされた贈与であるか否かによる。本件においては、仮に各不動産がＡの所有に属したものであり、ＡからＹに贈与されたものであるとしても、昭和39年までに贈与されたとみるべきものについては、到底、損害を加えることを知ってなした贈与ということはできない。また、Ｙが昭和43年に取得したものについては、X_1ないしX$_3$が主張する評価額によっても、遺産の評価額と対比すると、遺留分を侵害するものではないことが明らかである。

コメント

本判決は、前記**第1章・事例7**の判例の判断基準に従った上で、その具体的判断要素を挙げたものである。

9　停止条件付贈与契約の場合の「1年前」(民法1030条）の標準時

相続開始1年前にした贈与（民1030）に当たるかどうかは、停止条件付きで贈与の意思表示がされた場合であるか否かを問わず、贈与の意思表示がされた時を標準とするとされた事例

（仙台高秋田支判昭36・9・25下民12・9・2373）

事案の概要

○当事者

控訴人X：養子

被控訴人Y：甥

関係者A：被相続人（昭31・6・9死亡）

関係者B：Aの妻

○事実経過

昭2・2・3	X、A及びBと養子縁組。Xは、家業の農業も怠りがちでAとの折り合いも悪かった。
昭15・2頃	A所有の自作田の大半が他人の手に渡り、Aは、多額の借財を負担するようになった。X、窮迫した養家に見切りをつけ、養家の財産は一切いらないと言明し、ABを残したまま、妻子を連れて家を出た。Xは、その後、ABを扶養せず、交際を絶ち、Aの葬儀にも出席しなかった。

昭15・4頃	ＡＢ宅は、Ｘが立ち去ったため、働き手を失い、家業の農業の継続はもとより、生活の維持も危ぶまれたことから、親族協議の上、ＹがＡＢのため、農業に従事して扶養し、Ａの借財を整理するようになった。
昭25・2・7頃	Ａは、所有していた土地を全てＹに贈与し、ただし、一部の土地については、県知事の許可を停止条件とした。Ａは、当時、土地以外に積極財産も消極財産もなく、72歳で活動力はなく、生活はＹの農業労働に依存していた。
昭30・8・9	前記停止条件につき、県知事の許可があった。
昭31・6・9	Ａが死亡、法定相続人は、Ｂ及びＸ。Ｘは、前記停止条件付贈与の対象となった土地の一部につき、遺留分減殺請求権に基づき、ＡからＹに対する贈与を原因とする所有権移転登記の抹消登記手続を求める訴訟を提起。原審は、Ｘの請求を棄却。Ｘは、控訴

裁判所の判断

民法1030条にいわゆる相続開始前の１年前にした贈与に当たるかどうかは、停止条件付きで贈与の意思表示がされた場合であると否とを問わず、贈与の意思表示がされた時を標準として判断すべきであり、その意思表示の時期が相続開始の時より１年前であるときは、相続開始前の１年前にした贈与である。

コメント

相続開始前１年間にされた贈与は、当事者に害意があるか否かにかかわらず当然に遺留分算定の基礎となる財産に算入される（民1030前段）。「相続開始前の１年間にした」（民1030前段）とは、贈与契約が相続開始前１年間にされたということであり、本判決は、停止条件付贈与契約において、停止条件が相続開始前１年内に成就した場合でも、贈与契約が相続開始１年前にされた場合には、「相続開始前の１年間にした」贈与とはならないと判断したものである。

10　受給権者ないし受取人が固有の権利として取得する死亡退職手当、遺族年金及び生命保険金の特別受益該当性

受給権者ないし受取人が固有の権利として取得する死亡退職手当及び遺族年金は、特別受益（民903）に当たらないとされた事例

（東京家審昭55・２・12家月32・５・46）

事案の概要

○当事者

申立人Ｘ：Ｂとの間の長男

相手方Y_1：後妻

相手方Y_2：Ｂとの間の長女

関係者Ａ：被相続人（昭48・10・９死亡）

関係者Ｂ：Ａの先妻

○事実経過

昭45・２・14	Ａ・Ｂ、協議離婚
昭47・２・10	Ａ、Y_1と婚姻
昭48・10・９	Ａ死亡。法定相続人は、Ｘ、Y_1、Y_2。Y_1、Ａ死亡による退職手当金、遺族年金及び生命保険金を受領。Ｘ及びY_2、Ａ死亡による生命保険金をそれぞれ受領
昭49・３・11	Ｘ法定代理人Ｂ、Ａの遺産につき遺産分割の家事調

	停の申立て
昭50・4・22	前記調停不成立、審判に移行（本件）

当事者の主張

○申立人（X）の主張

退職手当、遺族年金は、各受給者の特別受益（民903）である。

裁判所の判断

①死亡退職手当に未払賃金の後払的な側面が含まれ、遺族年金に死亡者の出捐する掛金を基にした給付の性格があるにしても、これらは、文理上民法903条に定める生前贈与又は遺贈に当たらないこと、②受給権者である相続人が死亡退職手当又は遺族年金のほか相続分に応じた相続財産を取得しても、この結果は共同相続人間の衡平に反するものということはできないこと、③被相続人による相続分の指定など特段の意思表示がない限り、被相続人の通常の意思にも沿うものと思われること、④民法1044条は遺留分に関し同法903条を準用しているが、上記死亡退職手当又は遺族年金は遺留分算定の基礎に算入されながらも、減殺請求の対象にならないものと解され（減殺請求の対象になるとすると、受給権者の生活保障を目的とする条例又は法律の趣旨に抵触することになる。）、その結果、他に贈与又は遺贈がないとき、遺留分侵害を受けながら減殺請求ができない場合が生ずるという不合理な結果が考えられること、⑤遺族年金のような年金の場合には、特別受益額が遺産分割時期の偶然性により左右されることになり、またこれ

を避けるため受益者たる相続人の平均余命を基準に中間利息を控除して相続開始当時の特別受益額を評価することは受益額が事実に反し衡平に沿わない遺産分割の結果を招くおそれがあることなどの諸点に照らすと、受給権者ないし受取人が固有の権利として取得する死亡退職手当及び遺族年金は、特別受益には当たらない。

コメント

民法1044条は、同法903条を準用していることから、通説は、共同相続人のうち、婚姻、養子縁組のため又は生計の資本として贈与を受けた者があるときは、当該贈与が相続開始前１年間にされたものか否か、遺留分権利者に損害を加えることを知っていたか否かにかかわらず、遺留分算定の基礎となる財産に含まれると解している。そして、判例は、相続人に対する生前贈与で民法903条１項の特別受益に当たるものについては、民法1044条が同法903条を準用していることから、減殺請求を認めることが贈与を受けた相続人に酷であるなどの特段の事情のない限り、同法1030条の要件を満たしていなくとも遺留分減殺の対象となるとしている（最判平10・３・24民集52・２・433、判時1638・82ほか（第１章・事例12））。

本審判は、受給権者ないし受取人が固有の権利として取得する死亡退職手当及び遺族年金は、民法903条の特別受益には当たらないと判断したものであるが、その理由の１つとして、これらの給付の発生根拠である条例や法律の目的である受給権者の生活保障にかんがみれば、遺留分減殺請求の対象とならないとの解釈を前提に、これらの給付が特別受益に当たるとすると、他に贈与又は遺贈がないとき、遺留分侵害を受けながら減殺請求ができない場合が生ずるという不合理な結果が考えられることを挙げている。

なお、本審判は、生命保険金についても、民法903条の特別受益には当たらないとしている（生命保険金請求権については、第1章・事例11も参照されたい。）。

本審判については、Xが抗告し、抗告審（東京高決昭55・9・10判タ427・159）は、抗告を棄却したが、本審判の理由中前記①③⑤を引用したものの、②及び④を引用しなかった。

参考判例

○受取人を相続人の一人に指定した生命保険金請求権については、被相続人が死亡時までに払い込んだ保険料の保険料全額に対する割合を保険金額に乗じて得た金額が特別受益となるとし、相続人の一人が受給した死亡退職金についても特別受益になるとして、それぞれ持戻しを認めた事例（大阪家審昭51・11・25家月29・6・27）

○相続人の一人が取得した死亡退職金及び保険金は、その発生につき、被相続人の生存中何らかの出損があるので、その取得は、その取得者の特別受益であるとして、それぞれ持戻しを認めた事例（福島家審昭55・9・16家月33・1・78）

○相続人の一部の者を保険金受取人とする養老保険契約に基づく死亡保険金請求権又はこれを行使して取得した死亡保険金は、民法903条1項に規定する遺贈又は贈与に係る財産には当たらないが、保険金受取人である相続人とその他の共同相続人との間に生ずる不公平が民法903条の趣旨に照らし到底是認することができないほどに著しいものであると評価すべき特段の事情がある場合には、同条の類推適用により、当該死亡保険金請求権は、特別受益に準じて持戻しの対象となるとした事例（最決平16・10・29民集58・7・1979、判時1884・41ほか）

○死亡退職金の支給等を定める特殊法人の規程において、受給権者の範囲及び順位につき、民法の規定する相続人の順位決定の原則とは異なる定めがされている場合において、死亡退職金の受給権は、受給権者の固有の権利であるとした事例（最判昭55・11・27民集34・6・815、判時991・69ほか）

○死亡退職金の支給等について定めた県の条例において、受給権者の範囲及び順位につき、民法の規定する相続人の順位決定の原則とは異なる定めがされている場合において、死亡退職金の受給権は、受給権者の固有の権利であり、亡職員の遺贈の対象とはならないとした事例（最判昭58・10・14裁判集民140・115、判時1124・186ほか）

○死亡退職金の支給等について定めた学校法人の規程において、受給権者について「遺族にこれを支給する」とのみ定めていた場合において、「遺族」の第1順位を、相続人ではなく、職員の死亡の当時主としてその収入により生計を維持していた内妻とした事例（最判昭60・1・31家月37・8・39ほか）

○死亡退職金の支給規程のない財団法人が、死亡した理事長の妻に対し、死亡退職金を支給する旨の決定をした上で妻にこれを支払った場合において、死亡退職金は、妻個人の固有の財産であり、相続財産ではないとした事例（最判昭62・3・3家月39・10・61、判時1232・103ほか）

○被相続人の勤務先会社において相続人のうち被相続人ともっとも密接な生活関係を有していた者に死亡退職金を支給するとの支給慣行がある場合において、同慣行に基づいて相続人の一人が死亡退職金を受給したときの死亡退職金及び生命保険金は、原則として、民法903条に規定する遺贈に準じ、特別受益となるが、特別受益とすることにより、共同相続人間の実質的公平を損うと認められる特段の事情のある場合には、特別受益性が否定されるとした事例（大阪家審昭53・9・26家月31・6・33）

11　相続人の一人を受取人と指定した保険金請求権を遺留分算定の基礎とすること及び遺留分減殺請求の対象とすることの可否

被相続人の締結した生命保険契約において、保険金受取人として指定された特定の相続人が取得した保険金請求権又は支払を受けた保険金は、民法1029条１項所定の遺留分算定の基礎となる財産に含まれず、遺留分減殺請求の対象ともならないとした事例

（東京高判昭60・９・26金法1138・37）

事案の概要

○当事者

控訴人Ｘ：長男

被控訴人Ｙ：二男

関係者Ａ：被相続人（昭52・12・26死亡）

関係者Ｂ：ＸＹの母、Ａの妻

○事実経過

昭51・９・17	Ａは、二男Ｙに、被保険者Ａ、受取人ＢとしてＡが締結した生命保険契約に基づく死亡保険金中300万円を被控訴人に遺贈し、その余の遺産をすべて控訴人に遺贈する旨の遺言を作成
昭52・12・26	Ａが死亡し、相続が開始。法定相続人は、Ｘ、Ｙ及びＢ

昭53	Ｙは、Ｘに対し、遺留分額を返還すべき旨の家事調停申立て
昭54	Ｙは、Ｘに対し、遺留分減殺請求権に基づき不動産については現物返還を、その余の受遺財産に対しては価額弁償を請求
昭59・12・26	第一審判決言渡し。Ｙ控訴

裁判所の判断

被相続人が締結した生命保険契約において保険金受取人として指定された特定の相続人は、第三者のためにする保険契約の効果として保険金請求権を取得するのであって、当該保険金請求権は受取人の固有の財産に属し、相続財産を構成するものではないから、被相続人は、当該保険金請求権について、遺贈の目的とすることはできない。また、受取人として指定された相続人以外の第三者に遺贈する旨の遺言をしても、それだけでは受取人の変更としての効力を生じるものではない。

したがって、遺言中、特定の相続人を保険金受取人として指定した保険金の一部を他の相続人に遺贈するとの部分は無効であるし、保険金受取人である相続人が取得した保険金請求権又は支払を受けた保険金は、相続分の算定に当たってその全部又は一部を民法903条１項所定の特別受益分として考慮すべきものとすることは格別、同法1029条１項所定の遺留分算定の基礎となる財産に含まれるものではなく、遺留分減殺請求の対象となるものでもない。

コメント

民法1029条1項は、遺留分算定の基礎となる財産につき、「被相続人が相続開始の時において有した財産の価額にその贈与した財産の価額を加え」るものとしているところ、「贈与」には、民法上の贈与契約に当たるものに限らず、実質的に贈与と同様の効果をもたらすものを含むとされている（中川善之助=加藤永一編『新版注釈民法(28)』463頁（有斐閣、補訂版、2002）等）。

生命保険契約において第三者を保険金受取人に指定する行為については、贈与類似の無償処分である、遺言によって被相続人の財産の受取人を指定した場合、当該財産が遺留分算定の基礎となることと権衡を失するとして、遺留分の算定の基礎となる財産に含まれるとする考え方もある。しかし、判例（最判昭40・2・2民集19・1・1、判時404・52ほか）・通説は、保険金受取人について「被保険者又はその死亡の場合はその相続人」と指定がある場合は、保険金請求権は、保険契約発生と同時に、相続人の固有財産となり、被保険者の相続財産を構成するものではないとしており、本判決の後、自己を被保険者とする生命保険契約の契約者が死亡保険金の受取人を変更する行為は、民法1031条に規定する遺贈又は贈与に当たるものではなく、これに準ずるものともいえないとした判例（最判平14・11・5民集56・8・2069、判時1804・17ほか（**第1章・事例21**））がある。

もっとも、相続人に対する生前贈与で民法903条1項の特別受益に当たるものについては、民法1044条が同法903条を準用していることから、減殺請求を認めることが贈与を受けた相続人に酷であるなどの特段の事情のない限り、同法1030条の要件を満たしていなくとも遺留分減殺の対象となるとの判例（最判平10・3・24民集52・2・433、判時1638・82ほか（**第1章・事例12**））があるほか、共同相続人の一部の者を保険金受取人とする養老保険契約に基づく死亡保険金請求権は、特段の事情があれば、民法903条の類推適用により、特別受益に準じて持戻しの対象となるとの判例（最決平16・10・29民集58・7・1979、判時1884・41ほか）がある。したがって、共同相続人の一部の者を受取人とする保険金請求権については、特段の事情の存在により民法903条の類推適用があり得る事案において、遺留分算定の基礎となる財産に含まれ、遺留分減殺の対象となるとされる余地もあると解される。

12　民法903条１項の定める相続人に対する贈与と遺留分減殺の対象（民法1030条の定める要件を満たすことの要否）

民法903条１項の定める相続人に対する贈与は、減殺請求を認めることが同相続人に酷であるなどの特段の事情のない限り、同法1030条の定める要件を満たさないものであっても、遺留分減殺の対象となるとした事例

（最三小判平10・３・24民集52・２・433、判時1638・82ほか）

事案の概要

○当事者

原告X_1：妻
原告X_2：長女
被告Y_1：長男
被告Y_2：Y_1の妻
被告Y_3、Y_4：Y_1の子
関係者Ａ：被相続人（昭62・８・20死亡）

○事実経過

昭53、54	Ａ、Y_1～Y_4に対し、順次、本件各土地を贈与
昭62・８・20	Ａが死亡し、相続が開始。法定相続人は、X_1、X_2及びY_1
昭63・７・７	X_1・X_2、Y_1～Y_4に対し、遺留分減殺請求

平2	X_1・X_2、遺留分減殺により本件各土地の一部について持分を取得したとしてその持分の所有権移転登記手続請求訴訟を提起
平5・9・7	第一審では、X_1・X_2の請求を一部認容
平9・7・18	第二審では、各土地の贈与は、相続開始1年前にされたもので、贈与の当事者において遺留分権利者を害することを知ってされたとはいえないから減殺の対象とはならないとして、X_1・X_2の請求を全部棄却した。X_1及びX_2が上告

裁判所の判断

民法903条1項の定める相続人に対する贈与は、その贈与が相続開始よりも相当以前にされたものであって、その後の時の経過に伴う社会経済事情や相続人など関係人の個人的事情の変化をも考慮するとき、減殺請求を認めることが当相続人に酷であるなどの特段の事情のない限り、民法1030条の定める要件を満たさないものであっても、遺留分減殺の対象となる。ただし、民法903条1項の定める相続人に対する贈与は、すべて民法1044条、903条の規定により遺留分算定の基礎となる財産に含まれるところ、当贈与のうち民法1030条の定める要件を満たさないものが遺留分減殺の対象とならないとすると、遺留分を侵害された相続人が存在するにもかかわらず、減殺の対象となるべき遺贈、贈与がないためにその者が遺留分相当額を確保できないことが起こり得るが、このことは遺留分制度の趣旨を没却するものというべきであるからである。

コメント

相続人に対する生前贈与で民法903条１項の特別受益に当たるものについては、同法1044条が同法903条を準用していることから、民法1030条の定める要件（相続開始前１年間にした贈与又は１年前にした贈与であって遺留分権利者に損害を加えることを知ってされたもの）を満たさないものであっても、遺留分算定の基礎となる財産に加えられるというのが通説である。

しかし、このような贈与について、遺留分減殺の対象とするために民法1030条の定める要件を満たすことを要するか否かについて、学説が分かれていたところ、本判決は、民法903条１項の定める相続人に対する贈与は、特段の事情のない限り、民法1030条の定める要件を満たすかどうかを問わず、減殺の対象となると判示したものである。

第３　財産の評価・算定方法

13　遺留分侵害の有無の算定時期と算定方法

①　遺留分侵害の有無は、相続開始の当時被相続人が有していた財産のその当時における価額及び被相続人が贈与した財産の相続開始時における価額を、債権に関しては債務者の資力の程度、担保の有無等を斟酌し、不動産に関してはその性質、所在地等を斟酌して具体的に定めることを要するとされた事例

②　不動産は不動産であるとの一事をもってその評価額と同額の債権より経済上優秀な価値を有するとの社会通念はないとされた事例

（大三民判大７・12・25民録24・2429）

事案の概要

○当事者

上告人X_1、X_2：相続人（受贈者）

被上告人Ｙ：相続人

関係者Ａ：被相続人

関係者Ｂ：訴外の相続人

○事実経過

明36・9	Ａが、Ｘら及びＢに対し、合計約2,398円相当の不動

	産を贈与。その結果、被相続人の残余財産が債権約3,000円、不動産9円相当のみとなる。
——	Yが、Xらを相手として、Xらが受けた贈与について、Yに損害を加えることを知ってなしたものであるとして、遺留分減殺請求訴訟を提起
大7	原審は、Xら及びBが贈与を受けた不動産約2,398円と残余財産約3,009円を単に数額で比較すれば、後者が約610円超過するが、現今社会状態の通念からすれば、不動産は普通確実かつ安全な財産であるのに対し、債権は、その実質上おおむね薄弱で散逸のおそれのある財産であるから、その経済上の実質的価値は不動産が優越するのであり、Xらが、Yに損害を加えることを知ってしたものと認めるべきであると判示した。Xらが上告

当事者の主張

○上告人（Xら）の主張

弁済を得る見込み及び担保の確実な債権は、その経済的価値において同価額の不動産に劣らないばかりでなく、不動産より価値が優越するものもある。仮に、一般的にいって債権が不動産より価値が劣るとしても、個別にその価値を比較するには、債権の内容、担保不動産の状態等の具体的事情を観察することを要するのであり、漫然と債権は不動産より経済的価値が劣るというのは誤りである。

裁判所の判断

遺留分権利者が贈与の減殺を請求した場合において、贈与が遺留分を保全するに必要な限度を超えたか否かについて判定するには、相続開始の当時において、被相続人の有していた財産の当時の価額及び被相続人が贈与した財産の相続開始時の価額を、債権に関しては、債務者の資力の程度、担保の有無等を斟酌し、また、不動産に関してはその性質、所在地等を斟酌して具体的に定めることを要する。

不動産は、不動産たるの一事をもってその評価額と同額の債権より、経済上優秀な価額を有する旨の実験法則又は社会通念はない。債権といえども、債務者が有資力者で、かつ、担保する抵当権その他の物権がある以上は、その価額と同額の不動産より経済上劣等な財産とはいえない。

コメント

1　遺留分額算定の基礎となる財産については、民法1029条に定められているが、基礎となる財産の評価時期については、相続開始時との見解が通説であり（山口純夫「遺留分算定の基礎になる財産の評価の基準時」久貴忠彦編『遺言と遺留分　第2巻　遺留分』59頁（日本評論社、2003））、評価方法については、客観的基準に従い、通常は交換価値すなわち取引価格によるとされる。そして、債権については、額面額を基礎とした取引価格によるが、債務者の資力や担保の有無等を考慮して定めるべきものとされている（中川善之助＝加藤永一編『新版注釈民法(28)』458頁（有斐閣、補訂版、2002））。

2　本件では、被相続人Aが、Xらに対して合計約2,398円相当の不動産を贈与したのに対し、Aの残遺産が約3,009円であるから、単純に数字の上では残遺産の価額が贈与財産の価額を上回っており、遺留分侵害はないように思われる。これに対し、Aの残遺産のほとんどに当たる3,000円が債権であったため、原審は、債権は不動産に比して経済的価値が劣る旨判断し、Xらが損害を加えることを知って贈与をしたものと認めたものである（本件は、明治民法下の事案であるが、明治民法1132条が現行民法1029条と同旨の規定であったことについては、**第1章・事例14**の判決の解説参照）。

しかし、債権については、債務者に十分な資力がある場合や十分な担保がある場合、その経済的価値がその他の財産に劣るとはいえないことは明らかであって、飽くまで、債務者の資力や担保の有無等具体的な債権の価値を考慮して取引価格を算定すべきものである。逆に、債務者が無資力であって、十分な担保もない場合には、額面にとらわれることなく、実質的な評価をすべきものである。

本判決は、遺留分算定の基礎となる財産のうち債権について、必ずしも額面によらず、取引価額によって評価すべきであることを前提とし、前記の事情を考慮して具体的な取引価格を算定すべきことを判示したものと解される。

3　本判決は、学説上も支持されており、特に異論は見られない（中川善之助＝泉久雄『相続法』656頁注（四）（有斐閣、第4版、2000）、中川＝加藤・前掲書458頁）。

14　負担付贈与と遺留分減殺請求権

負担付贈与の負担が債務の引受けである場合、遺留分を定めるにはその債務額を控除して計算すべく、相続人が被相続人より受けた財産の額を定めるには、その債務を計算し加えることができず、したがって、受贈者の負担額はこれを控除して減殺すべきものであるとされた事例

（大二民判大11・7・6民集1・455）

事案の概要

○当事者

上告人X_1、X_2：受贈者
被上告人Y：Aの法定家督相続人
関係者A：被相続人（大5・3・9死亡）
関係者B：銀行（Aに対する債権者）

○事実経過

※以下、金額は円未満で適宜四捨五入

大5・2・19	Aが、X_1に対し878円の不動産を、X_2に対し1,273円の不動産をそれぞれ贈与。X_1への贈与は、AのBに対する債務約862円についての債務引受けの負担付贈与であった。
大5・3・9	A死亡。Yは、相続開始時の遺産として38円の不動産のみを相続
――	Yが、X_1及びX_2に対し、遺留分減殺請求訴訟を提起

大11	原審は、Ｙが受けるべき遺留分額について、Ａ死亡時の遺産38円に、X_1が引き受けた債務862円及びX_1とX_2の受贈額を加算し（3,051円となる。）、ここからＡの債務862円を控除した残額（2,189円となる。）の２分の１に当たる約1,094円が遺留分額になるとし、ここから死亡時の遺産38円及び引受債務額863円を控除すると193円になるが、これだけでは遺留分の保全には足りないとし、これに863円を加算した1,056円について遺留分減殺請求を認めた。 そして、Ｘらへの贈与は同日なされたものであり先後がないとして、贈与の価額に按分して各減殺額を定めた（X_1について約12円、X_2について約1,044円）。
大11	Ｘらが上告

当事者の主張

○上告人（Ｘら）の主張

Ｙの遺留分侵害額は、原審が算定した1,094円から死亡時の遺産38円及び債務額862円を控除した残額192円を超えないはずであり、原審は、遺留分侵害の程度を越えて減殺を是認した違法がある。

裁判所の判断

Ｙの遺留分は、Ａの相続開始時の不動産38円及びX_2への贈与額1,273円を加え、その中から債務額約862円を控除した残額1,326円の半額である663円になるところ、Ａが相続開始時に有していた財産は前記38円の不動産のみであるから、Ｙは、663円から38円を控除した残金625円に相当する不動産を減殺することができる（862円の負債は、X_1が引き受けたため計算に加えない。）。

そして、X_1に対しては、受贈財産878円から引受債務額862円を控除した15円を基本とし、X_2に対しては、受贈財産1,273円を基本として、これに遺留分額625円を按分して各減殺額を定めるべきである。

コメント

1　本件は、明治民法下における判示であるが、負担付贈与について、原審の判断に誤りがあるとして破棄したものである。

明治民法1130条１項は、「法定家督相続人タル直系卑属ハ遺留分トシテ被相続人ノ財産ノ半額ヲ受ク」とし、1132条１項は、「遺留分ハ被相続人カ相続開始ノ時ニ於テ有セシ財産ノ価額ニ其贈与シタル財産ノ価額ヲ加ヘ其中ヨリ債務ノ全額ヲ控除シテ之ヲ算定ス」とし、1141条は、「負担附贈与ハ其目的ノ価額中ヨリ負担ノ価額ヲ控除シタルモノニ付キ其減殺ヲ請求スルコトヲ得」と定めていた。これらの規定は、現行民法にも通じるものであり、本判決は現在にも参考になるものである。

2　遺留分の基礎となる財産の評価に関し、負担付贈与をどのように評価するかについては見解が分かれている。通説は、遺留分の算定に当たっては全額算入するが、減殺は贈与の目的の価額から負担を控除したものについてすることができるとの立場である。これに対し、贈与額から負担額を差し引いた残額のみを加算し、負担が相続人の利益に帰するときは相続人の受けた財産として、第三者の利得となるときは第三者への贈与として加算すべきであるとの説もある（中川善之助＝加藤永一編『新版注釈民法(28)』458頁（有斐閣、補訂版、2002)）。

本判決は、Aの相続開始時の不動産38円及びX_2への贈与額全額に当たる1,273円を加え、その中から債務額約862円を控除した残額1,326円の半額である663円がYの遺留分になるとの判断をしており、通説と同様の見解を採ったものと思われる。

3　なお、負担付遺贈の場合は、遺留分減殺によって贈与の目的の価額が減少したときは、受贈者は、減少の割合に応じて負担した義務を免れるとされている（民1003）。これに対し、負担付贈与は、受贈者は負担額を超えて減殺されることがないとの限度で保護されるにすぎず、負担付遺贈の方が優遇されているといわれる（中川＝加藤・前掲書505頁）。

4　関連する問題として、抵当権付の不動産が贈与された場合、遺留分算定の基礎となる財産の評価をどのようにするかという点がある。この点について、不動産の価額から抵当債権額を控除して評価すべきであるとの判決があるが（大審判昭15・10・26新聞4639・5）、抵当債務が遺産中に含まれる場合には、債務として控除されるため、不動産の価額から抵当債権額を控除すると、債務額の控除が重複するため、贈与財産の評価時に抵当債権額を控除するのは相当ではないと思われる（中川＝加藤・前掲書458頁）。

15　相続人が被相続人から贈与された金銭についての特別受益額の算定方法

相続人が被相続人から贈与された金銭をいわゆる特別受益として遺留分算定の基礎となる財産の価額に加える場合には、贈与の時の金額を相続開始の時の貨幣価値に換算した価額をもって評価すべきであるとされた事例

（最一小判昭51・３・18民集30・２・111、判時811・50ほか）

事案の概要

○当事者

上告人Ｘ：Ａの二男（相続人）

被上告人Ｙ：Ｃの長女（代襲相続人）

関係者Ａ：被相続人（昭33・１・７死亡）

関係者Ｂ：Ａの妻（相続人）

関係者Ｃ：Ａの長男（Ａの死亡以前に死亡）

関係者Ｄ：Ｃの養子（代襲相続人）

○事実経過

大12～15	Ａが、Ｘに対し、現金4,125円を生計の資本として贈与
昭２	Ａが、Ｃに所有不動産の13筆を贈与

昭28・４・10	Ａは、Ｄに所有の６不動産を生前贈与
昭28	Ａは、Ｙに所有不動産３筆を生前贈与
昭33・１・７	Ａが死亡し、相続が開始。法定相続人は、Ｘ、Ｙ、Ｂ及びＤの４名
昭33	Ｘは、被相続人の四十九日の法要の日にＹ、Ｂ及びＤに対し、遺留分減殺の意思表示をしたと主張
昭43・10・８	第一審では、Ｘが生前にＡから贈与を受けた金銭を、相続開始時を基準として物価指数によって評価した場合、大正12年ないし15年頃を１とすると、昭和33年は250倍に相当するとして、これを遺留分侵害額の計算に当たって原告の具体的遺留分から控除すると残りがなくなるから、遺留分侵害額はないとして、Ｘの請求を棄却した。Ｘはこれを不服として控訴
昭49・９・27	第二審においても、第一審の判断を維持する旨判示し控訴を棄却したため、Ｘが上告

当事者の主張

○上告人（Ｘ）の主張

受贈財産の評価のうち金銭の贈与については、価額が増減したときでもなお原状によって評価すべきであり、相続開始時の貨幣価値に換算するべきではない。

裁判所の判断

被相続人が相続人に対しその生計の資本として贈与した財産の価額をいわゆる特別受益として遺留分算定の基礎となる財産に加える場合に、贈与財産が金銭であるときは、その贈与の時の金額を相続開始の時の貨幣価値に換算した価額をもって評価すべきものと解するのが相当である。なぜなら、このように解しなければ、遺留分の算定に当たり、相続分の前渡しとしての意義を有する特別受益の価額を相続財産の価額に加算することにより、共同相続人相互の衡平を維持することを目的とする特別受益持戻しの制度の趣旨を没却することとなるばかりでなく、かつ、そのように解しても、取引における一般的な支払手段として金銭の性質、機能を損なう結果をもたらすものではないからである。

これと同旨の見解に立って、物価指数に従って換算した原審の判断は正当である。

コメント

1　本判決は、遺留分算定の基礎となる相続財産の算定に当たり、共同相続人が被相続人から贈与を受けた金銭がある場合、その評価方法について判示した最初の最高裁判決である。

遺留分算定の基礎となる財産は、被相続人が相続開始時において有した財産にその贈与財産を加え、そこから債務を控除したものであり（民1029）、贈与の中には、共同相続人に対する特別受益に当たるものも含まれる。そして、相続財産や算定の基礎となる贈与財産についての評価時期は、相続開始時とするのが通説であり、審判例の大勢である（島田禮介「判解」『最高裁判所判例解説民事篇　昭和51年度』

57頁（法曹会、1979）、山口純夫「遺留分算定の基礎になる財産の評価の基準時」久貴忠彦編『遺言と遺留分　第2巻　遺留分』60頁（日本評論社、2003）、岩井俊「特別受益となる贈与（金銭）の評価時期（上）」ジュリ620号114頁以下）。

2　次に、贈与の対象財産が金銭である場合、評価時期は相続開始時であるとしても、贈与時から相続開始時まで長期間が経過し、金銭の価値に大きな変動を生じた場合、贈与金額を額面どおり評価するか、それとも相続開始時の貨幣価値に換算すべきかが問題となる。

一般に、金銭債権については、弁済期に額面に相当する通貨をもって支払えば足りると解されるが（民402）、その際、額面を弁済時の貨幣価値に換算することはない。本件においては、そのような考え方が、特別受益の評価にも当てはまるかが問題とされたものである。

3　算定の基礎となる贈与財産が金銭である場合については、贈与金銭の評価について、相続開始時の貨幣価値に換算する必要はなく、贈与の額面金額で評価すれば足りるとの説が従来の通説的な見解であった。その理由は、昭和20年頃の10万円と昭和40年頃の10万円とを比較し、どちらも同じ10万円と算定すれば実情に添わない不均衡の感はあるものの、それは金銭の通性であってやむを得ない、というものであった（この点は、岩井俊「特別受益となる贈与（金銭）の評価時期（下）」ジュリ621号116頁以下が詳しい。）。

これに対し、本判決以前は、評価換えをすべきであるとの見解が次第に多数となってきた。この根拠は、特別受益の持戻しは、共同相続人間の不均衡を調整するための制度であるところ、金銭の贈与の場合、被相続人が相続人に与えるものは貨幣そのものというよりもその貨幣の持つ購買力であるから、貨幣価値の変動により、贈与時と相続開始時に購買力に著しい差があるときは、相続開始時に換算すべきというものである（島田・前掲58頁）。

4　本判決は、金銭の贈与について、共同相続人間の衡平を重視し、相続開始時の貨幣価値に評価換えすることを認めたものであり、その際、物価指数によることを是認した点で意義のある判決である。

5　関連する問題として、贈与された貨幣が費消されず保存されていた場合、本件と同様の判断になるか否かは本判決からは判然としない。原審は、このような場合は別異に扱うかのように判示しているが、本件と差をもうける必要はないとの見解が多数説である（島田・前掲62頁注（八））。

また、貨幣以外の財産の贈与については、本件と同様に、贈与時の財産の価額を評価し、それを物価指数に従って相続開始時に評価換えするとの考え方と、相続開始時の価格で算定するとの考え方があり得るが（島田・前掲60頁注（四）、中川善之助＝加藤永一編『新版注釈民法㉘』459頁（有斐閣、補訂版、2002））、後者の見解が有力である（中川良延「遺留分算定と特別受益としての贈与金の評価」ジュリ臨増642号88頁、田中恒朗「相続人が被相続人から贈与された金銭をいわゆる特別受益として遺留分算定の基礎となる財産の価額に加える場合と受益額算定の方法」判タ337号79頁以下）。

参考判例

○遺留分侵害の有無は、相続開始の当時被相続人が有していた財産のその当時における価額及び被相続人が贈与した財産の相続開始時における価額を、債権に関しては債務者の資力の程度、担保の有無等を斟酌し、不動産に関してはその性質、所在地等を斟酌して具体的に定めることを要する（大判大７・12・25民録24・2429）

16　共同相続人の一部の相続放棄と他の共同相続人の遺留分

共同相続人の一人が相続放棄をした場合、その者は当初から相続人でなかったものとみなされるのであるから、相続放棄した者について遺留分という観念は存在しないのであって、遺留分放棄があったとして、民法1043条２項の適用又は準用を考える余地はないとされた事例

（大阪高判昭60・３・20判タ560・144）

事案の概要

○当事者

控訴人Ｘ：Ａの子（受遺者）

被控訴人Y_1～Y_3：いずれもＡの子

関係者Ａ：被相続人（昭56・７・３死亡）

関係者Ｂ、Ｃ、Ｄ、Ｅ：いずれもＡの子で相続放棄をした者

○事実経過

昭50・３・25	ＡがＸに対し、全財産を遺贈
昭56・７・３	Ａが死亡し、相続が開始。法定相続人はＸ、Y_1ないしY_3を含め合計８名であり、いずれもＡの子である。
昭56・９～10	Ｂ、Ｃ、Ｄ、Ｅが、相続開始を知ってから３か月以内に相続放棄の申述をし、いずれも受理された。

昭57	Y_1ないしY_3がＸに対し、遺留分減殺を原因とする持分移転登記請求訴訟を提起し、持分８分の１の割合による移転登記を請求
昭57・５・11	ＹらがＸに対し、遺留分減殺の意思表示をした。
昭59・５・10	第一審は、Ｙらの請求を認容
昭59	Ｘが控訴

当事者の主張

○控訴人（Ｘ）の主張

共同相続人の一人が遺留分の放棄をしても他の共同相続人の遺留分に影響しないのであるから、(民1043②)、相続放棄をした場合にも他の共同相続人の遺留分に影響することはなく、したがって、Ｙら各自の遺留分は16分の１である。

裁判所の判断

Ｂ、Ｃ、Ｄ、Ｅが相続放棄をした結果、Ａの相続人は、その子であるＸ及びＹら４名のみであるから、Ｙらは８分の１の遺留分を有する。

相続放棄によってその者は当初から相続人でなかったものとみなされるのであるから(民939)、相続放棄をした者について遺留分という観念は初めから存在せず、その放棄ということも考えることができない。したがって、この場合に、遺留分放棄があったとして民法1028条の特別規定である同法1043条２項の適用又は準用を考える余地はなく、Ｘの主張は失当である。

コメント

1　本件で、Ｘは、相続人の一部が相続放棄をした場合について、民法1043条２項を根拠に、他の相続人の遺留分が相続放棄の影響を受けず、遺留分は増加しないとの主張をしたのに対し、本判決は、相続放棄があった場合について同条の規定がないことを明らかにしたものである。

2　民法1043条２項では､共同相続人の一部が遺留分の放棄をしても、他の共同相続人の遺留分には影響しないとされている。これは、遺留分放棄の効果として、被相続人の自由分が増加することを定めたものであり、民法が、遺留分と自由分の割合は遺留分権利者の数と無関係であるとの立場を取っている結果（民1028)、特別の規定がなければ自由分の割合が変わらないことになるため、遺留分の放棄がされた場合について、このような規定を置いて自由分が増加することを定めたものとされている（中川善之助＝加藤永一編『新版注釈民法(28)』536頁（有斐閣、補訂版、2002)）。すなわち、民法1043条２項は、遺留分の放棄によって相続人全体の遺留分は放棄された分だけ減少するが、各相続人の個別的遺留分が増えることがないこと、言い方を換えれば、被相続人の自由分がその分だけ増えることを意味することになる。そして、遺留分の放棄は、相続放棄とは異なり、相続人としての地位を失うわけではないから、相続開始時に被相続人の財産があれば、相続することができる。

これに対し、遺留分権利者である相続人の一部が相続放棄をした場合には、放棄者は初めから相続人とならなかったものとみなされ（民939）、相続開始時に被相続人の財産があっても相続をすることはできない。したがって、遺留分の算定に当たっては、相続を放棄した者は遺留分権利者として考慮されることがなく、相続放棄者を除く者が遺留分権利者となる（中川善之助＝泉久雄『相続法』652頁（有斐閣、第4版、2000））。

3　遺留分放棄と相続放棄の相違を前提にすれば、本判決の判断は妥当であり、この結論に異論はみられない。

17　被相続人が相続開始時に債務を有していた場合における遺留分の侵害額の算定

被相続人が相続開始時に債務を有していた場合における遺留分の侵害額は、被相続人が相続開始時に有していた財産の価額にその贈与した財産の価額を加え、その中から債務の全額を控除して遺留分算定の基礎となる財産額を確定し、それに法定の遺留分の割合を乗じるなどして算定した遺留分の額から、遺留分権利者が相続によって得た財産の額を控除し、同人が負担すべき相続債務の額を加算して算定するとされた事例

（最三小判平８・11・26民集50・10・2747、判時1592・66ほか）

事案の概要

○当事者

上告人Ｘ：Ａの子

被上告人Y_1～Y_3：Ａの妻及び子

関係者Ａ：被相続人（平２・７・７死亡）

関係者Ｂ：Ａの相続人（Ａの養子であり、Ｘの配偶者）

○事実経過

平２・６・29	ＡがＸに対し、全財産を包括的に遺贈
平２・７・７	Ａが死亡し、相続が開始。法定相続人はＸ、Y_1ないしY_3及びＢの合計５名
平３・１・23	ＹらがＸに対し、遺留分減殺の意思表示をした。

平３	Ｘが、Ａから遺贈を受けた不動産の一部を売却し、第三者への所有権移転登記を経由
平４・６・19	ＹらがＸに対し、Ａの所有であった不動産について、遺留分減殺に基づき共有持分権を有することの確認及び移転登記手続を求めて提訴。第一審では、Ｘが抗弁として、8,000万円を超えるＡの相続債務や２億6,000万円余りの相続税を支払ったこと等を主張したが、Ｙらは、Ｘが遺留分減殺の意思表示後に約４億円で不動産を売却したことが不法行為に当たるとして、損害賠償請求権と相殺した旨の再抗弁を主張した。判決において、Ｙらの主張が認められ、請求がいずれも認容されたため、Ｘが控訴
平５・１・27	控訴棄却。控訴審の判断は、「①Ｘが主張する債務のうち、相続税は遺留分算定上考慮すべき債務に当たらない、②Ｙらの遺留分減殺請求により、各不動産について、遺留分侵害の割合の持分権がＹらに移転しているにもかかわらず、Ｘは、故意又は過失により不動産を一部売却してＹらの持分権を喪失させたものであるから、Ｙらは損害賠償債権を有しており、Ｘが相続債務を支払ったことによるＹらへの求償債権と対当額で相殺されており、求償債権が損害賠償債権を上回らないことが明らかであるから、求償債権は相殺により消滅しており、遺留分算定上考慮の必要がない、Ｙのうち一人が遺産の一部の交付を受けていても、遺留分侵害の割合に影響を及ぼさ

	ない。」というものであった。
平5	Xが上告

当事者の主張

○上告人（X）の主張

原判決は、相続債務の存在を全く度外視しているが、遺留分の確定のためには、相続債務の確定が必要である。

裁判所の判断

被相続人が相続開始の時に債務を有していた場合の遺留分の額は、被相続人が相続開始の時に有していた財産全体の価額にその贈与した財産の価額を加え、その中から債務の全額を控除して遺留分算定の基礎となる財産額を確定し、それに遺留分の割合を乗じ、複数の遺留分権利者がいる場合は更に遺留分権利者それぞれの法定相続分の割合を乗じ、遺留分権利者がいわゆる特別受益財産を得ているときはその価額を控除して算定すべきものであり、遺留分の侵害額は、このようにして算定した遺留分の額から、遺留分権利者が相続によって得た財産がある場合はその額を控除し、同人が負担すべき相続債務がある場合はその額を加算して算定するものである。

この遺留分算定方法は、相続開始後にXが相続債務を単独で弁済し、これを消滅させたとしても、また、これによりXがYらに対して有するに至った求償権とYらがXに対して有する損害賠償債権とを相殺した結果、求償権が全部消滅したとしても変わるものではない。

コメント

1　本判決は、相続債務がある場合の遺留分侵害額の算定方法について判示した最初の最高裁判決である。

「被相続人の財産」について、被相続人が相続開始の時において有した財産の価額にその贈与した財産の価額を加えた額から、債務の全額を控除して、これを算定すると定めている（民1029）。そして、相続債務がある場合の遺留分侵害額の算定については、従来から幾つかの考え方があったが、考慮要素に特に差異はないものであった（神谷遊「遺留分および遺留分侵害額の算定方法」久貴忠彦編『遺言と遺留分　第2巻　遺留分』39頁（日本評論社、2003））。

2　この点、第一審及び原審は、相続債務があった場合でも、相続開始後に相続債務を支払ったことによる求償権が、損害賠償請求権と相殺されたことにより消滅したとして、総体的遺留分の算定に当たって相続債務を考慮しなかった。これに対し、本判決は、遺留分額を相続開始時で算定するべきことを前提として、遺留分の算定に当たって相続開始時にあった相続債務を考慮すべきことを判示し、相続開始時に存在した債務を控除することとし、相続開始後の相殺によって債務が消滅しても、遺留分の算定に影響しないとして原判決を破棄したものである。民法1029条の条文にも忠実な解釈であり、学説上も異論がないようである（もっとも、原審の算定方式と本判決の算定方式は、必ずしも結論が異なるわけではないとされる（瀬川信久「相続債務がある場合の遺留分侵害額の算定方法」久貴忠彦ほか編『別冊ジュリスト　家族法判例百選』182頁（有斐閣、第6版、2002）））。

本判決の判示からすると、遺留分侵害額の算定は以下のようになる。

『遺留分算定の基礎となる財産額』＝「相続開始時の財産の価額」＋「贈与価額」－「相続債務額」

『遺留分の額』＝「遺留分算定の基礎となる財産額」×「総体的遺留分率」×「個別的遺留分率」－「特別受益額」

『遺留分侵害額』＝「遺留分額」－「相続による取得額」＋「相続債務分担額」

3　本件は、遺留分算定の基礎となる相続財産がプラスの場合であるが、これがゼロ又はマイナスの場合、遺留分額がゼロとなるか否かについては、争いがある（**第１章・概説**参照）。本判決は、このような場合にまで妥当するか否かは直接言及しておらず、議論の余地があるとされている（大坪丘「判解」『最高裁判所判例解説民事篇　平成８年度（下）』991頁（注八）（法曹会、1999））。

4　関連する問題として、包括遺贈がなされた場合の債務の承継はどうなるかという点がある。この点については、包括受遺者が相続人と同一の権利義務を有するとされていることから（民990）、債務をも承継すると解されている。可分債務の承継割合については、包括遺贈の割合が基準になると解する見解が有力であるが、相続債権者との関係では、法定相続分に応じて負担することになるとの見解もある（神谷・前掲47頁）。しかし、本判決はこれらの点について判示したものではない。

5　なお、本件において、Ｘは、上記主張のほか、遺留分減殺請求がされた場合、遺留分権利者は、遺産分割がされるまでは具体的共有持分権を取得するわけではない旨の主張もしているが、この点については、最高裁平成８年１月26日判決（民集50・１・132、判時1559・43ほか（**第１章・事例４**））に照らして排斥されている。

第４　遺留分と特別受益

18　被相続人が設立し経営していた会社からの相続人に対する死亡弔慰金の支払は特別受益に当たるか

被相続人が設立し経営していた会社が相続人の一人に支給した被相続人の死亡弔慰金を遺贈に準じ特別受益に当たるものと認めて遺留分を算定した事例

（東京地判昭55・９・19家月34・８・74、判タ435・129）

事案の概要

○当事者

原告Ｘ：三女

被告Y_1：二女

被告Y_2：Y_1の夫

関係者Ａ：被相続人（昭47・５・５死亡）

関係者Ｂ：長女

関係者Ｃ社：Ａが自ら設立し経営してきた会社

○事実経過

昭42頃	Ａは、Y_1、Y_2夫婦と同居開始
昭45頃	Ａは、Ｃ社の経営をY_2に依頼
昭46・２・１	Ａは、公正証書遺言を作成

昭47・5・5	Ａが死亡して、相続が開始。法定相続人は、Ｂ、Y_1、Ｘの３名。その後、Ｃ社から、Y_1に対して弔慰金が支払われた。
昭48・4・25	Ｘは、Ｙらに対して、遺留分減殺請求の調停を申し立てて、遺留分減殺請求権を行使し、その後、本訴を提起

当事者の主張

○原告（X）の主張

本件の弔慰金は、実質的に死亡退職金であり、少なくとも遺留分計算の基礎として計算されるべきである。

裁判所の判断

通常、弔慰金は、主として死亡退職金的性格のものか又は遺族の生活保障的性格を有するものであるが、ＡはＣ社の代表取締役として終始会社経営に当たってきたものであり、かつ、死去に際して支払われた弔慰金がかなり高額であることにかんがみると、Ａの生前の会社経営に対する功労報酬的性格をも帯有しているものと考えられる。したがって、他の相続人間の公平も考慮すべきであるから、上記弔慰金は遺贈に準ずるものとして民法903条の特別受益に当たるものと認めるのが相当である。そうであれば、Ｃ社からY_1に支払われた弔慰金は遺留分算定の基礎となる財産に含まれることになる。

コメント

1　死亡退職金の相続財産性について

死亡退職金の相続財産性については問題があり、法令や支給規程等に基づく場合とそのようなものがない場合とに分けて論じるのが一般的である。学説上、前者については、遺族等であるその受取人が固有の権利として取得し、相続財産にはならないと解する見解（中川善之助＝泉久雄『相続法』213頁（有斐閣、第４版、2000）等）と相続財産とみる見解（西原道雄「遺族給付の法的性格」川島武宜ほか編『損害賠償責任の研究（上）』399頁（有斐閣、1957））が、後者についても、相続財産に属さないとする見解（遠藤浩「相続財産の範囲」家族法大系刊行委員会編『家族法大系Ⅵ』187頁（有斐閣、1960））と相続財産になるとする見解（伊藤昌司「判批」判評311号193頁）が対立している。

判例は、死亡退職金の支給根拠となる法令、就業規則等が受給権者の範囲及び順位につき相続人のそれと異なる規定をしている事例について、受給権者は相続人としてではなく、上記法令等により直接これを自己の権利として取得するものと判断（最判昭55・11・27民集34・６・815、判時991・69ほか）するとともに、死亡退職金の支給規程のない財団法人において、理事長の死亡後同人の妻に支給する旨の決定をして支払われた死亡退職金は、特段の事情のない限り相続財産に属するものではなく、妻個人に属するものであると判断（最判昭62・３・３家月39・10・61、判時1232・103ほか）している。

2　死亡退職金の特別受益性について

死亡退職金が相続人の固有財産であるとしても、特別受益として持戻しの対象となるか否かについては争いがある。死亡退職金については、遺族の生活保障的側面、賃金の後払い的性格、功労報酬的性格があるなどといわれており、共同相続人間の公平の見地から特別受益に準じた取扱いをすべきかどうかが議論されてきたからである。

学説は、相続人間の公平の見地を考慮し、受給者の取得した死亡退職金は、特別受益持戻しの対象となると解するもの（中川＝泉・前掲書213頁等）がある一方、受給権者の生活保障を目的とした制度に依拠して支出されたものである点を考慮すれば、制度趣旨を損なわないように持戻しの対象とすべきではないとする見解もみられる（潮見佳男『相続法』105頁（弘文堂、第２版、2005）等）。

裁判例は、事案ごとに死亡退職金の根拠、性格等を勘案して決してきたと思われるが、特別受益性を肯定するもの（神戸家審昭43・10・9家月21・２・175、判タ239・308、広島高岡山支決昭48・10・３家月26・３・43、大阪家審昭51・11・25家月29・６・27）と特別受益性を否定するもの（東京家審昭55・２・12家月32・５・46（**第１章・事例10**）、東京高決昭55・９・10判タ427・159）とがある。本判決は、支給規程等がない事案において、本件の弔慰金が高額で功労報酬的側面があり相続人間の公平を図る必要性があることを根拠として特別受益性を肯定したものであり、実務上参考になると思われる。

19　被相続人を被保険者とする生命保険契約において、保険金受取人が「相続人」と指定されていたときに、相続人が取得した生命保険金は特別受益財産に当たるか

被相続人を被保険者とする生命保険契約において、保険金受取人が「相続人」と指定されていたときに、相続人が取得した生命保険金は特別受益財産に当たらないとされた事例

（東京高判平10・６・29判タ1004・223）

事案の概要

○当事者

控訴人X_1～X_3：受遺者

被控訴人Y_1～Y_2：Ａの法定相続人

関係者Ａ：被相続人

○事実経過

――	Ａは、Ｘらに対して遺産に属する不動産を遺贈する旨の公正証書遺言を作成するとともに、自己を被保険者とし、保険金受取人を「相続人」と指定する生命保険契約を締結した。
――	Ａが死亡し、相続が開始。法定相続人はＹら
平５・７	Ｙらは、Ｘらに対して、遺留分減殺請求権を行使す

	る旨の意思表示
平9・12・25	原審は、Yらが取得したAの死亡保険金は特別受益に当たらないとして、Yらの請求を一部認容したので、Xらが控訴

当事者の主張

○控訴人（Xら）の主張

遺留分の算定においては、民法1044条により、同法903条、904条が準用されるから、生命保険金は特別受益として、その算定の基礎に含まれなければならない。

裁判所の判断

本件生命保険契約は、Aが相続人すなわちYらを受取人として指定した第三者のためにする契約であるから、Yらは、Aの死亡により、上記契約による保険金請求権を固有の権利として原始的に取得したものであり、上記契約の締結は、文理上、民法1044条が準用する同法903条所定の遺贈又は婚姻、養子縁組のため若しくは生計の資本としての贈与に該当せず、かつ、その保険金受取人に指定されたYらが、相続に関わりなく、保険金請求権を取得することが、被相続人の契約意思に合致するものと解されるから、Yらが受け取った上記保険金は、特別受益財産に当たらないものと解するのが相当である。

コメント

1　死亡保険金請求権の相続財産性について

被相続人を被保険者とし、保険金受取人を相続人とする生命保険契約に基づき、相続人が取得した死亡保険金は、被相続人の遺産ではなく、保険金受取人である相続人の固有財産であると一般に解されている（最判昭40・２・２民集19・１・１、判時404・52ほか）。

2　死亡保険金請求権と特別受益について

(1)　問題の所在

死亡保険金が特別受益として持戻しの対象となるか否かについては争いがある。すなわち民法903条の特別受益制度の趣旨は、共同相続人中に、被相続人から遺贈又は生計の資本として贈与を受けた者があるときに、その者が他の共同相続人と同等の法定相続分を受け取るのでは、遺産分割の公平を失し、被相続人の意思にも沿わないことが多いから、共同相続人間の利害の実質的公平を図るために、その遺贈や贈与を持ち戻して具体的相続分を算定するものと解されている。そして、死亡保険金については、生命保険契約に基づき、被相続人が出捐して保険料を支払う一方、被相続人が死亡したときに保険金受取人が死亡保険金を取得するという実態があることから、特別受益に準じた取扱いをすべきかどうかが議論されているのである。

(2)　学説の状況

学説には、大別して、肯定、原則肯定、原則否定、否定の４説がある。肯定説は、被相続人が保険料を支払った場合、保険金請求権は保険料の対価たる実質を持ち、遺贈ないし死因贈与に準ずべき財産とみられるから、遺産分割に際して共同相続人の衡平を図るため持戻しの対象とすべきである（中川善之助＝泉久雄『相続法』

211頁（有斐閣、第4版、2000）等）などと、原則肯定説は、死亡保険金は一種の生前贈与に準じるものであるが、共同相続人の地位や財産、生命保険金の生活保障的機能等の種々の事情を考慮して特別受益性を判断すべきである（高木多喜男「相続の平等と持戻制度」星野英一＝森野昭夫編『現代社会と民法学の動向（下）』448頁（有斐閣、1992））といい、原則否定説は、死亡保険金は原則として特別受益財産とならないが、例えば被相続人の支払った保険料が被相続人の資力に比して巨額に上るなど共同相続人間の公平性を損なう場合には例外的に持戻しが要求される（千藤洋三「判批」民商法雑誌122巻6号914頁）と、否定説は、死亡保険金は文理上特別受益に該当しないし、法定相続人の通常の意思にも沿っている（大塚正之「特別受益の意義と範囲」判タ688号52頁等）という。

(3)　裁判例の状況

裁判例には、死亡保険金請求権が特別受益であることを肯定したもの（大阪家審昭51・11・25家月29・6・27、宇都宮家栃木支審平2・12・25家月43・8・64）と否定したもの（広島高岡山支決昭48・10・3家月26・3・43、東京家審昭55・2・12家月32・5・46（**第1章・事例10**）、高松高決平11・3・5家月51・8・48）とがあったが、近時は、否定する裁判例が有力であり、本判決も、否定例に1例を付け加えるものである。このような情勢の中で、最高裁（最決平16・10・29民集58・7・1979、判時1884・41ほか）は、注目すべき判断を示した。同決定は、死亡保険金請求権が相続財産に属するものでないことに加え、被保険者が死亡した時に初めて発生するものであり、保険契約者の払い込んだ保険料と等価関係に立つものではなく、被保険者の稼働能力に代わる給付でもないことから、実質的に保険契約者又は被保険者の財産に属していたとみることができないことを挙げて、死亡保険金請求権は民法903条1項の遺贈又は贈与に係る財産には当たらないと解するのが相当であると判断した。その上で、死亡保険金請求権の取得のための費用である保険料は、被相続人が生前保険者に支払ったものであり、保険契約者である被相続人の死亡により保険金受取人である相続人に死亡保険金請求権が発生することなどにかんがみると、保険金受取人である相続人とその他の共同相続人との間に生ずる不公平が民法903条の趣旨に照らし到底是認することができないほどに著しいものであると評価すべき特段の事情が存する場合には、同条の類推適用により、当該死亡保険金請求権は特別受益に準じて持戻しの対象となると解するのが相当であるとした。そして、この特段の事情の有無については、保険金の額、この額の遺産の総額に対する比率のほか、同居の有無、被相続人の介護等に対する貢献の度合いなどの保険金受取人である相続人及び他の共同相続人と被相続人との関係、各相続人の生活実態等の諸般の事情を総合考慮して判断すべきであると説示した。今後、実務は、この判例の趣旨に即して動くと思われる。

20　遺留分の基礎財産の算定における、特別受益についての持戻し免除の意思表示の効力

被相続人により特別受益に当たる贈与につき持戻し免除の意思表示がなされている場合でも、遺留分の基礎財産の算定においては、上記贈与の価額を無条件で算入すべきものであるとされた事例

（大阪高判平11・6・8高民52・1、判時1704・80ほか）

事案の概要

○当事者

控訴人Y：長男

被控訴人X_1～X_3：二男、三男、四男

関係者A：被相続人

○事実経過

昭63・5	Aは、Yに対して、農地である畑3筆、田20筆、小作地4筆の合計約1丁2反歩余りを生計の資本として贈与し、その持戻しを免除する旨意思表示
平元・2	Aは、全財産をYに贈与する旨の遺言
平4・8	Aが死亡して相続が開始。法定相続人は、Aの子であるXらとY。 Xらは、Yに対して、遺留分減殺請求をした上で、本訴を提起

平10・10・28	原審は、Xらの請求を認容し、Yは控訴

当事者の主張

○控訴人（Y）の主張

被相続人が生前、共同相続人の一人に対してした贈与（特別受益）について持戻し免除の意思表示をしていた場合には、第三者に対する一般贈与と同様に、相続開始前1年間に行われたとき又は当事者双方に遺留分侵害の意思があるときにのみ、その贈与を遺留分算定の基礎財産に加算すべきである。

裁判所の判断

遺留分の基礎財産の算定においては、被相続人の持戻し免除の意思表示が効力を有する余地はないから、被相続人の意思には関係なく持戻しを行い、その贈与を遺留分の基礎財産に加算すべきである。民法903条3項は、持戻し免除の意思表示が遺留分規定に反しない範囲内でその効力を有する旨を規定している。しかし、これを準用し遺留分算定の基礎財産の算出を行う場合に、贈与の価額の持戻しをした場合の遺留分と、持戻し免除を認め持戻しをしない場合の遺留分とを比較すれば、必ず前者が後者を上回り、遺留分の額を定める民法1028条に反することは明らかである。また、そもそも遺留分の規定は、被相続人の処分の自由を制限するものであるし、遺留分算定のために持戻しを行うのに、これを行わない場合の遺留分に反しないかを問うのは、同義反復的な矛盾である。それゆえ、民法903条3項の遺留分規定の範囲内で、遺留分の基礎財産を算定するための持戻しを免除することはできないから、持戻し免除の意思表示は同条３項によりその効力を有することはない。したがって、持戻し免除の意思表示がある場合にも、それは同条３項に照らし無効であるから、同法1030条のみの贈与の加算に限定される理由はない。

コメント

1　問題の所在

被相続人が共同相続人の一部に対して特別受益に当たる贈与を行ったとき、その贈与の対象となる財産を遺留分算定の基礎財産に含めるべきか否かについては、民法1044条が同法903条を準用していることから、これを肯定する学説が一般的である（中川善之助＝泉久雄『相続法』655頁（有斐閣、第４版、2000）等)。判例（最判平10・３・24民集52・２・433、判時1638・82ほか（**第１章・事例12**））も、民法903条１項の定める相続人に対する贈与は、すべて民法1044条、903条の規定により遺留分算定の基礎となる財産に含まれると判断した。

これに対して、被相続人が特別受益に当たる贈与につき持戻し免除の意思表示をしているときの取扱いについては問題がある。上記のとおり、民法1044条は同法903条を準用していることから、同条３項の持戻し免除の規定についてもこれを準用しているようにも解されるからである。また、同法1030条が遺留分算定の基礎財産につき一定の範囲内に制限を加えていることとあいまって、特別受益についての持戻し免除の効力を否定したとしても、同条の制限内でしか持戻しが認められないのではないかとの争いもある。

2　学説、裁判例の状況

この点について、民法1030条の制限内でしか遺留分算定の基礎財産に含めることができいないという見解（辻正美「遺留分の算定方法について」法叢110巻４～６号245頁）もあるが、通説は、特別受益たる贈与は、持戻し免除の意思表示がなされていても、民法1030条の要件にかかわらず、遺留分算定の基礎財産に算入されると解している（中川＝泉・前掲書659頁、二宮周平『家族法』429頁（新世社、第２版、2005)、潮見佳男『相続法』263頁（弘文堂、第２版、2005）等)。

他方、この点につき明示的に判断した裁判例（広島家呉支審昭33・12・26家月11・４・116）は少ないが、本判決と同旨の判断を示している。本判決は、通説と同趣旨の判断をしたものであるが、先例の少ない分野についての判断であり、実務上の参考になると思われる。

21　自己を被保険者とする生命保険契約の契約者が死亡保険金の受取人を変更する行為と民法1031条に規定する遺贈又は贈与との該当性

自己を被保険者とする生命保険契約の契約者が死亡保険金の受取人を変更する行為は、民法1031条に規定する遺贈又は贈与に当たるものでもこれに準じるものでもないとされた事例

（最一小判平14・11・5民集56・8・2069、判時1804・17ほか）

事案の概要

○当事者

上告人X_1：妻

上告人X_2、X_3：長女、二女

被上告人Y：父

関係者A：被相続人

○事実経過

平9・7・28	Aは、自らを被保険者とする生命保険契約につき、受取人をX_1からYに変更
平9・9・22	Aは、自らを被保険者とする団体定期保険契約につき、受取人をX_1からYに変更
平9・9・23	Aが死亡して相続開始。法定相続人は、妻のX_1と子のX_2、X_3

平９・10・８ ～平12・４	Ｘらは、Ｙに対して、上記生命保険の受取人変更につき遺留分減殺請求の意思表示をし、主位的に保険金受取人の変更が権利の濫用であるとして、予備的に遺留分に相当する死亡保険金の支払請求権を有することの確認を求め、本訴提起
平11・１・18	第一審は、Ｘらの請求を棄却し、Ｘらは控訴
平11・６・30	原審は、Ｘらの控訴を棄却し、Ｘらは予備的請求につき上告受理申立て

当事者の主張

○上告人（X_1～X_3）の主張

保険契約者は、生命保険会社と生命保険契約を締結し、保険料の支払を開始することによって、死亡を停止条件とする保険金請求権を取得し得るところ、無償指定（変更）によって、この権利を受取人に賦与するのであるから、保険契約者のなした指定（変更）は、指定受取人との関係では無償処分であり、贈与の実質を有し、民法1029条及び1030条の贈与に該当すると解するのが相当である。

裁判所の判断

自己を被保険者とする生命保険契約の契約者が死亡保険金の受取人を変更する行為は、民法1031条に規定する遺贈又は贈与に当たるものではなく、これに準ずるものということもできないと解するのが相当である。けだし、死亡保険金請求権は、指定された保険金受取人が自己の固有の権利として取得するのであって、保険契約者又は被保険者から承継取得するものではなく、これらの者の相続財産を構成するものではないというべきであり（最判昭40・２・２民集19・１・１、判時404・52ほか）、また死亡保険金請求権は、被保険者の死亡時に初めて発生するものであり、保険契約者の払い込んだ保険料と等価関係に立つものではなく、被保険者の稼働能力に代わる給付でもないのであって、死亡保険金請求権が実質的に保険契約者又は被保険者の財産に属していたとみることもできないからである。

コメント

1　問題の所在

被相続人が自らを被保険者とし、被相続人以外の者を保険金受取人として契約した生命保険に基づく死亡保険金は、相続財産ではなく、保険金受取人の固有財産であると一般に解されている（最判昭40・２・２民集19・１・１、判時404・52ほか）。しかし、この死亡保険金については、被相続人が出捐して保険料を支払う一方、被相続人が死亡したときに保険金受取人が保険料の対価として死亡保険金を取得するという実態があることから、自己を被保険者とする生命保険契約の契約者が保険金受取人を指定、変更する行為が民法1031条に規定する遺贈又は贈与に当たるか否かが議論されている。

2　学説の状況

学説には、肯定説、否定説があるが、その論拠は多岐にわたる。肯定説は、死亡保険金が保険料の対価という実質を有し、実質的経済的には保険契約者から保険金受取人に対して無償の出捐があるから、保険金受取人の指定、変更は遺贈又は死因贈与に準じる無償処分であり、遺留分減殺請求の対象となる（中川善之助＝泉久雄『相続法』667頁（有斐閣、第４版、2000））などといい、否定説は、死亡保険金請求権は保険金受取人が自己の固有の権利として取得するのであって、保険契約者又は被保険者である被相続人から承継取得するものではないから、保険金受取人の指定、変更は遺留分減殺の対象にはならない（潮見佳男『相続法』259頁（弘文堂、第２版、2005））などという。

3　裁判例の状況

裁判例（東京家審昭55・２・12家月32・５・46（**第１章・事例10**)、東京高判昭60・９・26金法1138・37（**第１章・事例11**)）は、いずれも傍論ながら遺留分減殺請求の対象にはならないと判断していた。本判決は、学説上争いのある問題について最高裁としての判断を示したもので、実務に与える影響は大きいと考えられる。なお、本件で保険金受取人として指定されていたのは非相続人であったが、これが共同相続人である場合については、判例（最決平16・10・29民集58・７・1979、判時1884・41ほか）が原則として死亡保険金請求権は特別受益に当たらないものの、共同相続人間の公平を著しく害する特段の事情があるときには特別受益に準じると説示していることから、保険金受取人の指定等が遺留分減殺請求の対象となるか否かが問題として残されていることに注意を要する（土谷裕子「判解」『最高裁判所判例解説民事編平成16年度(下)』632頁（法曹会、2007））。

第５　遺留分と寄与分

22　遺留分減殺請求訴訟において、寄与分を抗弁として主張することの可否

寄与分は、共同相続人間の協議により、協議が調わないとき又は協議をすることができないときは家庭裁判所の審判により定められるものであり、遺留分減殺請求訴訟において、抗弁として主張することは許されないとした事例

（東京高判平３・７・30家月43・10・29、判時1400・26ほか）

事案の概要

○当事者

控訴人Ｘ：Ａの子である５人姉妹のうちの１人

被控訴人Ｙ：長男

関係者Ａ：被相続人父（昭62・７・６死亡）

○事実経過

昭59・６・４	Ａは土地７筆と建物１棟を所有していたが、長男Ｙに財産全部を包括遺贈する旨の公正証書遺言を作成
昭62・７・６	Ａが死亡し、相続が開始。法定相続人は、Ａの妻、長男Ｙのほか、Ｘを含むＡの子である５人の姉妹
昭62・10・15	Ｙは、遺産不動産につき、上記遺贈を原因として所

	有権移転登記
昭62・11・27	Ｘは、Ｙに対して遺留分減殺請求権を行使する旨の意思表示をし、遺産不動産について、Ｘにつき持分24分の１、Ｙにつき持分24分の23の共有関係が成立
昭62・11・30	Ｙは、遺産不動産の一部を第三者に売却
平２・２	Ｘは、Ｙに対し、遺産不動産について、遺留分減殺を原因とする持分一部移転登記並びに売却不動産の価額弁償金として売却代金の24分の１及び遅延損害金の支払を請求
平２・10・29	第一審は、寄与分について判断することなく、各共同相続人は、被相続人の全遺産の上に遺留分減殺請求により修正された割合の抽象的な相続分を有するにすぎず、遺産分割の手続を経ずして、減殺請求をした相続人が直ちに遺産を構成する個々の財産について遺留分の割合による共有持分権を取得したり、相続開始後に処分された遺産の価格弁償請求権を取得することはないとして、請求棄却

当事者の主張

○被控訴人（Ｙ）の主張（寄与分に関するもの）

Ａは、死亡するまで半農半漁の生活をし、同人の子のうち男はＹだけであったので、Ｙは満足に学校にも行かず幼少時から継続してＡの稼業《ママ》を手伝った。それゆえにこそ、Ａはその財産の大部分を占める農地を手放すことを免れたものである。この事情に照らすと、本件遺贈のうち少なくとも６割は、Ｙの上記寄与に報いる趣旨でなしたものであり、この部分について、Ｘは遺留分減殺請求権を行使できない。

裁判所の判断

寄与分は、共同相続人間の協議により、協議が調わないとき又は協議をすることができないときは家庭裁判所の審判により定められるものであり、遺留分減殺請求訴訟において、抗弁として主張することは許されないと解するのが相当である。

コメント

遺留分は、被相続人が相続開始の時において有した財産の価額にその贈与した財産の価額を加えた額から債務の全額を控除してこれを算定する（民1029①）とされ、寄与分との関係について触れられていない。したがって、遺贈が相続人の寄与に報いる趣旨でなされた場合であっても、遺贈に対して、遺留分減殺請求をすることができることになる。他方で、寄与分を定めるに当たっての要素として遺留分は挙げられてない（民904の２）から、寄与分は、遺留分に制限されずに定められることになる。そうすると、寄与に報いる趣旨で遺贈がなされた場合には、この遺贈に対して遺留分の減殺請求をすることが可能であるが、このような遺贈がなく、審判で寄与分が定められる場合には、遺留分額を侵害する寄与分の定めもできることになり、不均衡が生ずる。

遺留分と寄与分との関係については、遺留分減殺後の遺産分割の手続において、寄与分を考慮してもよいとの説（床谷文雄「判批」判評402号193頁）があったが、遺留分減殺請求後の受遺者と遺留分権利者との関係は、特定遺贈や全部包括遺贈では物権的共有関係とするのが判例（最判平８・１・26民集50・１・132、判時1559・43ほか（**第１章・事例４**））であるから、現在では理由がない。通説は、民法が特別受益と異なり、寄与分を遺留分額算定の基礎としていないから、遺留分減殺請求訴訟で抗弁として主張することは許されないとしている（斎藤秀夫＝菊池信男編『注解家事審判法』495頁〔叶和夫〕（青林書院、改訂版、1992））。

寄与分を遺留分減殺請求訴訟の中で主張し得るか否かは、遺留分と寄与分どちらが優先されるべきなのかという視点とともに、寄与分の確定手続を訴訟手続の中に取り込むことができるかという点から考える必要がある。すなわち、実際の相続人間の争いは、遺留分は訴訟、寄与分は審判という形で同時並行的に争われ、遺留分減殺請求訴訟の継続中には、いまだ寄与分の内容が確定していないことが多いが、①寄与分は、協議又は家庭裁判所の審判により裁量的にその有無・額が決定されるものであり（最判昭60・７・４家月38・３・65、判時1167・32ほか）、②寄与分自体は、遺産分割の前提問題とされ、原則として寄与分を定める審判の申立ては、遺産分割の審判の申立てがある場合にのみすることができ（民904の２④）、遺産分割の申立てがない場合には、寄与分の審判の申立てをすることはできない（浦和家飯能出審昭62・12・４家月40・６・60（**第２章・事例32**））、そして、③寄与分の申立てがないにもかかわらず、遺産分割の審判の中で職権により寄与分を定めることもできない（谷口知平＝久貴忠彦編『新版注釈民法(27)』287頁（有斐閣、1989））とされる。

そうすると、訴訟手続の中で寄与分を確定することは、法技術的にも困難であり、全部包括遺贈の場合は遺産分割の対象となる遺産がなく、寄与分の審判を申し立てることはできないから、その他の場合にだけ、寄与分の確定を待って抗弁として主張させるというのも相当でない。

本判決は、遺留分減殺請求訴訟において寄与分を抗弁として主張することはできないことを明らかにしたもので、最高裁も同旨の原審の判断を正当としており（最判平11・12・16民集53・９・1989、判時1702・61ほか（第１章・事例５））、確定した判例といってよいであろう。

参考判例

○遺言者の財産全部の包括遺贈に対して遺留分権利者が減殺請求権を行使した場合に遺留分権利者に帰属する権利は、遺産分割の対象となる相続財産としての性質を有さないとされた事例（最判平８・１・26民集50・１・132、判時1559・43ほか）

○遺留分減殺請求を受けるよりも前に遺贈の目的物を譲渡した受遺者が遺留分権利者に対して価額弁償すべき額は、譲渡の価額がその当時において客観的に相当と認められるものであったときは、上記価額を基準として算定すべきであるとされた事例（最判平10・３・10民集52・２・319、判時1636・49ほか）

○遺留分減殺請求後に受遺者が目的物を譲渡した場合に民法1040条１項の適用を否定して不法行為の成立を認めた事例（東京地判平３・５・10家月43・９・46）

○遺留分権利者が遺留分減殺請求をした後に受遺者が目的物を他人に譲渡した場合、受遺者が価額弁償をして損害賠償義務を免れることはできないとされた事例（神戸地判平３・10・23判タ803・246）

23　寄与分を定めるに当たって、他の相続人の遺留分について考慮しないことの可否

寄与分の制度は、相続人間の衡平を図るために設けられた制度であるから、遺留分によって当然に制限されるものではないが、裁判所が寄与分を定めるに当たっては、他の相続人の遺留分についても考慮すべきであるとした事例

（東京高決平3・12・24判タ794・215）

事案の概要

○当事者

抗告人X：長女

相手方Y_1〜Y_3：長男、二男、二女

関係者A：被相続人父（平元・5・9死亡）

○事実経過

昭20・3	Y_1は、農家の跡取りとしてAの農業を手伝うとともに、Aの晩年は、Aの療養看護に努めた。
平元・5・9	Aが死亡し、相続が開始。法定相続人は、長女X、長男Y_1、二男Y_2、二女Y_3。相続開始時、Aは17筆の土地と建物2棟を所有
平3・8・7	原審判は、Y_1の寄与分が7割を下らないものと判断し、遺産不動産についての相続税評価額の合計

	5,465万7,422円のうち、7割を引いた残額を4分し、その1に価額が合致する土地をXに取得させた（Xの取得した土地の価額約420万円に対し、Xの遺留分は約683万円）。

当事者の主張

○抗告人（X）の主張

Y_1が営農に努めたとしても、それは単に相続財産の維持に努めたものにすぎず、財産それ自体増加されていない。Aは死亡する直前まで自ら農業に従事しており、Y_1はAの補助として営農に努めたにすぎない。Xは特別受益を受けることがない一方で、Y_1は農業の後継者であるといっても、逆に親の財産を利用して自らの生計を維持し支えてきているもので、Aの相続財産から多大な利得も得ている。7割という高割合の寄与分の認定は著しく不当である。

裁判所の判断

寄与分の制度は、相続人間の衡平を図るための制度であるから、遺留分によって当然に制限されるものではない。しかし、民法が兄弟姉妹以外の相続人について遺留分の制度を設け、これを侵害する遺贈及び生前贈与については遺留分権利者及びその承継人に減殺請求権を認めている（民1031）一方、寄与分について家庭裁判所は寄与の時期、方法及び程度、相続財産の額その他一切の事情を考慮して定める旨規定していること（民904の2②）を併せ考慮すれば、裁判所が寄与分を定めるに当たっては、他の相続人の遺留分についても考慮すべきは当然である。寄与分を定めるに当たっては、これが他の相続人の遺留分を侵害する結果となるかどうかについても考慮しなければならない。

コメント

寄与分は、協議又は審判により裁量的に形成されるものであるが（最判昭60・7・4家月38・3・65、判時1167・32ほか）、寄与分を定める要素として相続人の遺留分は明示されていない（民904の2①）。また、遺留分減殺請求の対象としても寄与分は挙げられていない（民1031）。

こうした遺留分と寄与分の関係について、①寄与分優先説は、遺留分は被相続人の財産処分の自由に対する制限であるにすぎず、相続人間の衡平の実現を目的とする寄与分を当然に制限する性質のものではない、寄与分と遺留分のどちらを優先させるかは立法政策の問題である（猪瀬慎一郎「寄与分に関する解釈運用上の諸問題」家月33巻10号34頁、鈴木禄弥『相続法講義』266頁（創文社、1986））とし、②遺留分優先説は、寄与分が、相続債務にも当たらないような弱い法律的利益にすぎないのに対し、遺留分は、被相続人が生前に贈与して既に受贈者の所有に属する財産や、ときとしては受贈者から転得した第三者の所有に属している財産でさえも、相続人のだれにも一定割合以上の財産を確保させるために減殺することを認める制度である（伊藤昌司「寄与分の算定に関連する若干の問題」判タ663号23頁）とする。③運用説は、寄与分優先説を前提としながらも、相続人間の実質的公平を目的とする寄与分の制度からみて、遺留分を侵害することとなる寄与分の決定は妥当ではなく、寄与分額算定の基準である「一切の事情」のうちに遺留分侵害の事情が含まれるとする（高木多喜男「寄与分と遺留分」曹時34巻5号1050頁、岩井俊「寄与分と家事審判」鈴木忠一＝三ヶ月章監『新・実務民事訴訟法講座8』130頁（日本評論社、1981）、斎藤秀夫＝菊池信男編『注解家事審判法』495頁〔叶和夫〕

（青林書院、改訂版、1992））。

現実の寄与については、種々のものがあり、遺留分、寄与分の性格から一概に優先関係が導かれるものではない。寄与分としてこれまで認められてきた類型としては、家業従事型、金銭出資型、扶養型、療養看護型、財産管理型などがあり、例えば、夫（被相続人）が土地を取得するのに対し、共稼ぎの妻（相続人の一人）が自らの収入をもって援助した場合（金銭出資型）に、妻の寄与分として82.3％を認めたもの（和歌山家審昭59・１・25家月37・１・134）がある一方、相続人の一人が被相続人を療養看護した場合には、いかに誠心誠意看病し、被相続人から感謝されても、それが財産上の効果をもたらさない場合には寄与分として評価されず、夫婦間の協力扶助（民752）、直系血族、兄弟姉妹間の扶養義務（民877①）の履行の範囲内と評価されるならば、「特別の寄与」とは認められない（最高裁判所事務総局家庭局監修『寄与分事例集』77頁（司法協会、1994））とされる。しかも、各類型の中でも事案ごとの個性が大きく、療養看護等の事例で約53％の寄与分を認めたものもある（盛岡家審昭61・４・11家月38・12・71）。

本件は、農家の相続に関わるものであるが、相続人が農業承継者である場合には、遺産が細分化されて農家が解体するのを防ぐために他の相続人において相続を放棄する、あるいは遺産分割協議において、相応の配慮をすることはいまだに珍しくはない。さらに審判においても、被相続人が農業経営をしていない実情があれば、農業承継者である相続人に多くの寄与分が認められると解される（被相続人が老齢と病弱で長男に家業である農業を任せてきた事例について仙台高決昭52・６・16判タ359・280、被相続人が町会議員を務め、農業経営を妻や婿養子が一手に引き受けていた事例について前橋家高崎支審昭61・７・14家月38・12・84）。

これに対し、農業承継者といっても、被相続人の家業を手伝ってきたにすぎず、労働に見合う対価までは得ていないものの、被相続人と生活をともにし、農業経営による収入によって生活費が全て賄われているという事例も多く見られる。そのような場合には、当該相続人の寄与により、遺産が維持されたとして、労働対価相当分の寄与が認められても、労働の対価額から生活費分は控除される（東京高決昭54・2・6高民32・1・13、判時931・68ほか）。

審判例を見ると、家事従事型の寄与割合は20～30％以下に大半が集中しており（最高裁判所事務総局家庭局・前掲書16頁）、本決定は、特段の事情も見当たらないのに、遺留分を侵害する結果となる寄与分を定めた審判を取り消したものである。

本決定は、寄与分の定めについて、運用説を採用することを明らかにし、さらに、遺留分を考慮しないで寄与分を定めた場合には、当該審判は取消しを免れないとした点で、運用説を一歩進めたものということができる。

参考判例

○寄与分を定める処分にかかる審判は、家庭裁判所が共同相続人間の実質的な衡平を実現するため合目的的に裁量権を行使してする形成的処分であって、その事件の本質は非訟事件というべきであるから、その裁判が公開の法廷における対審及び判決によらないでされたからといって憲法32条、82条の規定に違反しないとされた事例（最決昭60・7・4家月38・3・65、判時1167・32ほか）

第6　遺留分と債務

24　遺留分侵害額を算定するに当たって遺留分額から控除すべき「債務」に被相続人の保証債務を含めることの可否

保証債務は、主たる債務者が弁済不能の状態にあるため保証人がその債務を履行しなければならず、かつ、その履行による出捐を主たる債務者に求償しても返還を受けられる見込みがないような特段の事情が存在する場合でない限り、民法1029条所定の「債務」に含まれないとした事例

（東京高判平8・11・7高民49・3・104、判時1637・31ほか）

事案の概要

○当事者

控訴人Y_1～Y_4：二女、三女、四女の子2人

被控訴人X_1～X_3：長女、二男、三男

関係者A：被相続人母（平3・2・26死亡）

○事実経過

平元・10・27	B百貨店が甲銀行から5,000万円を借り入れ、Aは、上記債務を連帯保証（以下「保証債務1」という。）
平2・2・22	Aは、遺産不動産を二女Y_1、三女Y_2、四女の子Y_3、Y_4の共有で遺贈する旨の公正証書遺言を作成

平2・3・1	Ｃ会社が乙抵当証券会社から5,000万円を借り入れ、Ａは、上記債務を連帯保証（以下「保証債務２」という。）
平3・2・26	Ａが死亡し、相続が開始。法定相続人は、長女X_1、長男、二男X_2、二女Y_1、三女Y_2、四女、三男X_3
平4・2・20頃	ＸらからＹらに対し遺留分減殺請求
平5・5・21	Y_3がＡの遺産から保証債務１について5,000万円弁済
平6・8・23	Y_1がＡの遺産から保証債務２について1,000万円弁済
平7・10・17	第一審は、遺留分算定の基礎となるＡの遺産の純資産額を、Ａが相続開始時に有していた財産の価額にその遺贈した財産の価額を加えたものとして、Ｘらが遺留分減殺請求により取得する持分を計算し、Y_2～Y_4に対し、持分の移転登記を命じた。

当事者の主張

○控訴人（Y_2～Y_4ら）の主張

Ａは、原審認定の純資産のほかに、甲銀行に対する5,000万円の連帯保証債務及び乙抵当証券会社に対する5,000万円の連帯保証債務（そのうちＡの分として1,000万円弁済）を負担していたから、これらをＡの純資産の額から控除すべきである。

裁判所の判断

保証債務（連帯保証債務を含む。）は、保証人において将来現実にその債務を履行するか否か不確実であるばかりでなく、保証人が複数存在する場合もあり、その場合は履行の額も主たる債務の額と同額であるとは限らず、仮に将来その債務を履行した場合であっても、その履行による出捐は、法律上は主たる債務者に対する求償権の行使によって返還を受け得るものであるから、主たる債務者が弁済不能の状態にあるため保証人がその債務を履行しなければならず、かつ、その履行による出捐を主たる債務者に求償しても返還を受けられる見込みがないような特段の事情が存在する場合でない限り、民法1029条所定の「債務」に含まれない。

コメント

1　被相続人が相続開始時に債務を有していた場合における遺留分侵害額は、被相続人が相続開始時に有していた財産の価額にその贈与した財産の価額を加え、その中から債務の全額を控除して遺留分算定の基礎となる財産額を確定し（民1029①）、それに法定の遺留分の割合を乗じるなどして算定した遺留分の額から（民1028）、遺留分権利者が相続によって得た財産の額を控除し、同人が負担すべき相続債務の額を加算して算定する（最判平８・11・26民集50・10・2747、判時1592・66ほか、（**第１章・事例17**））とされている。

保証債務は、主たる債務が履行されない場合に、保証人が履行することを約束することによって、主たる債務を担保するものであるから、その全額について保証人が履行しなければならないとは限らず、また、保証人が保証債務を履行した場合でも、その負担は最終的に主債務者が負うべきものであるから、主債務者にその履行額を求償でき、その全額が相続人ないし相続財産の負担になるとは限らない。そうすると、遺留分算定の基礎となる相続財産額の算定に当たり、保証債務を民法1029条所定の「債務」に全額含まれるとして、額面どおり控除するのは相当でない。

連帯債務・保証債務などその評価が困難なものは鑑定人によってその価額を定める（中川善之助＝加藤永一編『新版注釈民法(28)』434頁〔中川淳〕（有斐閣、1988））とする見解もあったが、本判決は、保証債務の性質にかんがみ、前記のとおりの特段の事情がない限り、遺留分算定の基礎となる「債務」には該当しないとしたものである。これまで先例がなかったもので、実務上重要な意味を有する。なお、課税実務の取扱いを定める相続税法基本通達14－3(1)も、相続税の課税価格算定につき同様の規定を置いている。

2　なお、遺留分侵害額の算定については、包括遺贈の場合の「遺留分権利者が負担すべき相続債務の額」についても注意を要する。

すなわち、包括受遺者は、相続人と同一の権利義務を有する（民990）から、遺産を当然包括的に承継し（民896）、相続債務についても包括受遺者が承継すると解され（鈴木禄弥『相続法講義』114頁（創文社、1986））、仮に包括遺贈の割合が債務承継の基準になると考えると、全部包括遺贈の場合には、受遺者が相続債務を全部承継負担することになる。しかし、金銭債務その他の可分な相続債務は相続分に従って当然分割される（最判昭34・6・19民集13・6・757、判時190・23ほか）から、対債権者との関係では包括受遺者の存在にかかわらず、相続人は法定相続分に応じて相続債務を負担することになる（泉久雄「遺産債務分割契約」契約法大系刊行委員会編『契約法大系Ⅳ（特殊の契約2）』283頁等（有斐閣、1963））。

そのため、遺留分侵害額の算定に当たり加算すべき「遺留分請求権者が負担すべき相続債務の額」は①可分相続債務の法定相続分に相当する額（孕石孟則「遺留分減殺請求の調停事件において生じる諸問題」判タ1053号76頁）とするものと、②少なくとも相続人間では、相続債務は、指定に従って承継されるべきであって、上記加算すべき相続債務は存しない（福岡高判平19・6・21金法1815・49）とするものに見解が分かれている。

債権者からしてみると、包括遺贈の有無は必ずしも明確ではなく、まずは相続人に法定相続分による相続債務の履行を求めるのが通例であるから、相続人間では加算すべき相続債務が存しないと割り切ってよいかは、更に事例の蓄積を待つべきと思われる。

参考判例

○連帯債務者の一人が死亡し、その相続人が数人ある場合に、相続人らは、被相続人の債務の分割されたものを承継し、各自その承継した範囲において、本来の債務者と共に連帯債務者になるとされた事例（最判昭34・6・19民集13・6・757、判時190・23ほか）

○継続的取引について将来負担することがあるべき債務についてした責任の限度額並びに期間について定めのない連帯保証契約の保証人たる地位は、特段の事由のない限り相続人において承継負担するものではないとされた事例（最判昭37・11・9民集16・11・2270、判時322・24ほか）。

○金銭債務たる相続債務については、相続開始と同時に共同相続人にその相続分に応じて当然分割承継されるから、遺産分割の対象とはならないとされた事例（東京高決昭37・4・13家月14・11・115、判タ142・74）

○遺産全部を共同相続人のうち一人だけに相続させる旨の遺言をした場合に、対債権者の関係ではともかく、少なくとも相続人間では、相続債務は、指定に従って承継されるべきであって、相続分全部の指定を受けた相続人が相続債務の全部を承継するとともに、遺留分減殺請求権者はこれを承継することはないから、遺留分減殺請求権者の遺留分侵害額を算定するに際し、加算すべき相続債務は存しないとされた事例（福岡高判平19・6・21金法1815・49）

第2章

遺留分の減殺
(遺留分減殺請求権)

概　説

1　遺留分減殺請求権の意義・性質

遺留分は、被相続人が、生前贈与、死因贈与又は遺贈により、相続開始当時に法定相続人が相続する可能性のあった遺産その他の財産を処分したため、法定相続人がその全部又は一部を相続により承継取得できなくなった場合でも、相続開始当時の財産状態に基づき、法定相続人のうち一定範囲の近親者につき、所定要件の下にその取戻しを認められる一定割合の財産部分をいう。すなわち、遺留分減殺請求権は、我が国の相続法秩序の一内容として、被相続人との間の身分関係に基づき相互扶助、交流、共同生活ないし信頼関係を有していた近親者に保障された一種の期待権であり、近親者（＝遺留分権利者）が法定要件の下に被相続人により生前処分された財産を一定割合で取り戻すことを認める権利である。その法的性質については、大別すると請求権説と形成権説とがあるが、明治民法がゲルマン法系のフランス型に属し、同法系が遺留分権利者の保護に厚い形成権（＝物権）の構成をとっていたという沿革から、我が国では、形成権＝物権説が通説であり、後記第２章・事例１（以下事例を引用するときはいずれも後記事例をさすこととする。）は、最高裁が形成権説を採用することを明言した初めての判決例である。

2　遺留分減殺請求の当事者

(1)　遺留分減殺請求権者

遺留分減殺請求権者は、遺留分権利者及びその承継人であるが（民

1031）、承継人には、遺留分権利者の相続人などの包括承継人だけでなく、被相続人の各処分行為に対する個別的な減殺請求権の譲受人などの特定承継人も含まれる（中川善之助＝加藤永一編『新版注釈民法㉘』449頁（有斐閣、補訂版、2002））。

⑵　遺留分減殺請求の相手方

ア　条文上及び解釈上の相手方

遺留分権利者の遺留分を害する生前処分を受けた者（以下「受贈者」という。）及びその包括承継人並びに悪意の特定承継人又は悪意で権利の設定を受けた者（民1040①ただし書・②）がその相手方である。

もっとも、数人の受贈者の共有に属した目的物が共有持分の放棄により一人の受贈者の所有に帰した場合には原始取得と解されるから、民法1040条１項ただし書の適用があり放棄された共有持分が当然に遺留分減殺請求の対象となると解することはできないが、取引行為に基づかない共有持分の取得により取引の安全が害されることはないから、同目的物の取戻しを制限する理由はなく受贈者又はその悪意の承継取得者に対する同目的物全部の遺留分減殺請求が認められるとした事例がある（**第２章・事例２**）。

イ　相手方とならない受贈者

第１に、受贈額がその遺留分額の範囲内にとどまる受贈者及びその包括承継人には、形式的には遺留分減殺請求権を行使することができないと解される。もしそのような遺留分減殺請求権の行使が認められると、当該受贈者が遺留分を侵害されることになり、遺留分制度の目的が害されるばかりか、他の受贈者に対する遺留分減殺請求権の行使が問題となるなど、法律関係のいたずらな複雑化を招くからである（**第２章・事例３**）。

第２に、遺言執行者が指定された場合には、包括遺贈又は全財産を特定の法定相続人に「相続させる」旨の遺言の場合でも、遺言執行制度が遺言内容の実現のための制度であることとの関係上、遺言執行者のみがその相手方となり、受贈者が被告適格を有さないと解される場合がある（**第２章・事例４、５**）。

第３に、遺留分権利者が受贈者に対し遺留分減殺請求権（＝形成権）を行使した後は、対象財産の物権的権利又は債権的権利を回復し、その制度目的がいったん果たされたと言い得るのであるから、当該財産を特定承継した転得者をその相手方として重ねて遺留分減殺請求権を行使すること又は価額弁償の請求（民1040①本文）をすることはできない（**第２章・事例６、７**。なお、遺留分権利者が遺留分減殺請求権の行使後受贈者においてこれを第三者に譲渡したため現物返還の不能を来したとして不法行為に基づく損害賠償請求をしたのに対し受贈者が価額弁償の抗弁を主張することができないとした**第２章・事例８**も同じ立場と考えられる。）。

3　遺留分減殺請求権の行使方法

(1)　遺留分減殺の意義

遺留分減殺請求権は、遺留分を保全するのに必要な限度で行使できるものとされているから（民1031）、複数の遺留分権利者が同請求権を行使した場合には各自の侵害額の限度で減殺請求をすることができるにとどまり、遺贈の目的物が複数ある場合でも受贈者には当然には遺贈の目的物の返還義務はなく、遺留分を侵害する限度で遺贈が失効するにすぎない（**第２章・事例９**）。

(2)　行使の順序

ア　第１に、遺贈（民1033）が複数の受遺者に対してされた場合には遺言者が遺言において別段の意思表示をしない限りは同順位であり、その目的物の価額の割合に応じた行使となる（民1034）。ただし、

「その目的物の価額」は、相続人に対する遺贈が遺留分減殺の対象となる場合には、受遺者の遺留分が侵害されることのない限度で遺留分減殺請求権の行使がされるべきであるから、上記遺贈の目的物の価額のうち受遺者の遺留分額を超える部分のみであると解される（**第2章・事例10**）。

以上に対し、同一人に対する遺贈の目的物が複数ある場合には、明文規定がないが、遺留分権利者が対象目的物を選択できるとすると、受遺者に不可欠な遺産がその恣意的行使対象となり、あるいは、共同相続人相互間の遺留分減殺請求権の行使の場合には遺留分権利者が取得希望財産を先取りできる結果となるなどの弊害があるから、遺留分権利者には上記選択権がないと解されている（**第2章・事例12**）。

イ　第2に、死因贈与は、遺贈の次順位（近時の多数説。**第2章・事例13**）である。

ウ　第3順位が贈与であり、贈与が複数の受贈者に対してなされた場合には、登記の先後ではなく後の贈与契約から順次前の贈与契約の順で減殺されるべきであり（民法1035条の通説的解釈）、複数の贈与契約が同じ日にされたときには、登記受付番号にかかわらず、同時になされたものと推定すべきであるとされ（**第2章・事例11**）、同一人に対し複数の贈与がされた場合には、前述アと同じ理由により、遺留分権利者が特定の目的物を選択して減殺請求権を行使することはできない（**第2章・事例12**）。

また、この規定は、遺留分権利者の保護と法律関係安定の利益との衡量に基づく強行規定であるから（中川＝加藤・前掲書491頁ほか定説）、当事者が合意しても遺贈より前に贈与を減殺することはできない（**第2章・事例14**）。なお、贈与の時期を異にする複数の贈与がある場合でも、生前贈与等により他に相続財産がほとんどなく、遺留分権利者にとり相続開始時における具体的な遺産の価額が不明であるときは、遺産の全体価額に基づかない単純な割合で数個の贈与目的物に対し遺留分減殺請求権を行使することも許される場合がある（**第２章・事例15**）。

⑶　行使の方式

その行使の方式は、裁判内外の明示又は黙示の意思表示である。

訴訟中、受遺者への生前贈与を否認していたとしても、その否認の主張が、直ちに、仮に生前贈与が認定された場合には遺留分減殺請求をする旨の意思表示を包含しているとは解釈されるものではなく（**第２章・事例16**）、遺産分割協議の申入れ又はその調停申立て（**第２章・事例17、18**）、遺贈が無効であることを前提主張とする遺産分割申立てが上記意思表示を含むものとは認められない（同事例解説の参考判例参照）。

これに対し、被相続人が共同相続人の一人に対し全財産を相続させる旨の遺言をしたところ、他の共同相続人が受遺者が全遺産を独り占めにすることを肯んじず、自己の分け前を要求して、遺産分割協議書への押印を拒否したときは、遺留分減殺請求権の行使があったといえる（同解説参照）。

⑷　遺留分減殺請求権行使と権利濫用

ところで、遺留分の制度は、被相続人の遺産となるべき財産の処分により遺留分を侵害された遺留分権利者に対し、被相続人との間の身分関係に基づく期待権を遺留分の限度で保護し、相続権を確保することを目的とする制度であることは前述のとおりであるから、遺留分権利者が被相続人の生前に上記の保護をするに値する身分関係が相当程度に形骸化し、これを解消する離縁、離婚又は推定相続人の廃除若しくは遺留分放棄の許可が比較的容易に認められたと考えられるような場合には、これを行使することが権利の濫用と認められることがある。例えば、遺留分権利者と被相続人との養親子関係や婚姻関係が破綻し又は形骸化していた場合や、推定共同相続人らが被相続人の生前に遺留分の放棄を合意していた場合などである（**第2章・事例19、20**）。

(5)　遺留分権利者に帰属する権利の性質

最後に、遺留分権利者が遺留分減殺請求権を行使した結果取得する権利は、目的物の物権法上の共有と解されている（**第2章・事例21、22、31**）。

4　遺留分減殺請求権の消滅

(1)　遺留分減殺請求権の消滅時効

ア　消滅時効制度の趣旨と性質

遺留分減殺請求権は、遺留分権利者が相続の開始及び減殺すべき贈与又は遺贈があったことを知った時から、1年間これを行わないとき又は相続の開始から10年を経過したときには、時効によって消滅する（民1042）。これは、遺留分減殺請求権につき特別の短期存続期間を定め相続をめぐる法律関係の早期安定を図ろうとするものであるが、遺留分をめぐる争いの多くが共同相続人間で生じ、裁判所外の協議、家事調停の不成立などの後に訴訟提起に至ることを考えると、前者については中断可能性のある短期消滅時効につき、後者は除斥期間につき、それぞれ定めたものと解するのが相当である（中川＝加藤・前掲書492頁ほか多数説）。

イ　消滅時効の対象となる権利

遺留分減殺請求権は、形成権であると解されており（**第2章・事例1**）、これが行使されると、減殺目的物の取戻請求権が発生するのであり、同請求権には民法1042条の適用がないというのが、最高裁の立場である（**第2章・事例23**）。もっとも、減殺目的物の取戻請求権が遺留分減殺請求権の行使により生じた物権的効果に基づく物権的請求権なのか、それとも相続回復請求権として消滅時効の対象となるのかについては、最高裁の立場はいまだ明らかではない。これに対し、通説は、形成権行使の結果生じる権利関係ないし請求権について同条の時効の適用があると解しており（中川＝加藤・前掲書494頁ほか）、最高裁の立場と異なる。

ウ　消滅時効の起算点

(ア)　10年の除斥期間の起算点

10年の除斥期間の起算点が相続の開始時であることは自明である。

(イ)　１年の短期消滅時効の起算点

受贈者に対する遺留分減殺請求権の消滅時効の起算点は、相続の開始及び贈与又は遺贈を知ったときであり、その意義について、最高裁は、贈与の事実及びこれが減殺できるものであることを知ったときから進行すると解すべきものとの前提に立ちつつ、遺留分権利者が訴訟上贈与の無効を主張していさえすれば減殺できるものであることを知ったとは認められないとすると、同請求権について短期消滅時効の制度を採用する趣旨に反する結果となることから、「被相続人の財産のほとんど全部が贈与されていて遺留分権利者が右事実を認識しているという場合においては、無効の主張について、一応、事実上及び法律上の根拠があつて、遺留分権利者が右無効を信じているため遺留分減殺請求権を行使しなかつたことがもつともと首肯しうる特段の事情が認められない限り、右贈与が減殺することのできるものであることを知つていたものと推認するのが相当というべきである。」と判示しており（**第２章・事例24**）、その認定は事例ごとになされるべきものである。具体的には、相続人の一人に遺贈する旨の遺言書の存在を知った他の相続人が訴訟で同遺言の効力を争っていた場合に、減殺すべき遺贈があったことを知ったとはいえないと判断されたもの（**第２章・事例25**）、遺留分権利者が遺言無効確認の訴えを提起した場合でも第一審敗訴判決時には遺留分減殺請求権の消滅時効が進行すると判断されたもの（**第２章・事例26**）などがある。

次に、贈与の目的物の転得者に対する遺留分減殺請求権の消滅時効の起算点については、受贈者に対する減殺請求とは別個独立に転得者に対する減殺請求を観念する余地はないから、遺留分権利者が相続の開始と贈与のあったことを知った時から起算すべきものと解されている（**第２章・事例６、27**）。

(2)　遺留分減殺請求権の行使による消滅（遺留分減殺請求権の行使と時効中断の関係）

最高裁は、前述のとおり、遺留分減殺請求権が形成権であると解しており、その立場に沿うと、遺留分権利者が相続の開始及び遺贈のあったことを知ってから１年以内にこれを受遺者に対する意思表示によって行使すれば、法律上当然に減殺の効力が生じると同時に消滅するから、もはや、消滅時効やその中断の観念を容れる余地はない。**第２章・事例28**は、この理を判示したものであり、遺留分減殺請求権の行使自体がその消滅事由でもあるということになる。

(3)　受贈者の取得時効の援用と遺留分減殺請求権行使の可否

被相続人がした贈与が遺留分減殺の対象としての要件を満たす場合には、受贈者が目的物について取得時効の要件を満たした上これを援用したとしても、それにより、遺留分減殺請求権の行使が妨げられるものではない（**第２章・事例29**）。そのように解さなければ、遺留分権利者は、遺留分を侵害する贈与がされてから被相続人が死亡するまでに取得時効期間が経過した場合には、その中断をする機会がないのに遺留分に相当する財産を取り戻すことができないことになり、被相続人の処分意思を近親者などの保護のため一部制限した遺留分制度の趣旨がその限りにおいて没却されることになるからである。

5　遺留分減殺請求に関する裁判手続

(1)　訴訟手続

ア　審判手続との手続選択のあり方

まず、遺留分減殺請求権の行使後の不動産の共有関係解消のために採られるべき裁判手続は、遺留分権利者が遺留分減殺請求権を行使した結果取得する権利が目的物の物権法上の共有と解すべきことから、遺産分割の調停手続又は審判手続の関係者全員が同手続でこれを対象に含める旨の合意をしない限り、共有物分割訴訟手続である（第２章・事例21、22、31）。

また、遺留分減殺請求訴訟における寄与分を定める処分の申立ては、寄与分を定める処分の申立てが遺産分割の申立てがされている場合に限ってすることができるのであるから、不適法却下になると考えられる（第２章・事例32）。

これに対し、当事者が遺産分割審判事件における前提問題として遺留分減殺請求権の行使及びその効果について主張し、家庭裁判所が審判中で判断することは、遺産分割が遺産の範囲を明らかにした上でその分割手続を進めることが必要である以上、当然に許される（第２章・事例33）。

イ　日本の民法とは異なる外国法所定の遺留分割合適用を請求原因とする減殺請求の当否

平成18年法律第78号による改正前の旧法例26条（法の適用に関する通則法36条も同旨）によると、被相続人が外国籍である場合には、その相続に関し本国法が適用されるところ、同法では日本民法と法定相続分ないし遺留分割合が異なるためその割合で遺留分減殺請求権の行使を受けたとしても、共同相続人である受贈者が遺言により日本民法の相続分割合以上の遺産を取得するなど日本の民法の公序に反しない結果となるときには、旧法例33条（法の適用に関する通則法42条も同旨）により外国法の適用が直ちに排除されるものでない（**第２章・事例34**）。

ウ　訴訟手続上の価額弁償請求

受贈者及び受遺者は、減殺を受けるべき限度において、贈与又は遺贈の目的の価額を遺留分権利者に弁償して返還の義務を免れることができる（民1041①）。しかし、遺留分権利者は、受遺者又は受贈者が価額弁償の抗弁を主張していない場合に、受遺者又は受贈者に対し、価額弁償請求をすることはできない（遺贈につき**第２章・事例35**）。遺留分権利者が受贈者に対し価額弁償の請求をできるのは、受贈者が善意又は悪意の他人に対し贈与の目的物を譲渡した場合である（民1040①）。その場合には、遺留分権利者が贈与目的物を取り戻すことが不能となり又はそれが困難となるからである。

ところで、受贈者の相続人に対する特定物の贈与契約の履行請求訴訟において、相続人が遺留分減殺の抗弁を主張し、受贈者が同抗弁に対する目的物の一定評価額による価額弁償の再抗弁を主張した場合（**第２章・事例36**）と遺留分権利者が遺留分減殺請求権の行使を請求原因として不動産持分移転登記手続請求訴訟を提起し、受遺者が裁判所の定める価額による価額弁償の抗弁を主張した場合（**第２章・事例37、38**）は、いずれも、受贈者が弁済の履行又は履行の提供済みの主張立証をしていなくとも、事実審口頭弁論終結時を算定の基準時として弁償すべき額を定めた上、同価額の弁済又はその提供をしなかったことを条件として目的物の返還請求や共有持分移転登記手続請求を認容すべきものとされる。

(2)　保全処分等

遺留分減殺請求権の行使により発生する目的物に関する権利が、共有持分権及び同権利から派生する請求権であることは前述した。ここでは、上記権利を被保全権利とする保全処分等に関し、注目すべき点を幾つか紹介する。

まず、遺言無効確認請求訴訟は、当該遺言の対象である土地に対する遺留分減殺請求権の行使により発生する共有持分権を被保全権利とする処分禁止の仮処分の本案となり得る（**第2章・事例39**）。同仮処分の被保全権利と遺言無効確認請求とは訴訟物を異にするが、同請求の帰趨は遺留分権利者の共有持分割合を左右する前提問題であり、請求の基礎に同一性があると解されるからである。

次に、遺留分減殺請求権による土地共有持分の返還請求権を被保全権利とする処分禁止仮処分は、目的土地が公共目的で買収されることとなり、遺留分権利者が同共有持分を弁償するに足りる金銭的補償を受け得る状況となった場合には、特別事情による取消しを受ける場合がある（**第2章・事例40**）。価額弁償制度が存在することとの関係で、遺留分権利者に当該目的物の共有持分権を保全する必要のない場合があるからである。

第3に、遺留分減殺請求に基づく共有持分移転の仮登記仮処分を申し立てた場合には、同処分が仮登記義務者に審尋の機会が与えられないまま発令される反面、不服申立ての機会がなく、かつ、損害担保のための保証提供の制度もないことから、その疎明内容としては、相続財産の範囲、その価額、算入されるべき遺贈及び生前贈与の存在とその価額、相続債務とその額に及ぶと解されている（**第2章・事例41**）。

(3)　遺留分減殺請求権を目的とする債権行使の可否

最後に、遺留分減殺請求権が相続法上の権利であることとその財産権的性格との関係で、同請求権が遺留分権利者の債権者による債権行使の目的となり得るかという点に触れる。

遺留分減殺請求の制度は、遺留分権利者が被相続人の財産処分を覆して侵害された遺留分を回復するか否かにつき専らその自律的意思決定をゆだねる趣旨と解され、同請求権は行使上の一身専属性を有するものというべきであるから、遺留分権利者が同請求権を第三者に譲渡するなど、権利行使の確定的意思を有することを外部に表明したと認められる特段の事情がある場合を除き、これを債権者代位の目的とすることはできないとされている（第２章・事例42）。

また、遺留分権利者が遺留分減殺請求権の行使をするか否かは、その自由な意思決定にゆだねられていると解されるから、遺留分減殺請求権を目的とする債権差押えの申立てもできないものとされてきた（第２章・事例43）。

第１　遺留分減殺請求権の当事者

1　遺留分減殺請求権の性質

遺留分権利者の減殺請求権は形成権であるとされた事例

（最一小判昭41・7・14民集20・6・1183、判時458・33ほか）

事案の概要

○当事者

上告人Ｘ：Ａの子

被上告人Ｙ：Ａの子

関係者Ａ：被相続人（昭36・2・19死亡）

関係者Ｂ：Ａの子の遺族（人数、関係等不明）

○事実経過

昭36・２・19	Ａが死亡し、相続が開始。法定相続人はＸ、Ｙ（法定相続分３分の１）、Ｂである。
昭36・２・19	Ａは、遺言により不動産を含む全遺産をＸに遺贈
昭36・２・26	Ｘは、Ｙに対し、遺贈の事実を告げた。
昭36・４・10	Ｘは、遺贈を受けた不動産の所有権移転登記経由
昭37・１・10	Ｙは、Ｘに対し、Ｘの代理人を介して、全遺産につ

	き遺留分減殺（６分の１の割合）の意思表示 Ｙは、Ｘに対し、遺留分減殺を原因として、不動産の６分の１の移転登記手続を請求した。
昭39・８・25	第一審では、Ｙが減殺の意思表示から６か月以内に裁判上の請求をしていないから、Ｙの減殺の意思表示に時効中断効はなく、減殺請求権は１年の経過により時効消滅したというＸの主張を採用し、Ｙの請求を棄却した。Ｙはこれを不服として控訴
昭40・６・22	第二審では、遺留分減殺請求権は形成権であって、その権利行使は受遺者に対する意思表示によってなせば足り、裁判上の請求による必要はなく、またいったん意思表示がなされた以上、法律上当然に減殺の効力を生じるから、その後は時効中断の観念を容れる余地はないとし、Ｙの請求を認容したため、Ｘが上告

当事者の主張

○上告人（Ｘ）の主張

Ｙが減殺の意思表示から６か月以内に裁判上の請求をしていないから、Ｙの減殺の意思表示に時効中断効はなく、減殺請求権は１年の経過により時効消滅した。

すなわち、遺留分減殺請求権の性質については債権説と形成権説とがあるが、債権説を採れば民法1042条の１年の期間は債権の短期時効となり、その時効中断に関し民法153条が適用される。形成権説を採る場合、１年の時効期間の対象が、形成権たる遺留分減殺請求権であるのか、減殺請求権行使の結果相続人が取得する財産権であるのか分かれ得る。前者の場合には、民法1042条の１年の期間は形成権自体の時効期間と解され、かつ、民法153条の催告は広く権利行使の意思を時効によって不利益を受ける相手方に対して表示する行為と解すべきで、形成権を含むと解すべきであるから同条の適用がある。後者の場合には、減殺請求権行使の結果相続人が取得するのは不動産の持分の所有権ではなく持分に対する債権的請求権であるから民法153条の適用があり、かつ、民法1042条で短期時効期間を定めた法意からすると、相続人が取得する請求権についての１年の時効期間は減殺請求権を行使し得るときから進行すると解すべきである。

裁判所の判断

（上告棄却）

遺留分権利者が民法1031条に基づいて行う減殺請求権は形成権であって、その権利の行使は受贈者又は受遺者に対する意思表示によってなせば足り、必ずしも裁判上の請求による要はなく、またいったん、その意思表示がなされた以上、法律上当然に減殺の効力を生ずるものと解するのを相当とする。したがって、上記と同じ見解に基づいて、Ｙが相続の開始及び減殺すべき遺贈のあったことを知った昭和36年２月26日から１年以内である昭和37年１月10日に減殺の意思表示をなした以上、上記意思表示により確定的に減殺の効力を生じ、もはや上記減殺請求権そのものについて民法1042条による消滅時効を考える余地はないとした原審の判断は首肯できる。

コメント

本判決は、遺留分減殺請求権の法的性質について正面から判断した最初の最高裁判決であり、形成権説を採用することを明らかにしたものである。遺留分減殺請求権の性質や効力については、①形成権＝物権説（減殺請求権を私法上の形成権と構成し、その行使により減殺の対象である遺贈等の一部が当然に失効し、目的物は遺留分権利者に移転するとの物権的効果が生じると解する。）、②形成権＝債権説（私法上の形成権と構成するが、効果は受遺者等に目的物の所有権を遺留分権利者に移転させる債務を負わせる債権的効果があると解する（鈴木禄弥『相続法講義』171頁（創文社、改訂版、1996））、③請求権説（形成権ではなく、目的物の所有権移転を請求する権利と構成する（川島武宜編『民法(3)』212頁（有斐閣、初版、1951）、槇悌次「遺留分の減殺請求」家族法大系刊行委員会編『家族法大系Ⅶ』280頁以下（有斐閣、1960））。本件の第一審もこの説を採用した。）に大別される。

ところで、遺留分制度については、古来から、ローマ法系（ドイツ法など）とゲルマン法系（フランス法など）の２つの流れがあるとされる。ローマ法系の制度では、基本的に、遺言者に遺産処分の自由が認められ、遺言による相続人の指定が可能であるが（これにより近親者の相続分が否定され得る。）、近親者には遺留分により一定の額が保障され、近親者の取得分がこれに満たないときには、遺言で指定された相続人に対して差額を請求できるとされるなど、請求権・債権的構成になじむ制度といえる。これに対し、ゲルマン法系の制度では、遺産処分の自由が制限され、相続人の指定はできず、法定相続人には遺留分により相続財産の一定部分が保障され、相続財産の現物を取得するとされるなど、形成権・物権的構成になじむ制度といえる。そして、我が国の明治民法はゲルマン法系のフランス型に属するものとして立法され、現行法もおおむねこれを踏襲したという経緯があるとされる（以上の流れについては中川善之助＝加藤永一編『新版注釈民法(28)』412頁以下（有斐閣、1988）を参照した。）。このような経緯も影響してか、形成権＝物権説が我が国の通説判例である。

大審院・最高裁を通じて、本判決以前には減殺請求権の法的性質について正面から判示したものはなかったが、形成権説を前提として判断した判例はあり（大判昭13・２・26民集17・275（**第２章・事例５**）、最判昭35・７・19民集14・９・1779、判時232・22ほか（**第２章・事例６**））、本判決で形成権説を採ることが明示され、さらに、本判決以後も形成権＝物権説を採る判例が続いている（最判昭51・８・30民集30・７・768、判時826・37ほか（**第３章・事例１**））。このように、判例の流れは一貫しているといえる。なお、本判決では、形成権説の採用は明示されているが、その中で物権説と債権説のいずれを採るかは明示されていない。ただし、上告理由において、（仮に）形成権＝債権説を採用した場合には、形成権行使の効果として生じる債権についても１年の短期時効により消滅すると解すべき旨主張されているにもかかわらず（鈴木・前掲書177頁は、減殺請求権行使の結果生じた債権についても減殺請求権行使の時点から１年で消滅すると解すべきとしている。）、本判決がその点について何ら触れずに民法1042条の適用を考える余地はないという結論を導いていることからすると、明示はしていないが形成権＝物権説の考え方が背景にあったものと考えられる（なお、最高裁昭和57年３月４日判決（民集36・３・241、判時1038・285ほか（**第２章・事例23**））において、減殺請求権行使の結果として生ずる権利について民法1042条の適用がないとの判断が示されている。）。

本判決は、理論的には、解釈の基本となる「権利の法的性質」について正面から判断した最初の判例ということで、先例としての重要な意義を有するものといえる。また、実務的には、民法1042条との関係で、１年という短期の期間内に裁判上の請求までしておく必要はない（裁判外で減殺請求の意思表示をしておけば足りる。）ということが明らかになったという点で重要な意味があるといえよう。

2　受贈者が目的物についての他の受贈者の持分を他の受贈者の持分放棄によって取得した場合に、遺留分権利者が民法1040条１項ただし書に基づき当該受贈者に対しその善意悪意にかかわらず遺留分減殺請求をすることの可否

数人の受贈者の共有に属して目的物が、持分の放棄により特定の受贈者の単独所有に帰した場合に、遺留分減殺請求者が当該受贈者に対し、持分放棄により取得した持分について、民法1040条１項ただし書の場合に準じ、直接減殺の意思表示をすることができるとした事例

（高松高判昭45・３・24判時600・93ほか）

事案の概要

○当事者

控訴人Ｘ：受贈者

被控訴人Ｙ：Ａの養子

関係者Ａ：被相続人（昭42・12・７死亡）

関係者Ｂ：Ａの長男の子

関係者Ｃ：Ａの二男の子

関係者Ｄ、Ｅ、Ｆ、Ｇ：受贈者

○事実経過

――	Ａは所有する不動産（以下「本件不動産」という。）をＸ、Ｄ、Ｅ、Ｆ、Ｇに贈与し、本件不動産はＸ、Ｄ、Ｅ、Ｆ、Ｇの共有となった（共有持分各５分の１）。

昭40・9・15	D、E、Fが本件不動産の共有持分を放棄した。
昭41・2・3	Gも本件不動産の共有持分を放棄したことによって、Xは本件不動産の単独所有者となった。
昭42・12・7	Aが死亡して、相続が開始した。相続人はY、B、Cである。その後、Yは本件不動産について遺留分減殺の意思表示をした。
昭44・10・16	本件の第一審裁判所（高松地裁観音寺支部）は、Yの請求を認容した。

裁判所の判断

遺留分減殺の目的物（その共有持分の場合も含む。）が受贈者又は受遺者等から第三者に移転した場合でも、それが法律の規定による移転等のように取引行為に基づかない場合には、遺留分権利者の上記第三者に対する取戻請求を認めても、これによって取引の安全が害せられることはないのであるから、これを制限すべき実質上の理由はない。したがって、このような場合には、民法1040条1項ただし書の場合に準じ、遺留分権利者から上記第三者に対して直接減殺の意思表示をなし得るものと解するのが相当である（Xの控訴を棄却）。

コメント

本判決は、XがAの贈与によって取得したのは本件不動産の持分5分の1にすぎず、残り5分の4の持分は共有者であったD、E、F、

Ｇがそれぞれの持分を放棄した結果、民法255条に基づいて取得したものであるから、上記５分の４の持分についてはＸは直接の受贈者から目的物を譲り受けた第三者、すなわち民法1040条１項ただし書の「譲受人」に当たるとした上、判旨のように、遺留分減殺の目的物の受贈者・受遺者から第三者への移転が取引行為に基づかない場合には、譲受人の善意・悪意にかかわらず、遺留分権利者は当該第三者に対し遺留分減殺を請求できると判示したものと解される。

第三者が何らかの対価を払って受贈者・受遺者から目的物を譲り受けた場合と異なり、本件のように、受贈者が他の共有者の持分放棄によってその持分を取得した場合には、受贈者の善意・悪意にかかわらず、上記持分放棄によって取得した持分についても遺留分減殺を認めたとしても、受贈者の利益が侵害されるおそれはないから、実質的に見て、本判決の結論は相当である。

なお、民法1040条１項は、その文言からも、第三者が受贈者からその目的物を承継取得した場合を前提としていると解されるところ、共有者の持分放棄は単独の意思表示であるから、民法255条に基づく持分の取得の性質は、承継取得ではなく、原始取得と解するのが相当と思われる（川島武宜＝川井健編『新版注釈民法(7)』464頁（有斐閣、2007））。したがって、本件のような場合に、民法1040条１項を直接適用することは困難と思われ、本判決が同条項の準用に留めた点も相当である。

3　自己の遺留分の範囲内で贈与又は遺贈を受けている受贈者又は受遺者に対する遺留分減殺請求の可否

遺留分減殺請求の対象となる贈与又は遺贈が共同相続人の一人又は数人に対し行われている場合には、当該贈与又は遺贈により遺留分を侵害される相続人は、贈与又は遺贈の額が自己の遺留分の範囲内にとどまる受贈者又は受遺者に対しては遺留分減殺請求ができないとした事例

（東京高判平6・2・22東高時報45・1－12・5）

事案の概要

○当事者

控訴人（被告）X_1、X_2：受贈者

被控訴人（原告）Y_1～Y_9：共同相続人

関係者A：被相続人（昭51・10・2死亡）

○事実経過

――	X_1は、Aから現金、預金合計2,177万1,165円を遺贈され、X_2は、Aから甲合資会社の出資持分70万円（相続開始時の価額4,752万2,222円）、現金50万円、定期預金債権500万円を遺贈（遺贈の価額合計5,302万2,222円）された。 そのほか、相続開始時の遺産として不動産（土地）があり、その価額は合計13億0,463万円であり、遺贈の価額を加えた相続開始時の遺産の総額は13億

7,942万3,387円である。
X_2の遺留分はその8分の1に当たる1億7,242万7,923円である。

裁判所の判断

被相続人は相続人の遺留分を侵害しない範囲において自己の財産を処分する自由を有しており、その範囲で被相続人の意思を尊重する必要があるから、遺留分減殺請求の対象となる贈与又は遺贈が共同相続人の一人又は数人に対し行われている場合には、上記贈与又は遺贈により遺留分を侵害される相続人は、贈与又は遺贈の額が自己の遺留分額の範囲内にとどまる受贈者又は受遺者に対しては遺留分減殺請求できないと解するのが相当である。もし、かかる受贈者又は受遺者に対しても遺留分減殺請求を認めるとすれば、その者自身遺留分侵害を受け不利となるばかりか、法律関係が複雑になって妥当でない（Y_1～Y_3のX_2に対する遺留分減殺請求権を否定）。

コメント

民法1031条は、「遺留分権利者及びその承継人は、遺留分を保全するのに必要な限度で、遺贈及び前条に規定する贈与の減殺を請求することができる。」とし、その方法については、民法1034条が「遺贈は、その目的の価額の割合に応じて減殺する。」と規定する。これを文字通り適用すると、遺贈の価額の多寡にかかわらずその価額に応じて減殺するのであるから、例えば、遺産の総額が320万円で債務はなく、相続人はいずれも被相続人の子であるＡ、Ｂ、Ｃ、Ｄの４名であり、その相続分が各４分の１の場合に、被相続人が遺産のうち200万円をＡに、80万円をＢに、40万円をＣに遺贈したときを考えると次のとおりとなる。まず、相続人Ｄの遺留分は40万円であり、相続人Ｄはその全額を侵害されている。そこで、遺贈を目的の価額の割合に応じて減殺すると、相続人Ａに対して同人が受けた遺贈の価額200万円の割合に応じ、侵害された遺留分40万円を減殺するから、$40万\times\frac{200万}{320万}=25万$円を減殺する。以下、同様にして相続人Ｂに対して$40万\times\frac{80万}{320万}=10万$円を、相続人Ｃに対しても$40万\times\frac{40万}{320万}=5万$円を減殺することとなる。しかしながら、これでは相続人Ｃの取得分が35万円となり、その遺留分を下回ってしまう結果となる。そのような結果は、遺留分制度の趣旨が遺留分の限度で被相続人の財産処分権を制限するところにあることにそぐわず、不当であることは明らかである。また、これによりその遺留分を侵害される結果となった相続人Ｃが、更に他の受遺者に対し遺留分減殺請求を行うこととなると、その法律関係がはなはだ複雑となるのも好ましくない。そのため、上記のような考え方を実際に採用する論者は見当たらないようである。このような結果を避けるためには、民法1034条にいう「目的の価額」を、「遺留分額を超過する額」と解するか、あるいは、「目的の価額」は遺贈全体の価額との理解を維持しつつ、減殺の対象となる遺贈、贈与は、その価額が遺留分を超過する部分に限られると解することが考えられる。本判決が、そのいずれの見解を採用するものかまでは明らかではない。この点については、最高裁平成10年２月26日判決（民集52・１・274、判時1635・55ほか）（**第２章・事例10**）が、前説に立つことを明らかにしている。同判決は、遺留分を下回る贈与、遺贈を受けているにとどまる受贈者、受遺者に対する遺留分減殺請求の可否について直接言及していないが、当然これを否定する趣旨であることは明らかである。なお、本判決以前の裁判例としては、仙台高裁昭和49年11月27日判決（高民27・7・944、判タ320・192）が、遺贈の価額から受遺者の遺留分額を控除した価額の割合に応じて遺留分減殺額を算定している。

本判決まで、遺留分の範囲内で贈与又は遺贈を受けた受贈者又は受遺者に対して遺留分減殺請求をなし得るかについて直接判断を示した裁判例として公刊物に登載されたものは存在しなかったようであり、その意味で本判決は一定の意義を有していたが、前掲最高裁判例により、本判決は先例としての役割を終えたものといえよう。

4　不動産を相続人の一人に相続させ、遺言執行者を指定した遺言がある場合、他の相続人が遺留分減殺による所有権一部移転登記手続を求める訴訟を提起する際の被告

不動産を相続人の一人Ｙに相続させ、遺言執行者を指定した遺言がある場合で、その相続人Ｙと他の相続人Ｘらが共同相続を原因としてその不動産の登記名義を取得している事案において、他の相続人Ｘらが、遺留分減殺による所有権一部移転登記手続を求める訴訟について、遺言執行者を被告とすべきであるとして、上記相続人Ｙを被告とした訴訟が、被告適格を欠き、不適法であるとされた事例

（東京高判平５・５・31家月47・４・32、判タ885・265）

事案の概要

○当事者

控訴人X_1～X_4（Ｘら）：Ａの子ら

被控訴人Ｙ：Ａの子

関係者Ａ：被相続人（昭62・５・16死亡）

関係者Ｂ：遺言執行者

○事実経過（本件と関係のない遺言執行者の交代の部分については一部省略した。）

昭58	ＡはＹに本件不動産を相続させ、Ｂを遺言執行者とする旨の公正証書遺言を作成

昭58・12・19	Ｘらの A の相続についての遺留分放棄の許可
昭62・５・16	Ａ死亡
昭62・９・１	本件不動産についてＸら及びＹが共同相続した旨の移転登記
平２・12・25	遺言執行者がＸら及びＹを被告として上記共同相続をした旨の移転登記の抹消登記を求めた訴訟（以下「前提訴訟」という。）を提起していたところ、それが全部認容される旨の判決（以下「前提判決」という。）がされた。
――	前提判決は確定したが、その判決に基づく抹消登記はされていない。
平３・12・16	第一審は、遺言の執行として、前提判決に基づき本件不動産につきＸらの各持分の抹消手続をし、Ｙの単独名義とすべき事項が存していることを理由に、本訴を遺言の執行に関するものであるとして、遺言執行者が被告適格を有するとして、本訴を却下した。

当事者の主張

○控訴人（Ｘら）の主張

本件においては、相続人であるＹに被告適格がある。

裁判所の判断

遺言執行者がある場合の相続財産の管理、処分に関する訴訟においては、訴訟追行権は遺言執行者に帰属し、相続人はこれを失い、遺言執行者のみが当事者適格を有するものと解するのが相当である。したがって、遺言執行者がある場合における、相続財産である不動産につき遺留分減殺を原因とする所有権移転等の登記を求める訴えは、相続財産の管理、処分に関する訴訟であるから、その被告適格を有するものは相続人ではなく、遺言執行者であるといわなければならない。

これを本件についてみるに、Bには、本件遺言の執行として前記判決に基づき本件不動産について登記を抹消した上、被控訴人のために昭和62年５月16日相続を原因とする移転登記をすべき職務が残っており、現にAの遺産の管理権を有するものと解される。

そうすると、本件訴訟は遺言執行者を被告として提起すべきものであるから、Yを被告として提起されたXらの訴えは、いずれも不適法として却下を免れない。

コメント

まず、本件のように特定不動産を特定相続人に相続させる旨の遺言（以下「いわゆる相続させる遺言」という。）がある場合において、登記関係訴訟において遺言執行者が当事者になり得るかが問題とされた。後記参考判例（最判平３・４・19民集45・４・477、判時1384・24ほか）（以下「平成３年最高裁判決」という。以下、後記参考判例を引く場合は同様の表現とする。）によると、いわゆる相続させる遺言がされた場合、原則として、被相続人の死亡によって当該相続人がその不動産を当然取得することになり、平成７年最高裁判決がいうように、登記実務上当該相続人は単独で相続に基づく移転登記手続が可能であることから、遺言執行者には特定不動産についてその特定不動産に移転登記すべき義務がないことになる。これらの見解を徹底し、いわゆる相続させる遺言においては、遺言執行という問題は起こらず、遺言執行者が当事者となる余地はないとの考えもあり得る。その考えを前提とすると、本件においても、特定不動産を相続したＹが被告適格を有することになる。

しかし、所有権の帰属とその実現のための執行は次元の異なる問題であるから、いわゆる相続させる遺言によって特定相続人が特定不動産の所有権を取得しても、それによって当然執行が不要となることにはならない。このような場合に執行が問題とならないことが多いのは、登記実務上当該相続人は単独で相続に基づく移転登記手続が可能であるとされていることによるにすぎず、いわゆる相続させる遺言がされたとしても、例えば、現実に特定不動産の登記名義人が第三者である場合など、所有権の帰属のほかに、その所有権の帰属を登記名義に反映するという意味での執行の問題が生じ得る。このように、所有と登記名義を一致させる訴訟を執行と考え、相続財産の登記関係訴訟における当事者適格は、遺言執行者にあると考えることが理論的に可能である。そして、そのように解することが、遺言者の意思を確実に実現し、遺産承継手続の円滑な処理を図るという遺言執行者制度の趣旨に合致する。本件判決及びその原審判決は、後者の見解を採用し、いまだ登記名義が他の共同相続人に残存していることをとらえ、その執行が完了していないと解し、他の共同相続人らの遺留分減殺請求の被告となるべきは遺言執行者であると判断した。これは、平成11年最高裁判決（**第１章・事例５**）の判断を先取りしたものであるといえよう。

次に、遺言執行者に対し遺留分減殺請求ができるかが問題となる。ここで、**第２章・事例５**で触れられる判例（大判昭13・２・26民集17・275）

は、遺言執行者は包括受遺者の代理人とみなされるべきだからだという理由で、包括遺贈の場合に限って可能としている。これに対し、遺言執行者の減殺請求の受領権限は、遺産に対する管理権から派生するものとして理解する見解からは、遺言執行者に対する減殺請求は特定遺贈であると包括遺贈であると問わないことになるとされている（中川善之助＝加藤永一編『新版注釈民法㉘』333頁（有斐閣、補訂版、2002））。また、この論点に関する判例として、平成11年最高裁判決は、いわゆる相続させる遺言がされた場合、①遺言執行者が、特定相続人が特定不動産を相続によって取得したことを理由に、土地の共有名義を取得している他の共同相続人に対し、土地持分移転登記請求をした訴訟に、②他の遺留分権利者が、独立当事者参加し、遺言執行者に対し、遺留分減殺請求により取得した共有持分権の確認を求め、独立当事者参加をした事案において、①と②における請求の成否は表裏の関係にあり、合一確定を要するとの理由で、②において遺言執行者に被告適格を認めている。

本判決は、その文言及び事案から判断すると、遺言執行者の減殺請求の受領権限は、遺産に対する管理権から派生するものとして理解した上で、包括遺贈であるか（前掲大審院判決参照）、訴訟法上の意味での合一確定の要請の有無（平成11年最高裁判決参照）を問わず、いわゆる相続させる遺言がされた場合、執行が終了するまでの間、遺言執行者に遺留分減殺請求訴訟における被告適格を認めたものと解することが自然であろう。この意味で、前掲大審院判決及び平成11年最高裁判決が直接判示をしていない事例についての判断といえる。なお、前掲平成11年最高裁判決は遺産に関する管理権を明示的な理由とはしていないことからすると、実務が本判決の見解を採用するのかについては、今後の動向を慎重に見守る必要があろう。

参考判例

○遺言執行者がある場合において、特定不動産の受遺者から遺言の執行として目的不動産の所有権移転登記手続を求める訴えの被告的適格を有する者は、遺言執行者に限られ、相続人はその適格を有しないとされた事例（最判昭43・５・31民集22・５・1137、判時521・49ほか）

○相続人が遺言の執行としてされた遺贈による所有権移転登記の抹消登記手続を求める訴えについては、遺言執行者がある場合でも、受遺者を被告とすべきであるとされた事例（最判昭51・７・19民集30・７・706、判時839・69ほか）

○特定の遺産を特定の相続人に相続させる旨の遺言があった場合には、特段の事情がない限り、当該遺産を当該相続人をして単独で相続させる遺産分割の方法が指定されたものと解すべきであり、また、当該遺言において相続による承継を当該相続人の意思表示にかからせたなどの特段の事情のない限り、何らの行為を要せずして、当該遺産は被相続人の死亡の時に直ちに相続により承継されるとされた事例（最判平３・４・19民集45・４・477、判時1384・24ほか）

○特定の不動産を特定の相続人甲に相続させる旨の遺言があった場合に、甲が遺言執行者に対し、職務上の義務を怠って、甲への所有権移転登記を申請しなかったため損害を被ったと主張して提起した不法行為に基づく損害賠償訴訟において、甲が単独でその旨の移転登記手続をすることができるから、遺言執行者は、遺言の執行としてその登記手続をする義務を負うものではないとして、その損害賠償義務が否定された事例（最判平７・１・24裁判集民174・67、判時1523・81ほか）

○特定の不動産を特定の相続人甲に相続させる趣旨の遺言がされた場合において、他の相続人が相続開始後に当該不動産につき被相続人から自己への所有権移転登記を経由しているときは、遺言執行者は、上記所有権移転登記の抹消登記手続のほか、甲への真正な登記名義の回復を原因とする所有権移転登記手続を求めることができるとされた事例（最判平11・12・16民集53・９・1989、判時1702・61ほか）

5　包括遺贈の減殺請求の相手方

包括遺贈についての遺留分減殺請求の意思表示は、遺言執行者に対してすることができるとされた事例

（大四民判昭13・２・26民集17・275）

事案の概要

○当事者

上告人Ｘ：遺言執行者

被上告人Y_1、Y_2：長男、長男からの本件不動産の買主

関係者Ａ：被相続人（昭６・５・29死亡）

関係者Ｂ：三女（受遺者）

○事実経過

大13・７・17	Ａは、所有する全財産を包括的にＢの贈与する旨の自筆証書遺言を作成
昭６・５・29	Ａが死亡し、相続が開始。法定推定家督相続人は、長男Y_1
昭７・５・４	Y_1は、本件不動産について、家督相続により所有権を取得した旨の所有権移転登記を具備。Y_2は、Y_1から本件不動産を買い受け、その旨の所有権移転登記を具備

昭７・５・12	Ａの遺言執行者にＸを選任
――	本件訴訟の提起。Ｘは、Ｙらに対し、上記各所有権移転登記の抹消登記手続を請求して、本訴訟提起
――	第一審判決 第一審は、Ｘの請求を棄却。Ｘが控訴
――	第二審 Y_1は、第二審の訴訟進行中である昭和11年６月25日遺留分減殺請求権行使 Ｘは、第二審において、予備的請求として、Y_1の遺留分減殺請求が有効である場合には、本件不動産がY_2とＢの共有であることの確認及びY_2はＢに対しＢが遺贈により本件不動産の２分の１の所有権を取得したことの登記手続をするように求めた。 第二審は、Y_1がＸに対してした遺留分減殺請求により、本件不動産がＢ及びY_2の各２分の１ずつの共有になったと判示して、原判決を変更し、Ｘの予備的請求を認め、本件不動産がＢ及びY_2の共有であることを確認する、Y_2がＢに対しＢが大正13年７月17日亡Ａのした遺贈により本件不動産につき２分の１の所有権を取得したことの登記手続をせよ、Ｘのその余の請求を棄却するなどの判決言渡し。Ｘが上告

当事者の主張

○上告人（Ｘ）の主張

遺留分権利者が遺贈の減殺請求をするには、遺贈を受けた者すなわち受遺者又はその相続人に対してすることが必要であり、遺言執行者に対してすべきものではない。遺言執行者は、受遺者に不利益な減殺請求を受けるべき権限を有しないので、Y_1がXに対してした減殺請求は、効力を生じない。

裁判所の判断

「特定遺贈の場合に於ては遺留分権利者が遺贈の減殺請求を為すには受遺者又は其の相続人に対して之を為すべきものにして遺言執行者に対して之を為すを得ざること所論の如しと雖も本件遺贈はAが其の遺産全部を包括的に其の三女Bに遺贈したる包括遺贈なること原審の確定する所にして包括受遺者は民法1092条〔現行民法990条〕に依り遺産相続人と同一の権利義務を有するものなれば遺言執行者は包括受遺者たる右Bの代理人と看做さるべきものと謂はざるべからず然らば本訴に於て家督相続人たる被上告人Y_1が遺留分権利者として遺言執行者たる上告人Xに対し為したる遺贈減殺請求は正当」なり。

コメント

1　遺留分減殺請求の相手方は、減殺請求の対象となる遺贈、贈与といった処分行為によって直接利益を受けた受遺者、受贈者、その包括承継人、悪意の特定承継人及び悪意の権利設定者である（民1040①ただし書、我妻栄＝唄孝一編『判例コンメンタールⅧ相続法』320頁（日本評論社、1966）、加藤永一『遺留分』38頁（一粒社、1980））。

包括遺贈について、遺言執行者が遺留分減殺請求の相手方となるかどうかが問題となったのが本判例である。

本判例は、包括遺贈にあっては、遺言執行者が包括受遺者の代理人とみなされるべきものであるとの理由で、遺言執行者に対して減殺請求することができると判示した。この見解は、遺言執行者が相続人の代理人とみなされ（民1015）、かつ、包括受遺者は、相続人と同一の権利義務を有する（民990）ので、遺言執行者が包括受遺者の代理人とみなされるべきであることから、遺言執行者に遺留分減殺請求の意思表示を受領する権限を認めたものである。

本判例は、包括遺贈についてのみ遺言執行者に減殺請求の意思表示の受領権限を認め、特定遺贈については、遺言執行者に対する減殺請求を認めない趣旨であると解されている。しかし、本判例の見解に対しては、遺言執行者に対する遺留分減殺請求の意思表示の受領権限が、相続財産に対する管理権あるいは遺言執行者の行為が相続人に帰属するという地位に基づくのであれば、特定遺贈の場合であっても、管理権が遺言執行者に帰属している以上（民1012）、遺言執行者に対しても遺留分減殺請求の意思表示をすることができることを認めなければならないというのが学説である（民事法判例研究会編『判例民事法昭和13年度』18事件71頁〔川島武宜担当部分〕（有斐閣、復刊第1刷、1954）、我妻＝唄・前掲書320頁、中川善之助＝泉久雄『相続法』632頁（有斐閣、第4版、2000）、中川善之助＝加藤永一編『新版注釈民法(28)』477頁〔中川淳担当部分〕（有斐閣、補訂版、2002）。近藤英吉「判例研究」法叢39巻2号352頁は、減殺は本来遺言者に対しされるべきものであり、遺言者の意思を実行すべき遺言者たる遺言執行者に対してもすることができると説明する。）。

実務的には、時効消滅にならないようにするために、受遺者、受贈者等と遺言執行者の双方に減殺請求の意思表示をするのがよいとされている（埼玉弁護士会編『遺留分の法律と実務』39頁（ぎょうせい、新版、2005））。

2　参考までに触れると、遺言執行者は、相続人の代理人とみなすと規定されているが（民1015）、その法的地位については、相続人代理説（遺言執行者が相続人の代理人であると解する見解)、遺言者代理人説(遺言執行者が遺言者の代理人であると解する見解)、任務説(職務説ともいう。遺言執行者は自己の名において独立して遺言の内容を実現すべき事務を処理するとの見解)、相続財産代理説（相続財産を特別財産として、遺言執行者がその代理人であるとの見解）等の見解があるが（田中実「遺言執行者」中川善之助教授還暦記念家族法大系刊行委員会『家族法Ⅶ』229頁以下（有斐閣、1960)、中川淳『相続法逐条解説（下)』329頁（日本加除出版、1995))、任務説が有力であるとされている（河邉義典「判解」『最高裁判所判例解説民事篇　平成11年度（下)』1004頁（法曹会、2002))。

なお、これらの見解については、いずれも問題点の一面のみをみているにすぎないとの批判があり（田中・前掲232頁、中川淳・前掲書331頁)、民法1015条は、遺言執行者の行為の効果が相続人に帰属することを明らかにしたことに意味があり、性質論をめぐる上記論争はそれほど意味がないともされる（中川＝加藤・前掲書361頁〔泉久雄担当部分〕)。

6　遺留分減殺請求後の転得者に対する減殺請求の許否及び同請求権の消滅時効期間の起算点

① 遺留分権利者は、受贈者に対する遺留分減殺請求後にその目的である土地建物を受贈者から譲り受けた転得者に対し、更に減殺請求をすることはできないとされた事例

② 転得者に対する同請求権の消滅時効期間は、遺留分権利者が相続の開始と贈与のあったことを知った時から起算すべきであるとされた事例

（最三小判昭35・7・19民集14・9・1779、判時232・22ほか）

事案の概要

○当事者

上 告 人X₁、X₂：亡Ａの実子であり、その共同相続人（以下「Ｘら」という。）

被上告人Y₁、Y₂：亡Ｂの姉弟であり、その共同相続人（以下「Y₁ら」という。）であると共に亡Ａの代襲相続人

被上告人Y₃：Y₁らから本件土地建物を買い受け所有権移転登記手続を経由した者（転得者）

関係者亡Ａ：被相続人

関係者亡Ｂ：いずれも亡Ａより先に死亡した、その実子Ｃと婿養子Ｄとの間に生まれた子（亡Ａの代襲相続人）であり、亡Ａから本件土地建物の生前贈与（以下「本件生前贈与」という。）を受け、所有権移転登記手続を経由し、Ｘらから遺留分減殺請求を受けた後に死亡した受贈者

○事実経過

昭19・8頃	亡Aが亡Bに本件生前贈与
昭24・7・21	本件生前贈与を原因とする本件土地建物の所有権移転登記手続完了
昭25・1・24	亡A死亡。Xら並びに亡B及びY_1らが共同相続
昭25・2・19	X_1が亡Bに対し、本件土地建物につき、遺留分減殺請求の意思表示
昭25・5・22	X_2が亡Bに対し、本件土地建物につき、遺留分減殺請求の意思表示
昭25・7・25	亡B死亡。Y_1らが亡Bを共同相続
昭26・11・8	Y_1らが本件土地建物につき相続登記経由
昭26・12・2	Y_1らのY_3に対する代金20万円での売買契約を原因とする本件土地建物の所有権移転登記手続完了
昭27・1頃	(1)Xらが、①Y_1らに対し、訴状送達による本件土地建物の遺留分減殺請求と遺留分を超える価値相当分である5万円の支払との引換給付に基づく所有権移転登記手続請求を、②Y_3に対し、Y_1らからY_3に対する本件土地建物所有権移転登記の抹消登記手続請求をし、重ねて、(2)XらがY_3に対し、Y_3に対する訴状送達による本件土地建物の遺留分減殺請求と上記金員の支払との引換給付に基づく所有権移転登記手続請求をする訴えを、盛岡地裁一関支部に提起したが、第一審（同支部）は請求棄却判決を言い渡したので、その後、Xらが控訴を申し立てた。

昭33・2・28	第二審（仙台高裁）請求棄却判決。第二審は、本件生前贈与がXらの遺留分（各8分の1ずつ）を侵害するから、亡Bに対する本件土地建物の減殺請求が有効であるとしつつ、(1)Y_3が本件土地建物を買い受けたのはXらの亡Bに対する遺留分減殺請求後であるから民法1040条1項但書の規定の適用はなく、XらはY_3に対し減殺請求をすることはできない上、(2)Xらが亡Bに対し、本件土地建物につき、遺留分減殺請求の意思表示をした時（X_1が昭和25年2月19日、X_2が同年5月22日）には相続の開始及び減殺すべき本件土地建物の贈与があったことを知っていたものと認めるべきところ、本件訴状がY_3に対し送達されたのが昭和27年1月30日であることは記録上明らかであるから、XらのY_3に対する減殺の請求は、Y_3の援用する民法1042条前段の消滅時効完成後に係る無効のものといわねばならないとの理由を判示した。 その後、Xらが上告を申し立てた（昭和33年(オ)第502号）。

当事者の主張

○上告人（Xら）の主張

民法1040条1項但書には「遺留分権利者は、これに対しても」と規定し、遺留分侵害者である受贈者（以下「受贈者」という。）又はその譲受人のいずれに対しても権利行使ができる意味の字句を使用しており、かつ、いったん受贈者に減殺請求すればその後の譲受人に対してこれを行使することができないという法則はない。

また、民法1040条1項但書は、悪意の譲受人を受贈者の延長とみなしてその減殺による目的物の返還履行の方法を規定したものと考えれば、受贈者に対し消滅時効完成前に減殺権を行使し、かつ、その権利の消滅しない間に譲渡が行われたためこれに対して減殺を更新すれば、その減殺は新たな独立の減殺請求ではないから、単独に消滅時効に係る筋合いはなく、同但書の権利が受贈者に対する権利とは別個独立の減殺請求権であるとすれば、その時効の起算点は、悪意の譲渡があった時であって、決して相続の開始及び贈与のあったことを知った時とすべき道理はなく､同法1042条前段の消滅時効は完成していない。

裁判所の判断

① 受贈者に対する遺留分減殺請求後贈与目的物を買い受けた転得者に対し同請求をなし得ないとする原審の判断は正当である。

② 同転得者に対する遺留分減殺請求権の1年の消滅時効の期間の起算点は、遺留分権利者において相続の開始と贈与のあったことを知った時であるとする原審の判断は正当である。

コメント

1　遺留分の減殺は、被相続人が行った生前贈与又は遺贈（以下「贈与等」という。）を対象とする制度であり、遺留分権利者が受贈者に対し当該贈与等の減殺をすれば､当該贈与等の効力が消滅するから、その後の受贈者の転得者に対する当該贈与等の目的物の処分は遺留分権利者が減殺請求権の行使により回復した物権的又は債権的権利の事実上の侵害行為にすぎないのであって、これ自体に対し減殺請求を認める理由はないと考えられる。**裁判所の判断①**は、この当然の論理を理由としていると考えられる。

2　民法1042条前段は、同法426条と同様に、遺留分減殺請求の対象となり得る贈与等の目的物の転得者の地位の安定を図るために１年の短期消滅時効を規定したものであり、かつ、遺留分権利者は、相続の開始と当該贈与等のあったことを知りさえすれば、当該贈与等を減殺してその効力を奪うこと、すなわち、権利行使をすることができ、その時点を上記消滅時効の起算点としても何らその保護に欠けることはないのであるから、その時点が消滅時効の起算点であると考えるべきである。**裁判所の判断②**は、上記解釈に基づくものと考えられる。

参考判例

（**裁判所の判断②**について）

○改正前民法426条にいう「債権者が取消の原因を覚知したる時」とは、債務者の法律行為が詐害の目的に出たることを債権者が覚知したる時を謂うものにして受益者に対すると転得者に対するとに依りその起算点を異にするものに非ずとされた事例（大判大４・12・10民録21・2039）

○改正前民法426条にいう「債権者が取消の原因を覚知したる時」とは、債権者が特定の具体的な詐害行為の存在を知った時を指すと解するのが相当であるとされた事例（最判昭46・９・３裁判集民103・48、金法628・36）

7　遺留分減殺請求後に受遺者が目的物を第三者に譲渡した場合に遺留分権利者が受遺者に対し価額弁償の請求をすることの可否

遺留分権利者が減殺請求をした後に受遺者が目的物を第三者に譲渡した場合において、受遺者に対し民法1040条１項本文を適用して価額弁償の減殺請求をすることができないとされた事例

（東京地判平３・７・３金法1310・32）

事案の概要

○当事者

原告Ｘ：長男

被告Ｙ：二男

関係者Ａ：被相続人（昭62・７・３死亡）

関係者Ｂ：Ａの妻

関係者Ｃ：Ａの長女

関係者Ｄ：譲受人

○事実経過

昭60	Ａは、自己が所有する土地建物（以下「本件土地建物」という。）を二男Ｙに遺贈する旨の遺言を作成
昭62・７・３	Ａ死亡（相続人はＢ、Ｘ、Ｙ、Ｃ）
昭62・８・24	Ｘ遺留分減殺の意思表示

昭62・10・14	Ｙは、第三者Ｄに本件土地建物を売却し、所有権移転登記経由

当事者の主張

○原告（Ｘ）の主張

Ｘは、Ｙに対し、主位的に民法1040条１項に基づく価額弁償を請求し、予備的に不法行為に基づく損害賠償を請求した。

裁判所の判断

遺留分権利者が、遺留分減殺の意思表示をなした後、受遺者が遺留分減殺の対象となった財産を第三者に売却処分した場合、遺留分権利者は、民法1040条１項本文の規定により価額弁償を求めることはできず、不法行為の要件を充たす場合に限り、損害賠償の請求ができるにとどまる。

なぜなら、遺留分減殺請求権は形成権と解すべきであり、減殺の意思表示がなされた時点で遺留分侵害行為はその限度で遡及的に効力を失い、不動産については受遺者と遺留分権利者がそれぞれの持分割合で共有する関係に立つことになるから、それ以後は新たに形成された権利関係を基礎にして物権・債権的な関係を生ずるにすぎず、更に遺留分に関する民法の規定を適用する余地はないからである（なお、民法1040条１項が「減殺を受けるべき」と規定し、「減殺を受けた」と規定していないことも、減殺の意思表示後の権利移転等の場合には適用されないことを示しているとみることができる。）。

したがって、本件のように、受遺者が遺留分権利者の持分部分を含めて当該不動産を売却した場合には、共有持分権利者の一人が他の共有者の持分を含めて共有物全部を売却した場合と解すべきであって、民法1040条の適用を認めることはできない。

コメント

本判決は、遺留分減殺の意思表示後の法律関係について、遺留分減殺請求権の法的性質から理論的に結論を導き出したものであるが、そもそも遺留分減殺請求権の法的性質に関しては、次のような説の対立が存する。

①　形成権・物権説

遺留分減殺の意思表示によって遺留分侵害行為の効力は消滅し、目的物上の権利は、当然に遺留分権利者に帰属する。

②　形成権・債権説

遺留分減殺の効力は、遺留分侵害行為の取消しであるが、目的物上の権利は、当然には遺留分権利者に帰属せず、ただ、受遺者、受贈者をして返還義務を負わせるにすぎない。

③　請求権説

遺留分減殺請求は、単に受遺者、受贈者に対する財産引渡請求権又は未履行贈与。遺贈の履行拒絶権であり、既になされた贈与又は遺贈そのものの効力を失わせるものではない。

判例は、最高裁昭和35年７月19日判決（民集14・９・1779、判時232・22ほか）（**第２章・事例６、27**）が遺留分減殺請求権の法的性質を形成権・物権説に立つことを判示したのを最初に以降同様の立場の裁判例が続いているので、判例としては既にこの考え方で確立されていると考えられる。

また、前記最高裁判決は、本件同様、減殺請求後に目的不動産が処分された事案において、未登記の遺留分権利者は、その権利を登記を経た転得者に対抗することができず、また、転得者に対し民法1040条１項但書により更に減殺請求することもできないと判示したものであるが、本判決も同様の理解のもとに権利を譲り受けた第三者と遺留分権利者の関係は、登記の有無によってその優劣を決すべきであり、第三者が先に登記を経た場合には遺留分権利者は、遺留分減殺に基づく権利を第三者に対し主張できなくなるので、その被った損害につき受遺者に故意又は過失が認められれば不法行為に基づく損害賠償請求ができるとしている。

この点についても、形成権・物権説の立場から遺産分割と登記についての従来からの判例の考え方を前提とすると当然の帰結といえようし、また、不法行為という法的構成を採るかどうかはともかくとして、受遺者に対する金員請求を認めるという結論自体は是認されよう。

なお、本判決に関する平成４年度主要民事判例解説（谷有恒・判タ臨増821号152頁）では、一般に、受遺者が減殺請求を受けた場合、他に資産があればともかくそうでない場合は目的財産を譲渡してその代金から遺留分権利者に支払うということはあり得ようから、受遺者が第三者に目的財産を譲渡したような場合は、当然に価額弁償を選択したものとして、遺留分権利者は、民法1040条ではなく1041条に基づく価額弁償を請求することができると解することができないだろうかという試論が示されている。民法1041条が適用されるためには、価額の弁償を履行するか又はその履行の提供をしなければならず、価額の弁償をすべき旨の意思表示をしただけでは足りないとする最高裁判例（最判昭54・７・10民集33・５・562、判時942・46ほか（**第３章・事例２**））との整合性をどう考えるか等の問題はあるが、現実に即した考え方という点では魅力的な試論であるのでここに紹介させていただくこととする。

参考判例

○遺留分権利者の減殺請求権は形成権であると解すべきであるとされた事例（最判昭41・７・14民集20・６・1183、判時458・33ほか）

○遺産分割により相続分と異なる権利を取得した相続人は、その旨の登記を経なければ、分割後に当該不動産につき権利を取得した第三者に対し、自己の権利の取得を対抗することができないとされた事例（最判昭46・１・26民集25・１・90、判時620・45ほか）

8　遺留分権利者が受遺者に対し不法行為に基づく損害賠償を請求した場合に受遺者が価額弁償をして損害賠償義務を免れることの可否

受遺者が遺留分減殺請求の目的物を第三者に譲渡した後に、遺留分権利者から不法行為に基づく損害賠償の請求を受けた場合において、受遺者が価額弁償の選択の意思表示をしたことを理由に損害賠償義務を免れることはできないとされた事例

（神戸地判平３・10・23判タ803・246）

事案の概要

○当事者

原告X_1、X_2：二男の長男及び長女（代襲相続人）

被告Y_1、Y_2、Y_3：長男、長女、三男

関係者Ａ：被相続人（平元・９・３死亡）

関係者Ｂ：譲受人

○事実経過

昭61・４・17	Ａは、Ｙらに財産全部を持分各３分の１の割合で包括遺贈する旨の公正証書遺言を作成
平元・９・３	Ａが死亡し、相続が開始。相続人は、X_1、X_2、Y_1、Y_2、Y_3
平２・３・26	Ｘらは、Ｙらに対し、遺留分減殺請求権を行使する旨の意思表示をし、遺産である土地（以下「本件土地」という。）について各16分の１の共有持分を取得

平2・3・27	Ｙらは、第三者Ｂに本件土地を売却し、その後所有権移転登記経由

当事者の主張

○原告（Ｘら）の主張

Ｘらは、Ｙらに対し、主位的に不法行為（本件不動産の共有持分権侵害）に基づく損害賠償を請求し、予備的に不当利得の返還を請求する。

○被告（Ｙら）の主張

Ｙらは、Ｘらに対し価額弁償を選択する旨通知したから、本件土地の共有持分権侵害による損害賠償義務はない。

裁判所の判断

① 民法1040条１項本文は、受贈者が贈与目的物を他人に譲渡した後において、遺留分権利者が遺留分の減殺請求をした場合に、受贈者への価額弁償請求を認めた規定であって、本件のように、遺贈目的不動産が受遺者の所有にある間に遺留分権利者が遺留分の減殺請求をして紛争中に、受遺者がその遺贈目的不動産を他人に譲渡して登記を了した場合にまでも、受遺者への価額弁済請求を認めた規定ではない（大阪高判昭49・12・19判時787・75）。

② 民法1041条１項は、遺留分権利者が受贈者・受遺者に対し、贈与・遺贈の目的物の現物返還を請求してきた場合に、受贈者・受遺者は遺留分権利者に対し、贈与・遺贈の目的物の価額を弁償して、現物

返還義務を免れることを認めた規定であって、本件のように、遺留分権利者が不法行為（共有持分権侵害）を理由に損害賠償請求をしてきた場合に、受遺者が遺留分権利者に対し遺贈の目的物の価額を弁償して、損害賠償義務を免れることを認めた規定ではない。

コメント

1　遺留分減殺請求権の法的性質を形成権と解し、遺留分減殺の意思表示によって目的物上の権利は当然に遺留分権利者に復帰すると解する（形成権・物権的効果説）のが裁判実務の趨勢であり（**第２章・事例７**の解説参照）、本判決は、同様の立場から、受遺者であるＹらが、遺留分権利者であるＸらの減殺請求後に目的物を第三者に譲渡したことについて、共有持分権侵害による不法行為の成立を認めたものである。この点は同様の解釈を示す裁判例に一事例を加えた意味があるにとどまるものの、本判決の注目される点は、**裁判所の判断**①及び②において、受遺者の価額弁償の抗弁を排斥し、不法行為の成立を認めるに際し、民法1040条１項本文及び民法1041条１項について上記のような解釈を示したことにある。

なお、**裁判所の判断**①は、遺留分減殺請求権の法的性質について形成権･物権的効果説を採ることからの当然の理論的な帰結であり、この点に関しては、**第２章・事例７**の解説を参照していただきたい。

2　**裁判所の判断**②について

裁判所の判断②は、本件のように、受贈者・受遺者が遺留分減殺の目的物を第三者に譲渡して遺留分権利者の共有持分権を侵害した場合に、現物返還義務を免れるための規定である民法1041条１項に基づき、価額弁償をして共有持分権侵害による損害賠償義務を免れることはできないとしたものである。

民法1041条１項は、その文言や遺留分減殺請求における現物返還主義の現れである民法1036条等との関係から、受贈者又は受遺者が価額の弁償により現物返還義務を免れることを認めた規定であると解され、そうであれば、本件のように、遺留分減殺の目的物の第三者への譲渡により価額弁償により免れるべき現物返還義務自体が不能となった場合には、民法1041条１項の適用がないというのは論理的帰結である。実質的にも、故意又は過失によって遺留分権利者の目的物についての共有持分権を侵害した受遺者・受贈者に、価額弁償を理由に、損害賠償義務を免れさせることを認めるのは不当であろう。

なお、本件でＹらは価額弁償の意思表示をした旨の主張をしているのみである。本件とは直接の関わりはないが、判例（最判昭54・７・10民集33・５・562、判時942・46ほか（**第３章・事例２**））は、民法1041条１項に基づき受贈者・受遺者が現物返還義務を免れるためには、現実に価額を弁償するか、その履行を提供しなければならないとしているので、併せて紹介する。

参考判例

○遺留分権利者の減殺請求権は形成権であると解すべきであるとされた事例（最判昭41・７・14民集20・６・1183、判時458・33ほか）

第２　遺留分減殺請求権の行使

9　遺贈の目的物が複数ある場合における減殺請求権行使の方法

遺留分権利者が遺贈の目的物の価額から遺留分の価額を差し引いた額を支払うのと引換えに抹消登記手続や引渡しなど、遺贈の目的物の返還を求めたのに対し、受遺者に、当然には、遺贈の目的物の返還義務はなく、遺留分を侵害する限度で遺贈が失効し、減殺請求権者と受遺者との共有となるとされた事例

（山口地判昭51・３・31判時837・87ほか）

事案の概要

○当事者

原告Ｘ：Ａの夫

被告Ｙ：Ａの妹

関係者Ａ：被相続人（昭47・３・31死亡）

関係者Ｂ：Ａの養子

○事実経過

昭47・３・22	Ａ、全財産をＹに遺贈する旨の遺言公正証書作成
昭47・３・31	Ａ、死亡し、相続開始。法定相続人は、夫のＸとＡの養子であるＢ。相続財産は、甲$_1$～甲$_5$の不動産

昭47・6・24	Y、$甲_1$～$甲_4$につき相続登記
昭47	X、遺留分減殺請求の訴え提起、Xは、AとBの養子縁組を無効であるとした上、$甲_1$～$甲_5$のほか、動産、預金債権が相続財産としてあるとし、Yに対し、$甲_1$～$甲_5$の価額から遺留分の価額を差し引いた額をXがYに支払うのと引換えに$甲_1$～$甲_4$につき抹消登記手続、$甲_5$の建物につき引渡しを求めた。

裁判所の判断

減殺目的物が数個あり、また、土地建物のような性質上不可分の目的物について、遺留分減殺請求がなされた場合、民法1034条、1041条の法意に徴し、受遺者が相続人との共有関係に甘んずるか、価格を弁償してこれを阻止するかの選択権は受遺者にあり、当然には、受遺者に遺贈の目的物の返還義務はないと解すべきであるから、贈与のうち遺留分権利者の遺留分を侵害する部分は、遺留分減殺請求権の行使の結果、その限度で失効し、受遺者と遺留分減殺請求権者との共有となる。

コメント

遺留分減殺請求権行使の結果､受遺者は目的物の返還義務を負うか。

遺留分減殺請求権の行使の結果、遺留分権利者の遺留分を侵害する限度で遺贈等が失効するとしても、遺留分権利者において、遺留分減殺請求権行使の対象となる遺贈等の目的物を選択できると解した場合には、受遺者が目的物の返還義務を負うという場合が生じることになるし、その考えを推し進めれば、目的物が複数、かつ、不可分である場合には当該目的物の価額から遺留分の価額を差し引いた額を支払うことで全体につき引渡しを求め得るということにもなり得る。

裁判例には、遺留分権利者が減殺する遺贈等の目的物を選択できるとするものもあり、学説もある。

しかしながら、そのような選択権を認める民法上の規定はないこと、選択権を認めると遺留分減殺請求権者に恣意を許し、その後予想される遺産分割等の内容を一方的先取りを許すことになるなどとして、遺留分権利者に減殺対象物の選択権を認めないのが多数説である。

本判決は、上記多数説の考え方を基盤とし、遺留分減殺請求によっては、当然には、受遺者は、減殺対象物の返還義務を負うものではなく、遺留分を侵害する限度において遺贈が失効し、受遺者と減殺請求権者との共有となると判断したものである。

参考判例

○遺留分権利者は、財産を選択特定して減殺請求した後でも、総財産の割合的な減殺請求に変更できるとされた事例（千葉地判昭56・12・24判タ469・229）

○遺留分減殺請求者に複数の減殺対象財産から特定の財産を選択して減殺する権利を認めることはできないとされた事例（東京地判昭61・9・26家月39・4・61、判時1214・116）

10　相続人に対する遺贈と民法1034条の「目的の価額」の趣旨

相続人に対する遺贈が遺留分減殺の対象となる場合においては、上記遺贈の目的の価額のうち受遺者の遺留分額を超える部分のみが、民法1034条にいう目的の価額に当たるとされた事例

（最一小判平10・2・26民集52・1・274、判時1635・55ほか）

事案の概要

○当事者

上告人Ｘ：Ａの四女

被上告人Ｙ：Ａの妻

関係者Ａ：被相続人（昭63・2・25死亡）

Ａの相続人は、妻Ｙ、長男亡Ｂの子であるＣら４名、長女Ｄ、二女Ｅ、三女Ｆ、四女Ｘ、五女Ｇである。

○事実経過

昭61・1・10	Ａは、同日付遺言書で、その所有に係る不動産１ないし８のうち、不動産１ないし７はＸに２分の１、Ｃら４名に２分の１を相続させ、不動産８はＸ、Ｙ、ＤないしＧに等分に相続させる旨の遺言をした。
昭63・2・25	Ａが死亡し、相続が開始
――	Ｘ及びＣら４名は、不動産１ないし７につき、不動

	産１ないし４をＸが取得し、不動産５ないし７をＣら４名が取得する旨の分割をした。
――	不動産４が取り壊された。
平元・11・１	ＹのＸに対する遺留分減殺の意思表示が遅くとも同日までに到達した。
平７・７・31	第一審判決は、ＹのＸに対する不動産１ないし３に係る遺留分減殺請求の訴えにつき、相続開始時における各不動産価額のうち遺留分超過額を目的物の価額として算定し、Ｙの請求を一部認容する判決をした。
平８・11・29	原判決は、Ｘの控訴を棄却する判決をした。

当事者の主張

○上告人（Ｘ）の主張

民法1034条によれば、遺留分減殺に当たって、遺留分減殺の対象となる複数の物件はその価額の割合に従って減殺されなければならないのであって、たとえ遺留分減殺請求権の一部行使であっても、片方だけから減殺するとかこれと異なる割合で減殺することは許されない。

裁判所の判断

相続人に対する遺贈が遺留分減殺の対象となる場合においては、上記遺贈の目的の価額のうち受遺者の遺留分額を超える部分のみが、民法1034条にいう目的の価額に当たるものというべきである。けだし、上記の場合には受遺者も遺留分を有するものであるところ、遺贈の全額が減殺の対象となるものとすると減殺を受けた受遺者の遺留分が侵害されることが起こり得るが、このような結果は遺留分制度の趣旨に反すると考えられるからである。そして、特定の遺産を特定の相続人に相続させる趣旨の遺言による当該遺産の相続が遺留分減殺の対象となる場合においても、以上と同様に解すべきである。

コメント

民法1034条は、遺贈はその目的の価額の割合に応じてこれを減殺する旨規定しているところ、遺贈を受けたものが相続人である場合、相続人が遺贈により取得した財産の価額がその者の遺留分を下回るときに、この者に対する減殺請求を認めると、遺留分の限度で相続人を保護するという法の趣旨に反することになる。同様に、複数の遺贈が減殺の対象となる場合の「目的の価額」を遺贈の全額であるとすると、減殺を受ける者の遺留分を侵害することがあり得る（中川善之助＝加藤永一編『新版注釈民法㉘』497頁（有斐閣、補訂版、2002）に掲載された事例では、相続人として、４人の子、甲・乙・丙・丁がおり、遺産総額が4,000万円であり、遺言により、甲に2,500万円、乙に1,000万円、丙に500万円、丁に０円を取得したとして、丁の遺留分侵害額500万円を甲・乙・丙に按分して減殺すれば、今度は、丙の遺留分が侵害されることになる。)。

そこで、減殺の対象となる遺贈は、その価額が遺留分を超える者に限り、複数の遺贈が減殺の対象となる場合の民法1034条の目的の価額は遺留分額を超える額のみであるとする説（加藤永一『遺留分』68頁（一粒社、1980)、野田愛子＝太田豊「共同相続と遺留分の減殺」ジュリ439号102頁)、目的の価額は法定相続分を超える額のみであるとする説（中川善之助＝

泉久雄『相続法』671頁（有斐閣、第４版、2000））、遺贈の全額であるとする説などがある。本判決は、減殺の対象となる目的の価額は遺留分額を超える額のみであるとの説を採用するものである（前記事例にこの説を当てはめると、丁の遺留分減殺請求につき、減殺すべき額は、甲400万円、乙100万円となる。）。

なお、本判決の事案は、前記事実経過のとおり、その遺言では、不動産１ないし７につき、Ｘはその共有持分２分の１を取得することとされているから、厳密には、減殺の対象は、不動産１ないし７の共有持分２分の１となるはずであるが、本訴で、ＹはＸの不動産１ないし３の単独所有権について減殺請求している。この点については、本訴の当事者双方の弁論内容等から、本判決は、遺言の内容をＸが不動産１ないし３を単独相続すると善解したものである（野山宏「判解」『最高裁判所判例解説民事篇　平成10年度（上）』209頁（法曹会、2001））。そこで、本判決は、遺留分権利者が任意に減殺する目的財産を選択することを許容する趣旨ではない（なお、遺留分権利者に減殺する目的財産の選択権を許容する裁判例（前橋地判昭32・６・６下民８・６・1070）もあるが、選択権を認めると遺留分権利者の恣意を許し、遺産分割の内容の一方的先取りを許すことになることなどから、これを許容しないとするのが通説であり（中川＝加藤・前掲書496頁、山下寛ほか「遺留分減殺請求訴訟を巡る諸問題（下）」判タ1252号30頁）、これに沿う裁判例（徳島地判昭46・６・29下民22・５－６・716、判時643・84ほか）もある。）。

参考判例

○遺留分の減殺請求の対象となる贈与又は遺贈が共同相続人の一人又は数人に対して行われている場合において、贈与又は遺贈の額が自己の遺留分の範囲内にとどまる受贈者又は受遺者に対しては遺留分減殺請求をすることができないとされた事例（東京高判平６・２・22東高時報45・１－12・５）

11　複数の贈与がある場合の減殺の方法

贈与を減殺する場合において、不動産を目的とする2個の贈与が同日になされたときは、登記の受付番号の先後にかかわらず、同時になされたものと推定すべきであるとされた事例

（大三民判昭9・9・15民集13・1792）

事案の概要

○当事者

上告人X_1：Aの二男

上告人X_2：Aの三男

被上告人Y：Aの長男B_1の長女であってAを家督相続したB_2と入夫婚姻したことにより家督相続した夫

関係者A：被相続人（大11・12・21死亡）

○事実経過

大5・6・25	長男B_1死亡
大9・2・5	Aは、X_1に対し不動産1を、X_2に対し不動産2をそれぞれ贈与し、同日、所有権移転登記が経由された（不動産1及び2は、Aの全財産であった。）。
大11・12・21	Aが死亡し、相続が開始。相続人は、B_1の長女である家督相続人B_2
大15・3・2	Yは、B_2と入夫婚姻し、Aを家督相続した。

昭7・2・16	Yは、X_1及びX_2に対し、本訴を提起し、訴状において、不動産1及び2の贈与に係る遺留分減殺の意思表示をし、同訴状は、昭和7年2月24日、X_1及びX_2に送達された。
——	第一審判決は、Yの請求を棄却した。
——	原判決は、第一審判決を取り消し、Yの遺留分減殺請求を認めた。

当事者の主張

○上告人（X_1、X_2）の主張

不動産1及び2の各登記は同日に受付番号を先後してなされているところ、原判決は、贈与が登記の順にされたのか同時にされたのかを認定しないまま、X_1及びX_2に対する贈与を平等に減殺しており、採証ないし理由不備若しくは審理不尽の不法がある。

裁判所の判断

X_1に対する贈与とX_2に対する贈与とが同時に行われ、その各贈与による所有権移転登記が同一登記所に同時に申請された場合でもその受付番号は同一ではなく異なることになるのであるから、その番号の先後の別をもって贈与にも先後の別があると推定すべきではない。そして、2個の贈与が日を同じくしてなされた場合には、反証のない限

り同時になされたものと推定するほかなく、原審が、本件の各贈与が同日になされ、即日、相次ぐ受付番号で登記されたことを認定し、その贈与に先後あることを説示しなかったことは、すなわちその贈与が同時になされたことを認定したものに他ならない。

コメント

贈与の減殺は、後の贈与から順次前の贈与に対してする（民1035）とされている。贈与が複数ある場合に、その先後を、贈与契約の先後によるのか、履行（不動産登記の経由など）の先後によるのかについては、履行の先後ではなく、贈与契約の先後で贈与の先後を決するとの説（鈴木禄弥『相続法講義』162頁（創文社、改訂版、1996））と、不動産の贈与につき、贈与契約の先後ではなく、登記の先後で贈与の先後を決するとの説（岡垣学『先例判例相続法』412頁（日本加除出版、増補版、1978））とがある。

本判決は、同日付けで不動産を目的とする贈与がなされたときは、登記の受付番号の先後にかかわらず、同時に贈与がなされたものと推定すべきであるとしたものである。この場合の減殺方法は、遺贈の割合減殺に関する民法1034条を類推して、複数の贈与を割合的に減殺するものと解される（中川善之助＝加藤永一編『新版注釈民法(28)』500頁（有斐閣、補訂版、2002）、山下寛ほか「遺留分減殺請求訴訟を巡る諸問題（下）」判タ1252号30頁）。

参考判例

○遺留分減殺請求の対象となる複数の贈与不動産につき、所有権移転登記の原因とされた贈与時期及び登記時期を異にするが、いずれも同時に贈

与されたと認定された事例（前橋地判昭32・6・6下民8・6・1070）

○贈与の時期を異にする数個の贈与財産に対して遺留分の減殺請求をする場合、後の贈与から遺留分を保全するに必要な限度で減殺すべきであるとしても、遺留分権利者の遺留分を保全する限度でその効力は発生すると解されるから、概括的な減殺方法が違法であるということはできないとされた事例（名古屋高決昭45・12・9家月23・7・44、判タ269・327）

12　同一人に対する贈与、遺贈の目的物が複数存在する場合の遺留分権利者の選択権の有無

遺留分減殺権者が複数の減殺対象財産のうちから特定の財産を選択して減殺請求することは許されないとされた事例

（東京地判昭61・9・26家月39・4・61、判時1214・116）

事案の概要

○当事者

原告X：Aの妻

被告Y_1、Y_2：Aと先妻との間の子

被告Y_3：Aの母（遺言執行者）

関係者A：被相続人（昭56・4・28死亡）

○事実経過

昭53・8・29	A、先妻と調停離婚
昭55・8・6	A、Xと再婚
昭55・11・19	A、胃癌のため入院
昭55・12・18	A、Y_3とA弟が弁護士を同道した際、甲（土地建物）をXとY_1の共有、乙（Y_3所有建物の底地）をXの単独所有に相続させる旨の遺言書を作成
昭55・12・20	A、甲をXの単独所有とし、乙をXとY_1の共有とする旨の遺言書を作成

昭55・12・22	A、甲をXの単独所有とし、乙をXとY_1の共有とする旨の遺言書を作成
昭56・2・7	A、甲をY_1の単独所有、乙をXとY_1の共有とする遺言書（押印を欠くもの）を作成、Y_1に交付
昭56・2・8	A、小切手振出を口実にXから実印を受け取り、Aに代わって押捺するよう指示して実印をY_1に交付、Y_1遺言書に押捺
昭56・4・28	A、死亡。相続開始。遺産は、甲及び乙のみ
昭56・10・30	X、Y_1に対し、遺留分減殺の意思表示

当事者の主張

○原告（X）の主張

遺留分減殺の目的物が複数ある場合には、遺留分権利者に減殺の目的物選択権があると解されるので、Xは第一次的に遺留分を侵害している甲についてのみ減殺する。仮に、上記選択権が認められない場合には、第二次的に甲及び乙について減殺をする。

裁判所の判断

Xは遺留分権利者には減殺の対象を選択する権利がある旨主張するけれども、上記のように解すべき法文上の根拠はないし、これを認めると減殺者に恣意を許すことになり、また、その後に予想される遺産分割等の内容を減殺者が一方的に先取りしてしまうことにもなるので減殺者に上記選択権を認めることはできないから、Xの上記主張は採用できない。したがって、本件では甲と乙双方についてそれぞれ遺留分の割合に応じて持分権が減殺者に移転し共有関係が生じるものと解するのが相当である。

コメント

遺留分減殺請求権の行使については、まず、遺贈を減殺し（民1033）、複数の遺贈がある場合にはその目的の価額の割合に応じて減殺し（民1034）、次に贈与を減殺し、時期の異なる複数の贈与がある場合には後の贈与から始め、順次前の贈与に及ぶ（民1035）。

同一人に対し複数の物件が遺贈された場合、これを複数の遺贈ととらえれば、民法1034条の適用場面ということになるが、民法1034条は、複数の遺贈が数人の受遺者に対してなされたことを前提とし、受遺者相互間の公平を図る見地から設けられた規定であると解されており、同一人に対し複数の物件が遺贈された場合には適用がない。

遺留分減殺請求は、遺留分を保全するに必要な限度において行わなければならないから、この理を物件単位で考えれば、その一部の物件のみを減殺請求の対象とし、かつ、その選択を遺留分権者ができるとする解釈も成り立つ。

しかしながら、遺留分権者に減殺対象の選択権を認めると、受遺者にとって必要不可欠な物件を、さしてそれを必要としない遺留分権者が狙い打ち的に選択しても容認せざるを得ず、遺留分権者の恣意を許し、紛争を激化させる結果となる、また、共同相続人相互における遺留分減殺の場合には、常に遺産分割の前提問題として機能するが、選択権を認めると、遺産分割内容を遺留分権者が一方的に先取りしてしまうことになるが、生前贈与や遺贈に現れた被相続人の意思を考慮すると、必ずしも適切とも言い難いし、紛争解決を困難にする。

裁判例には、同一人への1個の遺贈・贈与の目的物が複数あるとき、遺留分権利者が減殺すべき物件を選択して減殺請求できるとするものがあったが（前橋地判昭32・６・６下民８・６・1070等）、その後、これを明確に否定する裁判例（徳島地判昭46・６・29下民22・５－６・716、判時643・84ほか、山口地判昭51・３・31判時837・87ほか（**第２章・事例９**）、千葉地判昭56・12・24判タ469・229等）が現れ、現在は、実務として定着したものと考えられる。学説も遺留分権利者の選択権を否定する見解が大勢を占める。

本判決は、遺留分権利者の減殺対象物件の選択権を否定したものであり、選択権否定説へと定着する実務の流れを支えたものの１つである。

参考判例

○１個の遺贈による数個の物件の所有権移転処分が減殺された場合、減殺者に減殺物件選択の余地はないとされた事例（徳島地判昭46・６・29下民22・５－６・716、判時643・84ほか）

○遺留分権者は、財産を選択特定して減殺請求した後でも、総遺産の割合的な減殺請求に変更することができるとされた事例（千葉地判昭56・12・24判タ469・229）

13　遺贈、死因贈与及び生前贈与がある場合の減殺の順序

死因贈与は、遺贈に次いで、生前贈与より先に減殺の対象とすべきであるとされた事例

（東京高判平12・3・8高民53・1・93、判時1753・57ほか）

事案の概要

○当事者

控訴人X：長女

被控訴人Y_1：二女

被控訴人Y_2：三女

関係者A：被相続人（平7・7・31死亡）

Aの相続人は、長男Z、長女X、二女Y_1、三女Y_2、養子亡Bの子であるD及びEである。

○事実経過

平3・5・19	AとXとの間に、AがXに東京建物と本件借地権を死因贈与する旨の契約が締結された。
平3・5・28	Aは、同日付遺言書で、Zに対し横浜土地及び横浜建物を、Xに対し東京建物を、Y_1及びY_2に対し預貯金を相続させる旨の遺言をした。
平7・7・31	Aが死亡し、相続が開始

平7・11・11	Y_1及びY_2は、X及びZに対し、同日到達の書面で、遺留分減殺請求の意思表示をした。
平9	Y_1及びY_2は、X及びZを被告として、遺留分減殺請求の訴えを提起した。
平11・8・20	第一審判決は、上記遺言は、遺産分割方法の指定と解すべきであるところ、死因贈与と遺贈とは同じ順序で減殺されるべきであるから、上記死因贈与と遺贈（遺産分割方法の指定）とを同順位で減殺の対象とするとして、Y_1及びY_2の請求を一部認容した。 これに対し、Xのみが控訴した。

裁判所の判断

死因贈与は、贈与者の死亡によって効力を生ずるのであり、この点で遺贈と同じであり、また、民法554条は、死因贈与は「遺贈に関する規定に従う」と定めているのであるから、死因贈与も遺贈と同じ順序で減殺されるものと解する余地もないではないが、他方、死因贈与も、生前贈与と同じく契約締結によって成立するものであるという点では、贈与としての性質を有していることは否定すべくもないのであるから、死因贈与は、遺贈と同様に取り扱うよりはむしろ贈与として取り扱うのが相当であり、ただ民法1033条及び1035条の趣旨にかんがみ、通常の生前贈与よりも遺贈に近い贈与として、遺贈に次いで、生前贈与より先に減殺の対象とすべきものと解するのが相当である。そして、特定の遺産を特定の相続人に相続させる旨の遺言による相続は、上記の関係では遺贈と同様に解するのが相当である。

コメント

本件は、被相続人のした相続人の一名に対する死因贈与及び特定の遺産を特定の相続人に相続させる旨の遺言により遺留分を侵害されたとする相続人からの遺留分減殺請求につき、死因贈与と特定の遺産を特定の相続人に相続させる旨の遺言とをどのような順序で減殺すべきかが争われた事案である。

ところで、民法1033条は、生前贈与については、遺贈を減殺した後でなければ、これを減殺することはできない旨規定しており、これは強行規定であると解されている（**第2章・事例14**のコメントを参照のこと）。そして、死因贈与を、生前贈与あるいは遺贈との関係において、どのような順序で減殺するかについては、次の2つの説がある。まず、死因贈与には遺贈に関する規定が準用される（民554）ところ、その理由は、死因贈与が相続人に帰属する財産の処分という点で遺贈と同一の性格を持つからであるとされていること、死因贈与の取消しには遺言の撤回に関する民法1022条がその方式に関する部分を除いて準用されること（最判昭47・5・25民集26・4・805、判時680・40ほか）から、死因贈与を遺贈と同視して減殺すべきであるとする説（柚木馨『判例相続法論』427頁（有斐閣、1953））があり、東京家裁昭和47年7月28日審判（家月25・6・141、判時676・55）は、傍論ではあるが、民法1033条が贈与よりも遺贈を先に減殺すべきであるとした趣旨が遺贈が遺留分権利者を害すべき最後のものであることから生前贈与と区別されるべきであることなどから、民法1033条の適用に当たっては死因贈与を贈与ではなく、遺贈に準じて扱うべきであると判示した。一方、死因贈与は、契約によって成立し既に権利義務関係が確定し、自由に撤回できないこと、贈与者が死因贈与による所有権移転の仮登記を認めている場合などを考慮すれば、遺贈とは異なる取扱いを要することなどから、死因贈与を贈与に準じるものとし、贈与間では、もっとも新しい贈与であるとして、遺贈、死因贈与、生前贈与の順に減殺すべきであるとする説（加藤永一『遺留分』42頁（一粒社、1980）、中川善之助＝加藤永一編『新版注釈民法㉘』493頁（有斐閣、補訂版、2002）、松原正明「判批」判タ1065号186頁、山下寛ほか「遺留分減殺請求訴訟を巡る諸問題（下）」判タ1252号29頁）があり、これが多数説である。本件の第一審判決は、死因贈与を遺贈とみてこれを同順位で減殺するという前者の説を採用したが、本判決は、遺贈を贈与に準じて、遺贈、死因贈与、生前贈与の順に減殺するという後者の説を採用したものである。

なお、特定の遺産を特定の相続人に「相続させる」旨の遺言は、遺言書の記載から、その趣旨が遺贈であることが明らかであるか又は遺贈と解すべき特段の事情のない限り、当該遺産を当該相続人をして単独で相続させる遺産分割の方法が指定されたものと解すべきであるとされている（最判平3・4・19民集45・4・477、判時1384・24ほか）。本件の遺言については、第一審判決及びこれを引用した本判決とも、この遺言の趣旨を遺産分割の方法の指定であると解しているが、本判決は、民法1033条の適用については、「遺贈」と同様に解すべきであるとしたものである（なお、相続分の指定を遺贈に準じるものとして遺贈と同順位で減殺すべきであるとする説としては、蕪山厳ほか『遺言法体系』456頁（西神田編集室、1995）、柚木・前掲書427頁、泉久雄＝野田愛子編『民法Ⅹ（相続）』708頁（青林書院、1995）がある。）。本判決は、遺産分割方法の指定を遺贈と同様に解すべき理由を明示していないが、上記裁判所の判断を斟酌すれば、当該遺産分割方法の指定は、遺言者の死亡によって効力を生ずる点が重視されたものと考えられる。

参考判例

○民法1033条の適用に当たっては死因贈与を贈与ではなく、遺贈に準じて扱うべきである（東京家審昭47・7・28家月25・6・141、判時676・55）

14　遺贈より前に贈与の減殺をすることの可否

遺留分減殺の順序について、当事者が、贈与は遺贈を減殺した後でなければこれを減殺することができないとする民法1033条の規定と異なる別段の意思表示をしても、遺贈の減殺をもって遺留分を保全するに足りる限り、贈与の減殺の請求は無効であるとされた事例

（高松高決昭53・9・6家月31・4・83）

事案の概要

○当事者

抗告人Ｘ：遺留分権利者

相手方Ｙ：共同相続人の一人

○事実経過

――	原審家庭裁判所は、被相続人から贈与及び遺贈を受けた共同相続人の一人であるＹと遺留分権利者であるＸとの間で、遺贈と贈与を同一の順序で減殺することに異存がない場合において、この意思に沿った減殺の処理が許されるとの見解の下に、Ｙに対する遺贈の減殺のみならず、Ｘの遺留分を保全するに必要な限度を超えて、Ｙに対する贈与についても減殺の効力を認め、これを前提として遺産分割の審判をした。

裁判所の判断

贈与は、遺贈を減殺した後でなければ、これを減殺することができないことは、強行規定とされる民法1033条の明記するところであり、かつ、減殺の請求は同法1031条により遺留分を保全するに必要な限度で許されるにすぎないから、減殺の順序に関し、たとえ当事者が別段の意思を表示したとしても、遺贈の減殺をもって遺留分を保全するに足る限り、遺留分権利者のした贈与の減殺の請求はその効力を生じないと解すべきである。

コメント

民法1033条は、贈与は遺贈を減殺した後でなければ、これを減殺することができない旨定めている。この規定は、遺留分制度の趣旨が遺産の一部を遺留分権利者に確保することにあることから、まず効力の発生した遺贈を対象とし、それで不足の場合に、既に遺産から逸脱した贈与を対象とすることによって、遺留分権利者の保護と法律関係の安定を調和させようとしたものであるとされ、これが強行規定であることは学説上争いがない（中川善之助＝加藤永一編『新版注釈民法(28)』491頁（有斐閣、補訂版、2002）、泉久雄＝野田愛子編『民法Ⅹ（相続）』707頁（青林書院、1995））。そこで、当事者が、この規定と異なる合意をしても、その効力を有しないことになる。本決定は、これに沿うものであり、当事者が、減殺の順序に関して別段の意思表示をしても、遺贈、贈与の順に減殺をすべきであるとして、原審判を取り消したのである。

なお、本件と事案を異にするが、死因贈与がある場合に、これをどのような順序で減殺するかについては、死因贈与を贈与と同様に解する説と遺贈と同様に解する説とがあり、後者に沿う裁判例（東京家審昭

47・7・28家月25・6・141、判時676・55、ただし傍論）もあるが、前者の見解に立った上で、遺贈、死因贈与、生前贈与の順に減殺すべきであるとするのが多数説であり、東京高裁平成12年3月8日判決（高民53・1・93、判時1753・57ほか）はこれに沿うものである（なお、詳細は、**第2章・事例13**を参照）。

参考判例

○遺贈、死因贈与及び生前贈与が存在する場合の遺留分減殺は、まず遺贈、次いで死因贈与、最後に生前贈与の順に行われるべきであるとされた事例（東京高判平12・3・8高民53・1・93、判時1753・57ほか）

15　贈与の時期を異にする数個の贈与財産に対する遺留分減殺請求権の行使方法

遺留分権利者が減殺権を行使するにはその遺留分を保全するに必要な限度を指定すべきであるが、生前贈与等により他に相続財産がほとんどなく、相続開始時における具体的な遺産の価額が減殺請求権者にとって不明であるときは、その指定方法として、遺産の具体的な価額に基づかない単純な割合で、上記限度を指定しても差し支えないとされた事例

（名古屋高決昭45・12・９家月23・７・44、判タ269・327）

事案の概要

○当事者

原審申立人Ｘ：Ａの妻（国立療養所で結核療養中）

原審相手方Ｙ：Ａの長男（Ａの死亡後、家業を継ぎ、妻子と共に遺産家屋に居住）

関係人Ａ：被相続人（昭40・５・20死亡）

関係人Ｂ：Ａの二女

○事実経過

昭39・11・14 昭39・12・９ 昭39・12・22	Ａ、３回に分け、遺産家屋を含むほぼ全財産をＹに贈与
昭40・５・20	Ａ、死亡し、相続開始。法定相続人は、配偶者Ｘ、長男Ｙ、二女Ｂである。

昭40・9・26	X、Yに対し、遺留分減殺の意思表示したが、その際、全部の贈与につき、単純な割合で限度を指定
昭45・3・16	Xが申し立てた遺産分割審判に対し、贈与財産が全遺産であるとして、Yにその全てを取得させるとともに、遺留分相当額の金員をXに支払うことを命じる審判がなされた。X、Y双方から抗告

当事者の主張

○原審相手方（Y）の主張

Xの遺留分減殺の意思表示は、贈与の時期を異にする複数の贈与財産につき、遺産の具体的な価額に基づかない単純な割合で、かつ、減殺されるべき贈与を特定せずになしたものであり、遺留分減殺請求権の行使方法として不適法である。

裁判所の判断

遺留分権利者が減殺権を行使するにはその遺留分を保全するに必要な限度を指定すべきであるが、生前贈与等により他に相続財産がほとんどなく、相続開始時における具体的な遺産の価額が減殺請求権者にとって不明であるときは、その指定方法として、遺産の具体的な価額に基づかない単純な割合で、上記限度を指定しても差し支えない。贈与の時期を異にする数個の贈与財産に対して遺留分の減殺請求をする場合、後の贈与から遺留分を保全するに必要な限度で減殺すべきであるとしても、遺留分権利者の遺留分を保全する限度でその効力は発生すると解されるから、概括的な減殺方法が違法であるとはいえない。

コメント

贈与の時期を異にする複数の贈与がある場合は、新しい贈与から古い贈与へとさかのぼって減殺の対象とする（民1035)。贈与の減殺は、二次的・補充的であり、相続開始時に近い贈与ほど遺留分侵害の直接の原因となっていること、古い贈与ほど安定した地位を持ち、取り戻された場合の事後処理に困難を生じる度合いが大きいことがその理由である。

贈与の先後関係の判断については、贈与契約の先後によるのか、履行の先後によるのかという説の対立があるが、贈与契約の先後によるとするのが通説のようであり、不動産の贈与の場合についても、登記時ではなく、契約時を基準として先後関係を決する。

同日付の複数の贈与は、反証がない限り同時に行われたものと推定される（大判昭9・9・15民集13・1792（**第2章・事例11**））。

複数の贈与が同時に効力を生じ、かつ、その全部を減殺する必要がない場合は、遺贈の割合減殺に関する民法1034条の規定を類推して、複数の贈与を割合的に減殺すると解されている。

本判決は、贈与の時期を異にする数個の贈与財産に対する遺留分減殺請求権行使について、概括的な行使方法を認めた。

遺留分減殺は、遺留分保全に必要な限度で行うべきであるから、本来であれば、贈与の時期を異にする複数の贈与財産であれば、遺留分保全に必要な限度で新しい贈与から減殺の対象とすべきであるが、遺留分権者にとって、複数ある数個の贈与財産の契約の先後や、それらの価額が明確であるとは限らないから、厳格さを要求するのは酷である。

本判決は、生前贈与等により他に相続財産がほとんどなく、相続開始時における具体的な遺産の価額が減殺請求権者にとって不明である場合と条件を付しながらも、遺産の具体的な価額に基づかない単純な割合で、概括的な減殺方法を認めたものであり、実務上参考になろう。

16　受遺者への生前贈与の否認と遺留分減殺の意思表示

訴訟中、受遺者への生前贈与を否認していたとしても、同否認に贈与が認められた場合には遺留分減殺をする旨の意思表示を包含しているものと解釈することはできないとされた事例

（最二小判昭25・４・28民集４・４・152、判タ３・47）

事案の概要

○当事者

上告人Ｘ：家督相続人甲の実兄、債権者

被上告人Ｙ：Ａの妻、甲の養母

関係者Ａ：被相続人（昭17・10・28死亡）

関係者Ｂ：ＡとＹの養子

○事実経過

昭14・８・26	Ａ、Ｙ、Ｂと養子縁組
昭16・４・17	Ｂ、Ｙの姪と婚姻
昭17・８	Ｂ、Ａ、Ｙと円満を欠き、同家の財産は何も欲しないと言い残し転居
昭17・８末頃	Ａ、Ｙへ全財産を贈与
昭17・10・28	Ａ、死亡。家督相続人甲

昭19・9・18	X、Bへの貸金請求事件の判決正本に基づき、Y方の動産を差押え
昭19	Y、差押動産が自らに帰属するとして、当該強制執行に対し異議申立て
昭21・9・16	Y、第一審口頭弁論において、差押動産はAから贈与されたと主張。Xは、AからYへの贈与を否認したが、第一審は贈与を認め、Yの請求を認容した。
昭23・9・27	X、第二審口頭弁論において、減殺請求
昭23・12・27	第二審は、AのYへの贈与を認めるとともに、Xの遺留分減殺請求の主張に対し、相続開始及び減殺すべき贈与があったことを知った時点から1年内に行われていないから、減殺請求権は時効消滅しているとし、Xの控訴を棄却した。

当事者の主張

○上告人（X）の主張

家督相続の全財産が贈与された場合にその贈与を全面的に否認することは、否認が認められず贈与が認められる場合には家督相続財産につき遺留分に基づき減殺請求権を行使する旨の主張を包含していると解すべきであるから、減殺すべき贈与があることを知った時点から1年内に減殺請求権を行使している。

裁判所の判断

上告人が第一審口頭弁論において、被上告人主張にかかる本件贈与の事実を全面的に否認したとしても、同否認は、本件贈与の事実の存在を争うにすぎず、本件贈与が認められる場合には家督相続財産につき遺留分に基づき減殺請求権の意思表示を行使する旨の積極的な意思表示を包含すると解釈することはできない。

コメント

どのような行為があれば遺留分請求権の行使があると判断すべきか。

遺留分減殺の意思表示は、要件の面からみると、具体的な財産について、被相続人による有効な生前贈与等がされていること、したがって、当該財産が被相続人の遺産分割の対象となるべき財産から離脱していることを前提としてされるものであるから、遺留分減殺の意思表示を有効にするためには、当該財産について有効に生前贈与等がされていることを認識し、仮定的にせよこれを容認していることが必要である。また、効果の面からみると、意思表示の結果、生前贈与等の対象財産について、これを受けた者と遺留分減殺の意思表示をした者との間に遺留分に相当する部分についての物件変動を当然に生じさせるものである（東京高判平４・７・20家月45・６・69、判時1432・73参照）。

そうすると、問題となった行為につき遺留分減殺の意思表示が包含されているとみることができるかは、上述の要件面、効果面から考察していく必要があろう。

本判決は、生前贈与の事実を否認することは、遺留分減殺の意思表示を包含するものではないとしたものであるが、遺留分減殺の意思表示の要件面からの考察からすれば、当然の結論といえる。

ただ、遺産をめぐって厳しく対立している場合には、仮定的にせよ生前贈与等が有効になされた旨を認めることは関係相続人にとって感情面で受け容れがたいとして、遺留分減殺の主張を正面からしづらいという面が問題の背景にあると思われる。

参考判例

○遺産分割協議の申入れ又は遺産分割調停の申立てが遺留分減殺の意思表示を含むものとは認められないとされた事例（東京高判平４・７・20家月45・６・69、判時1432・73）

○遺贈が無効であるとして、遺産の分割の申立てがなされた場合には、当該申立てに遺留分減殺請求の意思表示は含まれる余地はないとされた事例（高松高決昭40・３・27家月17・７・128、判タ189・196）

○被相続人が共同相続人の一人に対し全財産を相続させる旨の遺言をした場合、他の共同相続人が受遺者が全財産を一人占めにすることを肯んじず、自己の分け前を要求して遺産分割協議書への押印を拒否したときは、遺留分減殺請求権の行使があったといえるとされた事例（京都地判昭60・４・30金判721・32）

17　遺産分割協議の申入れ又は遺産分割調停の申立てと遺留分減殺の意思表示

共同相続人の一人に生前贈与された財産を未分割遺産の一部と明示してされた遺産分割協議の申入れ又は遺産分割調停の申立てには遺留分減殺の意思表示が含まれないとされた事例

（東京地判平３・９・20判タ788・259）

事案の概要

○当事者

原告X_1、X_2：二女、四女

被告Ｙ：長男

関係者Ａ：被相続人（昭52・８・１死亡）

関係者Ｂ：長女

○事実経過

昭22・４	Ａ、甲（土地建物）を買い受け、Ｙへ贈与、昭和22年９月25日売買を原因としてＹへ所有権移転登記
昭35・４	Ａ、乙（建物）を建て、Ｙへ贈与。Ｙ、昭和36年６月23日所有権保存登記
昭52・８・１	Ａ死亡し、相続が開始。法定相続人は、Ｂ（長女）、X_1（二女）、X_2（四女）、Ｙ（長男）の４人
昭53・２・１	Ｘら及びＢの代理人弁護士、Ｙの代理人弁護士に対

	し、甲、乙がＡの遺産の一部として含まれることを前提に遺産分割協議申入れ
昭53・３・４	同上。Ｙの代理人弁護士、甲、乙が遺産の一部に含まれることを前提とする協議には一切応じられないとし、話合い決裂
昭53・６・23	Ｘら及びＢ、甲を遺産の一部として、Ｙを相手方とする遺産分割調停申立て
昭54	Ｂ、Ｙに対し、甲につき主位的に所有権移転登記手続等（甲650分の350は元々Ｂ固有の財産であり、その余はＡの財産であったが、Ａから死因贈与を受けたから甲全部がＢの所有に帰属する。）、予備的に４分の１の共有持分移転登記手続等（甲全部がＡの財産であったとしても相続で４分の１の共有持分を取得した。）を求めて訴えを提起（別件訴訟）
昭55	Ｘら、別件訴訟へ当事者参加。別件訴訟において、甲はＡからＹへ生前贈与されたと認定され、Ｂ、Ｘらの敗訴が確定
平２	Ｘら、遺留分減殺請求訴訟を提起

当事者の主張

○原告（Ｘ）の主張

Ｘらは、遺産分割協議の申入れ及び遺産分割調停の申立てにおいて、甲及び乙がＡの遺産であるとして各４分の１の共有持分権を主張しており、同主張は、遺留分減殺請求権を行使した場合の50分の３の共有持分権の主張を上回っているから、同申入れ又は申立てには、遺留分減殺の意思表示が当然に含まれていると解すべきである。

裁判所の判断

被相続人から生前に贈与され、又は遺贈された財産について遺留分減殺の意思表示がされた場合には、法律上当然に減殺の効力が生じ（最判昭41・７・14民集20・６・1183、判時458・33ほか（**第２章・事例１**））、当該財産の処分行為はその遺留分権者の遺留分を侵害する限度で効力を失い、上記失効した部分の権利は当該遺留分権者に移転することとなると解される。このように、遺留分減殺の意思表示は、これを契機に新たな権利関係を形成するものであるから、明確にされなければならないというべきものである。

ところで、被相続人による生前贈与の対象となった財産についての遺留分減殺の意思表示をその要件の面からみると、具体的な財産について、被相続人による有効な贈与がされていること、すなわちこれが被相続人の遺産分割の対象となるべき財産から離脱していることを前提としてされるものであるから、遺留分減殺の意思表示を有効にするためには、当該財産について有効に生前贈与がされていることを認識し、仮定的にせよこれを容認していることが必要である。また、遺留分減殺の意思表示をその効果の面からみると、その意思表示の結果、前記のとおり、生前贈与の対象財産について、これを受けた者と遺留分減殺の意思表示をした者との間に遺留分に相当する部分についての物権変動を当然に生じさせるものである。

これに対して、遺産分割の協議の申入れ又は調停の申立ては、具体的な財産が被相続人の遺産として未分割の状態にあり、全相続人の遺産共有状態にあることを前提として、これらを各相続人に具体的相続分に応じて分割することを求めてされるものであって、その効果の面からみても、この申入れ又は申立てによって、直ちに何らかの権利変動を生じさせる意思表示でもない。

このように遺留分減殺の意思表示と遺産分割の協議の申入れ又は調停の申立てとは、その要件及び効果の面で本質的に異なるものといわざるを得ない。したがって、遺産分割の協議の申入れ又は調停の申立てがあったからといって、前記のように明確であることが要請される遺留分減殺の意思表示が当然にあったとみることはできない。

コメント

遺留分減殺請求権の行使は、意思表示の方法によればよく、必ずしも裁判上の請求による必要はない（前掲・最判昭41・7・14）。

遺留分減殺の意思表示があったか否かが問題となることがあり、遺産分割協議の調停や審判の申立て、訴訟外における遺産分割協議の申入れ等に遺留分減殺の意思表示が含まれているとみることができるかが争われてきた。

この点については、法定相続分は遺留分を上回るものであるから、法定相続分による分割を求める遺産分割協議の申入れや調停の申立てには当然遺留分減殺の意思表示が含まれるとする積極説がある。この説は、特に共同相続人間においては遺産分割請求と遺留分減殺請求とを完全に切り離し得ないとして、遺産分割協議の申入れや調停の申立てと遺留分減殺請求とが遺産相続に際して被相続人の財産を取得しようという点で同性質のものととらえた上で、大（遺産分割）は小（遺留分減殺）を兼ねるという考えに立ったものと推測される。

本判決は、遺留分減殺請求が、被相続人の有効な処分により相続財産から離脱した財産を対象とするものであり、被相続人の処分を認識し（仮定的にせよ）容認した上でなされ、その効果として、遺留分を侵害している限度で当該処分の効力が失われ、上記失効した部分の権利が当該遺留分権者に移転するものであるのに対し、遺産分割協議の申入れ又は調停の申立てが、具体的な財産が全相続人の遺産共有にあることを前提として相続財産を対象とし、この申入れ又は申立てにより権利変動を生じさせるものではないとして、両者が要件及び効果の面いずれの点でも異なるから、遺産分割協議の申入れ又は調停の申立てには当然に遺留分減殺の意思表示が含まれるものではないとの立場を明らかにしたものである。

同旨の判断は、高松高裁昭和40年３月27日決定（家月17・７・128、判タ189・196）、東京高裁平成４年７月20日判決（家月45・６・69、判時1432・73）（本判決の控訴審判決である。）、東京地裁平成４年８月31日判決（金法1375・116）でもなされており、被相続人の全財産が相続人の一部に遺贈された場合の遺産分割協議の申入れについての最高裁平成10年６月11日判決（民集52・４・1034、判時1644・116ほか（**第２章・事例18**））も、「遺産分割と遺留分減殺とは、その要件、効果を異にするから、遺産分割協議の申入れに、当然、遺留分減殺の意思表示が含まれているということはできない。」と判示しており、結論は異なるものの基本的な判断は同じである。

裁判実務としては確定した考え方といえよう。

ただし、遺産全部が相続人の一部の者に包括遺贈され、かつ、遺留分請求権を行使する者が包括遺贈の効力を争っていない場合は別論である。遺産全部が相続人の一部の者に包括遺贈されてしまった場合には、包括遺贈の効力を争わない限り、他の相続人が遺産の配分を求める根拠は、法律上、遺留分減殺によるしかないのであるから、「遺産分割協議」と銘打っていたとしても、当該申入れは、遺留分減殺の意思表示を含むものとみるのが合理的である。同様の理は、遺贈の対象が遺産の全部ではなく他に遺産分割の対象たる財産が存在しているときでも、遺贈の対象たる財産に比して僅少である場合にも妥当する。

前掲の最高裁平成10年6月11日判決は、上述のとおり、遺産分割協議の申入れに、当然、遺留分減殺の意思表示が含まれているということはできないと判示した上で、遺産全部が相続人の一部の者に包括遺贈され、かつ、遺留分請求権を行使する者が包括遺贈の効力を争っていない場合、遺産分割協議の申入れに遺留分減殺の意思表示が含まれていると判断した。

被相続人が共同相続人の一人に対し全財産を相続させる旨の遺言した場合、他の共同相続人が受遺者が全財産を一人占めにすることを肯んじず、自己の分け前を要求して遺産分割協議書への押印を拒否したときは、遺留分請求権の行使があったといえると判断した京都地裁昭和60年4月30日判決（金判721・32）もこの系譜にあるものといえよう。

参考判例

○遺贈が無効であるとして、遺産の分割の申立てがなされた場合には、当該申立てに遺留分減殺の意思表示が含まれる余地はないとされた事例（高松高決昭40・3・27家月17・7・128、判タ189・196）

○遺産分割協議の申入れ又は遺産分割調停の申立てが遺留分減殺の意思表示を含むものとは認められないとされた事例（東京高判平4・7・20家月45・6・69、判時1432・73）

○遺産分割調停の申立てには黙示的にも遺留分減殺の意思表示を含むものとは認められないとされた事例（東京地判平4・8・31金法1375・116）

18　遺産分割協議の申入れと遺留分減殺の意思表示

被相続人の全財産が相続人の一部の者に遺贈された場合において、遺留分減殺請求権を有する相続人が、遺贈の効力を争うことなく、遺産分割協議の申入れをしたときは、特段の事情のない限り、その申入れには遺留分減殺の意思表示が含まれているとされた事例

（最一小判平10・６・11民集52・４・1034、判時1644・116ほか）

事案の概要

○当事者

上告人X_1、X_2：Ａの実子

被上告人Ｙ：Ａの養子

関係人Ａ：被相続人（平５・11・10死亡）

○事実経過

昭63・７・20	Ａ、全財産をＹに遺贈する旨の公正証書遺言を作成
平５・３・11	Ａ、Ｙと養子縁組
平５・11・30	Ａが死亡し、相続開始。法定相続人は、Ｘら及びＹ
平６・２・９	Ｘら、Ａの遺言執行者から公正証書遺言の写しの交付を受け、減殺すべき遺贈の存在を知る。
平６・９・14	Ｘら代理人弁護士、Ｙに対し、「貴殿のご意向に沿って分割協議をすることにいたしました。」と記載した普通郵便を送付、Ｙ、その頃受領

平6・10・28	Xら代理人弁護士、Yに対し、遺留分減殺の意思表示を記載した内容証明郵便を送付したが、Y不在のため配達されず。Y、書留郵便が送付されたことを知ったものの、仕事多忙を理由に受領に赴かなかったため、留置期間経過後、Xら代理人弁護士へ返送
平6・11・7	Y、Xら代理人弁護士に対し、多忙のため郵便物受け取れない、遺産分割をするつもりはない旨を記載した書面を送付
平7・3・14	Xら代理人弁護士、Yに対し、Xらの遺留分を認めるか否かを照会する普通郵便を送付、Y、平成7年3月16日までに受領
平8	第一審、第二審とも、Xらが減殺すべき遺贈があったことを知った平成6年2月9日の翌日から1年の間にXらが遺留分減殺の意思表示をしたか否かが争われたが、いずれも期間内に遺留分減殺の意思表示はなされておらず、遺留分減殺請求権は時効消滅したとして、遺留分減殺請求権の行使を前提とするXらの請求を棄却

当事者の主張

○上告人（Xら）の主張

Xらの代理人弁護士は、Yに対し、平成6年9月14日付け普通郵便をもって遺産分割協議の申入れをし、Yはこれを受領した。上記遺産分割協議の申入れには、遺留分減殺の意思表示が包含されていた。

裁判所の判断

被相続人の全財産が相続人の一部の者に遺贈された場合には、遺贈を受けなかった相続人が遺産の配分を求めるためには、法律上、遺留分減殺によるほかないのであるから、遺留分減殺請求権を有する相続人が、遺贈の効力を争うことなく、遺産分割協議の申入れをしたときは、特段の事情のない限り、その申入れには遺留分減殺の意思表示が含まれていると解するのが相当である。

コメント

1　遺留分減殺請求権の行使は、必ずしも裁判上の請求による必要はなく、訴訟外における意思表示の方法をもってすることができる（最判昭41・7・14民集20・6・1183、判時458・33ほか（**第2章・事例1**））。そして、遺産分割協議の調停や審判の申立て、訴訟外における遺産分割協議の申入れ等に遺留分減殺の意思表示が含まれているとみることができるか否かが主として問題となってきた。

この点については、法定相続分は遺留分を上回るものであるから、法定相続分による分割を求める遺産分割協議の申入れや調停の申立てには当然遺留分減殺の意思表示が含まれるとする積極説がある。この説は、特に共同相続人間においては遺産分割請求と遺留分減殺請求とを完全に切り離し得ないとして、遺産分割協議の申入れや調停の申立てと遺留分減殺請求とが遺産相続に際して被相続人の財産を取得しようという点で同性質のものととらえた上で、大（遺産分割）は小（遺留分減殺）を兼ねるという考えに立ったものと推測される。

しかしながら、遺留分減殺請求は、被相続人の有効な処分により相続財産から離脱した財産を対象とするものであり、被相続人の処分を認識し（仮定的にせよ）容認した上でなされ、その効果は、遺留分を侵害している限度で当該処分の効力が失われ、上記失効した部分の権利が当該遺留分権者に移転するものであるのに対し、遺産分割協議の申入れ又は調停の申立ては、具体的な財産が全相続人の遺産共有にあることを前提として相続財産を対象とし、この申入れ又は申立てにより権利変動を生じさせるものではないから、両者は相互に矛盾する面を持ち、要件及び効果を本質的に異にする。遺産相続に際して被相続人の財産を取得しようという点で共通するといっても、相続人が生前贈与や遺贈の効力を争い、相続財産から離脱した財産の存在を否定しているような場合、遺産分割協議の申入れに遺留分減殺の意思表示が含まれていると解することは困難である。これらの考え方は、高松高裁昭和40年３月27日決定（家月17・7・128、判タ189・196）、東京地裁平成３年９月20日判決（判タ788・259）（**第２章・事例17**）、東京高裁平成４年７月20日判決（家月45・6・69、判時1432・73）、東京地裁平成４年８月31日判決（金法1375・116）で示されており、本判決も同様な枠組みの上に立っている。裁判実務としては確立した考え方といえよう。

しかしながら、遺産全部が相続人の一部の者に包括遺贈され、かつ、遺留分減殺請求権を行使する者が包括遺贈の効力を争っていない場合は別論である。遺産全部が相続人の一部のものに包括遺贈されてしまった場合には、包括遺贈の効力を争わない限り、他の相続人が遺産の配分を求める根拠は、法律上、遺留分減殺によるしかないのであるから、「遺産分割協議」と銘打っていたとしても、当該申入れは、遺留分減殺の意思表示を含むものとみるのが合理的である。

本判決は、原判決が内容が「極めて簡単なものであって、Ｘらが遺留分減殺請求権を行使することについては全く触れられていない」から遺留分減殺の意思表示が含まれていないと判断した普通郵便での申入れについて、遺産全部が相続人の一部の者に包括遺贈され、かつ、遺留分減殺請求権を行使する者が包括遺贈の効力を争っていない場合には、遺産分割協議の申入れに遺留分減殺の意思表示が含まれると判断して、原判決を破棄したものである。遺産全部が相続人の一部の者に包括遺贈され、かつ、遺留分減殺請求権を行使する者が包括遺贈の効力を争っていない場合には、遺産分割協議の申入れに遺留分減殺の意思表示が含まれるとする考えは、前掲裁判例でも示されていたところであり、遺産分割協議の申入れと遺留分減殺の意思表示との関係を考察する上で、本判決は実務上重要な意義を有する。

2　ところで、包括遺贈の場合には、その効力を争わない限り、遺産の配分を求める根拠は法律上遺留分減殺しかないのであるから、遺産分割協議と銘打っていても、当該申入れが遺留分減殺の意思表示を含むものとみるのが合理的だということになるが、生前贈与された特定の財産を遺産分割の対象に掲げた遺産分割協議の申入れの場合にも、当該生前贈与の効力を争わないのであれば、当該財産を遺産配分の対象（遺留分減殺請求権を行使した結果、遺留分権利者に帰属する権利が遺産分割の対象となる相続財産としての性質を有せず、その解消は共有物分割の問題となる。）とするには遺留分減殺しかない点では同様であり（東京高判平4・7・20家月45・6・69、判時1432・73はこの例を掲げる。）、また、遺贈の対象が遺産全部でなく、他に遺産分割の対象たる財産が存在しているときであっても、それが遺贈の対象である財産に比して僅少であり、遺留分に満たないような場合には、遺産分割協議の申入れは、遺贈の効力を争わないのであれば、遺留分減殺でなければ、分割対象財産以上の遺産の配分を受けることはできないから、これらの場合にも、遺留分減殺請求権を有する相続人が、生前贈与や遺贈の効力を争っていないのであれば、遺留分減殺の意思表示が含まれていると解することができよう。

3　一歩考えを進めると、上記のとおり、遺留分減殺請求と遺産分割協議の申入れとは、要件効果を本質的に異にするものであるが、遺留分減殺請求権を有する相続人が生前贈与や遺贈の効力を争っていないのであれば、要件効果の違いは相対化され、遺産の配分を求めているという点において共通の基盤に立っているとみることもできる。そうすると、焦点は、遺留分減殺請求権を有する相続人が遺産分割協議の申入れをした際、生前贈与や遺贈の効力を争っていないとみることができるか否かということになるようにも思われる。

参考判例

○遺産分割調停の申立てには黙示的にも遺留分減殺の意思表示を含むものとは認められないとされた事例（東京高判平４・７・20家月45・６・69、判時1432・73）

○遺贈が無効であるとして、遺産の分割の申立てがなされた場合には、当該申立てに遺留分減殺請求の意思表示が含まれる余地がないとされた事例（高松高決昭40・３・27家月17・７・128、判タ189・196）

19　被相続人の生前、相続人間で遺留分の放棄について合意している場合に遺留分減殺請求権の行使が権利濫用となる場合⑴

遺留分減殺請求が権利の濫用として許されないとされた事例

（東京高判平４・２・24判時1418・81ほか）

事案の概要

○当事者

原告・被控訴人X_1：長男

原告・被控訴人X_2：三男

被告・控訴人Ｙ：長女

関係人Ａ：Ｘら、Ｙの母。被相続人（昭62・２・10死亡）

関係人Ｂ：Ｘら、Ｙの父、Ａの夫（昭39・７死亡）

関係人Ｃ：二男

○事実経過

昭39・７	Ｂが死亡し、Ｂ遺産（借地権、借地上の旧建物等）をＡのみが相続。長男X_1夫婦が、平日同居し、Ａの生活の面倒をみる。
昭40・８～	X_1、妻とＡとの折り合いが悪く、Ａの同居を打ち切り、Ｙ夫婦が同居してＡの生活の面倒をみるよう依頼。当時、Ｃは就職して日が浅く、X_2は学生。その後X_1夫婦、Ａとの同居解消。Ｘら、Ｙ、Ｃとの間でだれがＡの面倒を見るか話合い続く。X_1の拒絶強

	固。Xら、C、Aの同居をYに強く要望
昭41・4	Y夫婦、公営住宅から旧建物へ移り住み、Aと同居。X_1、13年間は同居してもらいたい意向を示す。Yの夫、老朽化した旧建物の改造、修繕等に多額の費用を支出し、Aの生活費等を負担
昭50〜53	Yの夫、Xに対し、旧建物明渡しを相談するが慰留される。昭和53年11月、A、X_1のマンションで同居を始めるが、3週間で揉め、X_1、Yに引取りを求め、A、再びY夫婦と同居。Yの夫、Aと賃貸借契約締結
昭57〜58	A、長年Y夫婦の世話になっており、今後も面倒を見てほしいため、Y夫婦に報いるため、借地権を処分し所有権の一部を買い取ってYの夫に貸し、同人に建物を建ててもらって一生面倒見てもらいたい、土地所有権は将来、Yに譲りたい旨を表明、Yの夫は、X_1、C、X_2らと相談、了承を得る。
昭58・9・1	A、地主と交渉、借地権と等価交換の方法で甲土地の所有権を取得
昭58・12・24	Yの夫、借地上の旧建物を取り壊し、甲土地上に新建物を新築。Y夫婦とAが入居
昭59・2・12	X_1、C、「A所有の甲土地にたいしては、わたしたちはYに相続させることをみとめて権利を主張いたしません」と記載した書面（本件念書）に署名・捺印。その際、X_1は「A所有の土地の相続に関しては、従来主張せる如く相続権を放棄する事に依存無きも、条件としてAに対する扶養及び一切の面倒を責任をもって実行する事」を書き加える。X_2、本件念書に署名・捺印

昭59・7・3	A、公正証書遺言作成
昭62・2・10	Aが死亡し、相続開始
昭63・2	Xら、遺留分減殺の調停申立て
平元	Xら、遺留分減殺を理由として、甲土地につき、持分８分の１の所有権一部移転登記手続を求めて、訴え提起
平2・11・28	Yは、Xらの請求が権利濫用であるなどと主張したが、第一審は、Yの主張を排斥し、Xらの請求を認容した。

当事者の主張

○被告・控訴人（Y）の主張

Xらは、YにAとの同居を懇願し、その結果、Yに借家権を放棄させ、20年以上にわたり多大な負担を負わせ、対価として甲土地をYに取得させることを合意しておきながら、相続開始後、遺留分に基づく権利を主張するのは、禁反言の法理に反し、Xらの請求は権利の濫用である。

裁判所の判断

上記事実経過、そして、上記事実経過からすれば、遺留分放棄について家庭裁判所の許可の審判の申立てがなされていたとすれば、当然にその許可がなされるべき事案であった。もし遺留分減殺の請求が認容されると、Ｙには、本件遺贈の目的物の価額を弁償することによってその返還義務を免れるだけの資力はないから、Ｙ及びＹの夫は、甲土地及び同地上に建築した新建物の各所有権を処分せざるを得ないことになり、同人らが予期しなかった多大な損害を被ることは必定であるから、Ｘらによる本件遺留分減殺の請求は、信義誠実の原則に反するものであり、権利の濫用に当たるといわざるを得ない。

コメント

1　遺留分減殺請求権の行使についても、信義則又は権利の濫用の法理の適用があることはいうまでもない。すなわち、遺留分制度は、被相続人の財産処分の自由、取引の安全と被相続人の財産に依存して生活する者の生活の安定、相続権の確保、家族財産の公平な分配という相対立する要請の妥協、調整の上に成立しているが、そこでは、被相続人と遺留分権利者との間の身分関係に応じた交流、共同生活、信頼関係等が存在することが想定されているからである。

したがって、被相続人との間の親子関係が破綻したり、夫婦関係が形骸化している場合、あるいは、被相続人の生前に遺留分の放棄について合意に達していたような場合には、遺留分請求権の行使が権利の濫用と認められる場合がある。

ただ、遺留分請求権は、贈与や遺贈等で遺留分を侵害された者について相続権を確保させるものであり、被相続人と相続人との関係がある程度疎遠であっても権利行使を認めることを想定していると解されるし、被相続人と相続人との身分関係に応じた交流、共同生活、信頼関係等が破綻、形骸化し、その者の遺留分を侵害するような贈与や遺贈を行うだけでは足りず、遺留分すら否定したい場合には、本来であれば、それぞれの身分関係に応じた制度、親子、夫婦であれば、離縁（養子の場合）、離婚又は家庭裁判所の審判を要する推定相続人廃除、遺留分放棄であれば家庭裁判所の許可が取られなければならないはずである。

そうすると、遺留分請求権の行使が権利の濫用と認められるのは、仮に法定の手続が取られていれば、比較的容易にこれが認められていた場合であることが少なくとも必要であろうし、権利の濫用と認められる場合は限定的なものとならざるを得ない。

2　後掲の名古屋地裁昭和51年11月30日判決（判時859・80ほか）は、養子の遺留分減殺請求権の行使について、当時68歳で病弱の被相続人を見捨てて家を出て、以来、その死亡に至るまでの25年間（養）子らしいことは何一つせず、ほとんど音信途絶の状態で、事実上の（養）親子関係は消滅していた一方、請求の相手方においては、上記期間（途中で被相続人の養女となった。）いわばその一生をかけて、実子も及ばぬ誠意を尽くし、その財産を守った等の事情のある場合について、遺留分減殺請求権の行使が権利の濫用として許されないとし、また、東京地裁平成4年5月27日判決（金法1353・37）は、妻の遺留分減殺請求権の行使について、妻が昭和19年以降別居し、夫の死亡までの44年間再び同居することなく経過したとしても、別居の理由が戦時下の疎開と夫の愛人との同居であり、また、別居中も夫が妻の生活費を支弁し、関係が完全に形骸化していたとは認められないのみならず、廃除事由に該当するような事情は窺えないとして、遺留分減殺請求権の行使が権利の濫用には当たらないとしたのは、実務上参考になろう。

参考判例

○養子がした遺留分減殺請求権の行使を権利の濫用と認めた事例（仙台高秋田支判昭36・9・25下民12・9・2373）

○遺留分減殺請求が権利の濫用として許されないとされた事例（名古屋地判昭51・11・30判時859・80ほか）

○妻の遺留分減殺請求権の行使が権利の濫用であると認めなかった事例(東京地判平４・５・27金法1353・37)

○裁判上の和解において遺留分の放棄を約していたにもかかわらず、家庭裁判所の許可を得ていなかった場合に、遺留分減殺請求権の行使が信義則に反するとした事例（東京地判平11・８・27判タ1030・242）

20　被相続人の生前、相続人間で遺留分の放棄について合意している場合に遺留分減殺請求権の行使が権利濫用となる場合(2)

裁判上の和解において遺留分の放棄を約したにもかかわらず、家庭裁判所の許可を得ていなかった場合に、遺留分減殺請求権を行使することが信義則に反するとした事例

（東京地判平11・8・27判タ1030・242）

事案の概要

○当事者

原告X_1、X_2：Aの孫（Aの子である亡Cの子）

被告Y_1～Y_3：Aの子

関係者A：被相続人（平7・5・18死亡）

関係者B：Aの夫、Y_1～Y_3の父、X_1、X_2の祖父

関係者C：Aの子（A死亡時、既に死亡）

○事実経過

昭63・9・29	亡Bの土地上にCが建築主となって建築されC名義となっていた建物につき、A、Y_1～Y_3が同建物の所有権は亡Bに帰属していた旨主張した訴訟において、裁判上の和解（以下「本件和解」という。）が成立、亡Cは、土地及び清算金を取得する一方、「将来、Aが死亡した際に、Aから受ける相続分に相当する財産を既に取得することを認め、将来相続分及び遺

	留分を請求しないことを約束する」（以下「本件不請求条項」という。）旨合意した。亡Cが取得した土地は亡Bの遺産土地の4分の1、清算金は当時判明分の金融資産の8分の1に相当
――	A、遺産全部をY_1～$Y_3$3名に相続させる旨の遺言作成
平7・5・18	A、死亡し、相続開始。法定相続人は、X_1、X_2、Y_1、Y_2及びY_3。遺産のうち金融資産は、本件和解時に判明した額の5倍弱に上った。 Y_1～Y_3、X_1、X_2を除外したまま、遺産分割協議
平8・5・9～10	X_1、X_2、Y_1～Y_3に遺留分減殺の意思表示
平10	X_1、X_2、遺留分減殺請求権の行使を主張し、土地共有持分の移転登記請求と金銭給付を求めて提訴したが、Y_1～Y_3はX_1、X_2が実質上、遺留分を先取りし、遺留分放棄を訴訟上の和解で合意しているから、①X_1、X_2の請求は遺留分放棄の合意により失当、②X_1、X_2の請求は信義則に反する、③X_1、X_2に特別受益があり遺留分は認められないと主張して争った。

当事者の主張

○被告（Yら）の主張

本件和解における本件不請求条項は、亡B及びその家族の希望に基づき、Aがいずれ遠くない将来死亡したときに再び兄弟間でトラブルが生じることがないようA死亡時の相続においてCが有する法定相続分に相当する財産をCに先に取得させようというものであるから、本件不請求条項における遺留分放棄は、家庭裁判所の許可と同様の効力を有する。仮に、正規の遺留分放棄と認められないとしても、経緯からすれば、実質的には遺留分はおろか法定相続分すら侵害されていないから、原告ら（Xら）の遺留分減殺請求は信義則に反する。

○原告（Xら）の主張

家庭裁判所の許可を得ない遺留分放棄は無効である、また、遺留分放棄につき家庭裁判所への許可申立てをする等の条項が付加されていないのは本件不請求条項が本件和解成立のために重要な意義を有していなかったから例文として拘束力がない、原告ら（Xら）は被代襲者であるCとは別個、固有の権利を行使している、本件和解成立時点ではAの金融資産が開示されなかったため亡Bが確実に有していた金融資産額の8分の1の額を甘受せざるを得なかったが、Aの金融資産は亡Bが確実に有していた金融資産額の5倍弱と予想外に多額であることからすると、原告ら（Xら）の遺留分減殺請求権の行使は信義則に反しない。

裁判所の判断

遺留分減殺の放棄は、もとより家庭裁判所の許可がなければ効力のない要式行為である。したがって、本件和解における遺留分放棄の合意をもって家庭裁判所の許可に代替し得るという被告ら（Yら）の主張は採用できない。

本件和解により、Cは、土地に関しては、4分の1の持分、すなわち、亡Bの相続によって得られる持分のみならず、Aが死亡した際の相続によって得られる持分もあわせて取得しているところであり、本件条項がその重要性からして、単なる例文などではないことは明白である。

そして、本件においてCの包括承継人である原告ら（Xら）が、家庭裁判所の許可の手続が履践されていないことを奇貨として、遺留分を行使することを認めるならば、本件和解の合意に反し、原告ら（Xら）に二重取りを許すことになり、著しく信義に反することになる。

原告らの遺留分減殺請求は信義に反するもので、許されない。

コメント

1　遺留分減殺請求権の行使についても、信義則又は権利の濫用の法理の適用がある。すなわち、遺留分制度は、被相続人の財産処分の自由、取引の安全と被相続人の財産に依存して生活する者の生活の安定、相続権の確保、家族財産の公平な分配という相対立する要請の妥協、調整の上に成立するものであるが、そこでは、被相続人と遺留分権利者との間の身分関係に応じた交流、共同生活、信頼関係等が存在することが想定されているからである。

したがって、被相続人との間の親子関係が破綻したり、夫婦関係が形骸化している場合、あるいは、被相続人の生前に遺留分の放棄について合意に達していたような場合には、遺留分減殺請求権の行使が権利の濫用と認められる場合がある。

ただ、遺留分減殺請求権は、贈与や遺贈等で遺留分を侵害された者について相続権を確保させるものであり、被相続人と相続人との関係がある程度疎遠であっても権利行使を認めることを想定していると解されるし、被相続人と相続人との身分関係に応じた交流、共同生活、信頼関係等が破綻、形骸化し、その者の遺留分を侵害するような贈与や遺贈を行うだけでは足りず、遺留分すら否定したい場合には、本来であれば、それぞれの身分関係に応じた制度、親子、夫婦であれば、離縁（養子の場合）、離婚又は家庭裁判所の審判を要する推定相続人廃除、遺留分放棄であれば家庭裁判所の許可が取られなければならないはずである。

そうすると、遺留分減殺請求権の行使が権利の濫用と認められるのは、仮に法定の手続が取られていれば、比較的容易にこれが認められていた場合であることが少なくとも必要であろうし、権利の濫用と認められる場合は限定的なものとならざるを得ない。

2　民法が遺留分減殺請求権の事前放棄を家庭裁判所の許可によらしめたのは、古い家長制度の因習の下、長子でない者が不当にその相続権を事前に剥奪されることのないよう、自由意思に出たものであるかどうか、遺留分権利者の利益を不当に害するものではないかどうか、均等相続の理念に反しないかどうか、慎重を期するためであるから、遺留分減殺請求権の事前放棄の合意が、このような制度趣旨に反するおそれのないようなものであるか否か、慎重な検討をする必要がある。裁判上の和解であれば、自由意思に基づくものであろうし、多くの場合、遺留分請求権の事前放棄と対価性のある条件が和解条項として明示されていよう。

本判決は、遺留分の事前放棄の合意が、①地方裁判所の裁判官の主宰する和解手続において、②遺留分又はそれを超えるような財産の取得との対価関係においてなされている場合について、遺留分減殺請求権の行使が権利濫用となる旨判示したものであり、実務上、重要な意義を有する。

参考判例

○共同相続人である兄弟による遺留分の事前放棄が約定され家裁の許可の審判の申立てをしていれば許されるべき事情にあったことなどを理由として、兄弟による遺留分減殺請求権の行使が権利濫用として許されないとされた事例（東京高判平４・２・24判時1418・81ほか）

○共同相続人の一人が、被相続人の生前に相続放棄の意思を表示したとしても、生前の相続放棄について規定を設けていない現行法の下では、その効力を否定せざるを得ないとした事例（東京家審昭52・９・８家月30・３・88）

21　遺留分減殺請求権の行使により遺留分権利者に帰属する権利の性質(1)

遺留分減殺により共有となった土地の共有物分割と遺産分割と併せて行うことは原則として許されないとされた事例

（東京高決平５・３・30家月46・３・66、判時1459・130）

事案の概要

○当事者

抗告人X_1：Ａの長男

抗告人X_2～X_4：X_1の妻、X_1の長男及びX_1の二男。なお、いずれもＡの養子でもある。

相手方Y_1～Y_9：Ａの子、X_1の兄弟

相手方Y_{10}～Y_{13}：Ｂ（Ａの子）の妻と子３人

関係者Ａ：被相続人（昭63・３・14死亡）

関係者Ｂ：Ａの子（平４・３・15死亡）

○事実経過

昭61・10・31	Ａ、35筆の土地（現況農地、都市計画法上の指定は、８筆が第１種住居専用地域、27筆が農業振興地域）をX_1へ贈与
昭63・３・14	Ａ、死亡。相続開始。遺産は、８筆の土地と１棟の建物と預金。１筆の土地上には、もとＢ所有の建物

	があり、Y_{10}ないしY_{13}が居住、店を営む。１棟の建物には、X_1、X_2、X_4が居住し、その余の７筆は、１筆の土地上にX_3が建物を建て居住するなど、X_1ないしX_3が占有
平元・２・６	Y_1ないしY_9及びＢ、X_1に対し、遺留分減殺請求
平３・５・18	Ｙらは、もとＢ所有建物の敷地をY_{10}ないしY_{13}が取得し、その余のＹらが代償金の支払を受けること、代償金支払が不可能なら、遺産土地のうち２筆（１筆は現況貸駐車場）、預金、贈与土地のうち第１種住居専用地域に指定された８筆の取得を希望したが、Ｘらは、Y_{10}ないしY_{13}の土地取得は認めたものの、総額6,000万円の範囲内での代償金債務を負担してその余の遺産全部取得を希望していたところ、原審は、遺産分割審判において、もとＢ所有建物の敷地をY_{10}ないしY_{13}に取得させ、その余の遺産をＸらに取得させるとともに、贈与財産である35筆の土地につきX_1の取得であることを認めた上で、遺産及び贈与土地の時価額を基に算定した代償金額（総額約３億6,000万円）を支払う債務を負担させる旨の審判を下した。

当事者の主張

○抗告人（Ｘら）の主張

原審判によれば、X_1は、総額で約３億6,000万円の代償金支払債務を負うことになるが、X_1は金銭の支払可能な額は6,000万円が限度であって、それ以上の資金調達能力がないことを主張しており、原審判の命じた方法は実現不可能なものであり、正確かつ実情に応じた解決をするため、本件を原審に差し戻すべきである。

裁判所の判断

減殺請求権者らのした遺留分減殺の結果、贈与土地は減殺請求権者らとX_1との共有になったものであるところ、その性質は物権法上の共有と解すべきであり、上記共有関係を解消するために採るべき裁判手続は遺産分割審判ではなく、共有物分割訴訟であるというべきであるから、贈与土地についての共有関係の解消と本件遺産の分割と併せて行うことは、関係当事者の全員がこのような方法を採ることにつき同意した場合は格別、そうでない限り、許されないものと解すべきである。本件において、Xらが本件手続において遺産分割と遺留分減殺請求の効力ないしは贈与土地の共有関係の解消とを一括して解決する意思を示した形跡はなく、当審の審理においても当事者間でその旨の合意ができないから、本件遺産の分割と贈与土地の共有分割を併わせて行った原審判は、相当ということはできない。

コメント

被相続人がした生前贈与や遺贈等が相続人の遺留分を侵害しているとして、遺留分減殺請求権が行使されると、生前贈与や遺贈等は、遺留分を侵害する限度において失効し、受贈者や受遺者が取得した権利は遺留分を侵害する限度で当然に減殺請求をした遺留分権者に帰属すると解するのが判例・通説である（最判昭41・7・14民集20・6・1183、判時458・33ほか（**第2章・事例1**）、最判昭51・8・30民集30・7・768、判時826・37ほか（**第3章・事例1**）、最判昭57・3・4民集36・3・241、判時1038・285ほか（第２章・事例23））。

ところが、遺留分権者に取り戻された財産が相続財産として遺産分割の対象となるか否かは争いがあり、①取り戻された財産は相続財産には帰属せず、減殺者と被減殺者とのいわゆる物権法上の共有になり、その共有関係の解消は共有物分割訴訟になるとする訴訟説と②取り戻された財産は相続財産に復帰し、遺産共有の状態になるから、その解消は遺産分割手続によるとする審判説との対立がある。そして、この問題は、減殺請求の対象となる処分行為の内容、性質と絡めて議論されている。

最高裁平成８年１月26日判決（民集50・１・132、判時1559・43ほか）（第１章・事例４）は、包括遺贈につき、訴訟説を採用する旨を明らかにしているので、包括遺贈による共有状態の解消は民法上の共有分割によることになるが、この判例は、「特定遺贈が効力を生ずると、特定遺贈の目的とされた特定の財産は何らの行為を要せずして直ちに受遺者に帰属し、遺産分割の対象となることはなく、また、民法は遺留分減殺請求を減殺請求をした者の遺留分を保全するに必要な限度で認め（1031条）、遺留分請求権を行使するか否か、これを放棄するか否かを遺留分権利者の意思にゆだね（1031条、1043条参照）、減殺の結果生ずる法律関係を、相続財産との関係としてではなく、請求者と受贈者、受遺者等との個別的な関係として規定する（1036条、1037条、1039条、1040条、1041条参照）など、遺留分減殺請求権行使の効果が減殺請求をした遺留分権利者と受贈者、受遺者等との関係で個別的に生ずるものとしていることがうかがえるから、特定遺贈に対して遺留分権利者が減殺請求権を行使した場合に遺留分権利者に帰属する権利は、遺産分割の対象となる相続財産としての性質を有しないと解される。そして、〔中略〕包括遺贈は、遺贈の対象となる財産を個々的に掲記する代わりにこれを包括的に表示する実質を有するもので、その限りで特定遺贈とその性質を異にするものではない」と判示しており、この判例の考え方に従えば、特定遺贈や贈与についても訴訟説が妥当ということになろう。

これに対し、相続分指定については、遺言者の意思に基づき法定相続分と異なる相続分を定めるものであり、それ自体によって遺産共有の状態に変更を加えるものではなく、遺言で指定された相続分の割合により相続人間で遺産分割をすることがもともと予定されているところ、遺留分減殺は、その割合を修正するものにすぎないとして、全体が遺産性を失わないとする審判説が有力である。

遺留分減殺により生じた共有関係の解消は、共有物分割訴訟によるべきであるということになると、当該共有関係の解消を、異なる手続である遺産分割審判に際して行うことはできないと解するのが当然の帰結である。

本決定は、この理を示したものであるが、関係当事者の全員が共有分割と遺産分割とを併せて行うことに同意した場合には許される可能性を示唆しており、今後の展開が注目されるところであったが、東京家裁平成8年6月20日審判（家月48・11・85）（**第2章・事例22**）は、これを認めた。

参考判例

○遺言者の財産全部の包括遺贈に対して遺留分権利者が減殺請求権を行使した場合に遺留分権利者に帰属する権利は、遺産分割の対象となる相続財産としての性質を有しない（最判平8・1・26民集50・1・132、判時1559・43ほか）

22　遺留分減殺請求権の行使により遺留分権利者に帰属する権利の性質(2)

被相続人の遺言で取得分はないとされた相続人を除くその余の相続人全員が、遺言の解釈及び遺産全部をその解釈に基づいて遺産分割手続中で分割することに合意している場合には、既に遺言中で取得者が定められている物件についても遺産分割の対象とすることができ、また、相続人の一部の者がした遺留分減殺請求によって取り戻された遺産を含めて分割することに合意している場合には、その合意に沿って審判することが許されるとした事例

（東京家審平８・６・20家月48・11・85）

事案の概要

○当事者

申立人Ｘ：Ａの子

相手方Y_1～Y_4：Ａの子

相手方Y_5、Y_6：Ａの子である亡Ｂの子

関係人Ａ：被相続人（平２・１・30死亡）

関係人Ｂ：Ａの子（相続開始時既に死亡）

○事実経過

――	Ａ、①土地２筆、建物３棟、有価証券を相手方Y_1に取得させる、②土地１筆、家庭用財産及び家具類、貸金債権、預金債権総額から117万2,268円を差し引いた残額を、Ｘ、Y_2～Y_5が各５分の１の割合で取得

	する旨の遺言作成
平2・1・30	A、死亡。相続開始。法定相続人は、X、Yら
――	X、Y_3、Y_4、遺留分減殺の意思表示
――	審判期日において、Y_6を除く当事者間で遺産の範囲、及び遺言の趣旨を踏まえた分割方法を合意

裁判所の判断

被相続人の遺言中には既に具体的遺産を特定の相続人に取得させる旨の文言も存するが、同遺言で遺産に関し具体的な取得分はないとされたY_6を除くその余の当事者全員が遺言の解釈につき合意した上、遺産全部をその解釈に基づいて本件遺産分割手続中で分割することに合意しているので、既に遺言中で取得者が定められている物件についても本件遺産分割手続中で分割の対象とすることができると解する。

また、X、Y_3、Y_4は、Y_1に対し遺留分減殺の意思表示をしていると認められるが、Y_6を除く当事者全員は、その結果も踏まえ遺留分減殺によって取り戻される遺産も含めて主文のとおり分割することに合意しているものであり、この合意に沿って審判することが許されると解する。

コメント

被相続人がした生前贈与や遺贈等が相続人の遺留分を侵害しているとして、遺留分減殺請求権が行使されると、生前贈与や遺贈等は、遺留分を侵害する限度において失効し、受贈者や受遺者が取得した権利は遺留分を侵害する限度で当然に減殺請求をした遺留分権者に帰属すると解するのが判例・通説である（最判昭41・７・14民集20・６・1183、判時458・33ほか（**第２章・事例１**）、最判昭51・８・30民集30・７・768、判時826・37ほか（**第３章・事例１**）、最判昭57・３・４民集36・３・241、判時1038・285ほか（**第２章・事例23**））。

ところが、遺留分権者に取り戻された財産が相続財産として遺産分割の対象となるか否かについては、訴訟説と審判説との対立があり、現時点においては、減殺請求の対象となる処分行為の内容、性質に応じ、類型化して議論すべきとされているが、最高裁平成８年１月26日判決（民集50・１・132、判時1559・43ほか）（**第１章・事例４**）によれば、特定遺贈財産全部についての包括遺贈については、取り戻された財産は遺産性を有せず、共有状態の解消は共有物分割手続によることになるが、割合的包括遺贈や相続分指定の場合は遺産共有状態となり、共有状態の解消は遺産分割手続によることになる（以上**第２章・事例21**のコメント参照）。

本件は、被相続人の遺産全部についての包括遺贈がなされたものであるから、遺留分減殺権の行使によって取り戻された権利は遺産としての性質を有さず、共有状態の解消を遺産分割手続で行うことはできない。

しかしながら、関係者全員が遺産分割手続で解決することに同意している場合にまで、別異の手続で行わせる理由はない。この理は、東京高裁平成５年３月30日決定（家月46・３・66、判時1459・130）（**第２章・事例21**）で一般論として示されていたところであるが、本審判はこれを具体的な事案の下認めたものであり、実務上、重要な意義を有するものである。

参考判例

○遺言者の財産全部の包括遺贈に対して遺留分権利者が減殺請求権を行使した場合に遺留分権利者に帰属する権利は、遺産分割の対象となる相続財産としての性質を有しない（最判平８・１・26民集50・１・132、判時1559・43ほか）

第３　遺留分減殺請求権の消滅

23　遺留分減殺請求権の行使の結果生じた目的物の返還請求権等と民法1042条所定の消滅時効

遺留分減殺請求に関する消滅時効について特別の定めをした民法1042条にいう「減殺の請求権」は、形成権である減殺請求権そのものを指し、権利行使の効果として生じた法律関係に基づく目的物の返還請求権等をもこれに含ませて同条所定の特別の消滅時効に服せることとしたものではない、と解するのが相当であるとした事例

（最一小判昭57・３・４民集36・３・241、判時1038・285ほか）

事案の概要

※簡略化してあるが、実際の事案の概要は複雑である。清水利亮「最高裁判所判例解説11事件」曹時37巻11号234頁に要領よくまとめられているので参照されたい。

○当事者

被上告人Ｘ：長男（受遺者）

上告人Ｙ：二男（遺留分権利者）

関係者Ａ：母（被相続人）

○事実経過

昭46・５・24	ＡからＹに対する本件不動産の遺贈

昭47・４・８	Ａ死亡
昭47・11・23又は昭48・４・13	Ｘが上記贈与を知り、Ｙに対し、ＡからＹに対する遺贈を減殺する意思表示
昭50・４・11	ＸがＹに対し、本件土地の返還等を求め提訴
昭51・９・28 昭52・10・31	第一、二審とも、Ｙの下記の主張につき、減殺請求権は形成権であり、減殺の意思表示がなされると、それにより法律上当然効力が生じ、減殺請求権行使の結果生ずる返還請求権が民法1042条の規定により消滅時効にかかることはない、としてＸの請求を認容

当事者の主張

○上告人（Ｙ）の主張

民法1042条は、減殺請求権とその行使によって生ずる返還請求権が一体として１年の短期消滅時効にかかると解すべきである。Ｘが本訴を提起して所有権移転登記手続等を請求したのは、減殺の意思表示がなされてから１年経過後であるから、Ｘの本訴請求は、時効により消滅している。

裁判所の判断

民法1031条所定の遺留分減殺請求権は形成権であって、その行使により贈与又は遺贈は遺留分を侵害する限度において失効し、受贈者又は受遺者が取得した権利は、その限度で当然に遺留分権利者に帰属するものと解すべきは、当裁判所の判例とするところである。したがって、遺留分減殺請求に関する消滅時効について特別の定めをした同法1042条にいう「減殺の請求」は、形成権である減殺請求権そのものを指し、その権利行使の効果として生じた法律関係に基づく目的物の返還請求権等をもこれに含ませて同条所定の特別の消滅時効に服せることにしたものではない、と解するのが相当である。

コメント

1　民法1042条前段は、遺留分権利者が相続の開始及び減殺すべき贈与又は遺贈があったことを知った時から、1年間これを行わないときは、時効によって消滅すると定める。同条項により時効消滅するのは、減殺請求権だけか、それとも減殺請求権行使の結果生じた目的物の返還請求権等をも含めて消滅するのかについては、減殺請求権の法的性質をどう解するかと関連し、見解が対立している。この問題は、根本的にはおよそ形成権一般の期間制限をどう考えるかの問題につながるのであるが（内田貴『民法Ⅰ』318頁（東京大学出版会、第4版、2008））、減殺請求権の法的性質の問題としてみても、①形成権＝物権的効果説（減殺請求権の行使により、贈与又は遺贈は遺留分を侵害する限度で失効し、受贈者又は受遺者が取得した権利は、その限度で当然に遺留分権利者に帰属すると考える。）、②形成権＝債権的効果説（減殺請求権の行使により、贈与又は遺贈は遺留分を侵害する限度で失効するが、受贈者又は受遺者が取得した権利は当然遺留分権利者に復帰するのではなく、受贈者又は受遺者に返還義務を負わせるにすぎないとするもの）、③債権説（減殺請求権は、受贈者又は受遺者に対する財産の引渡請求権であるとするもの）に分かれている（詳細は清水・前掲参照)。判例（最判昭41・７・14民集20・６・1183、判時458・33ほか（**第２章・事例１**)、最判昭51・８・30民集30・７・768、判時826・37ほか（**第３章・事例１**)）によって、形成権＝物権的効果説に立つことを明らかにしている。

2　次に、この減殺請求権の法的性質の理解をもとに、民法1042条の消滅時効の関係をどう考えるかが問題になる。この点については、形成権＝物権的効果説に立った上でも、①減殺権とその行使によって生ずる返還請求権が一体として同条の期間制限（１年の短期消滅時効）に服するとする説、②民法1042条の１年の短期消滅時効にかかるのは、減殺請求権だけで、その行使の結果生ずる物権的請求権は、消滅時効にかからないとする説、③民法1042条の１年の短期消滅時効にかかるのは、減殺請求権だけであるが、目的物の返還請求権は、不当利得返還請求権の性質を有するから、10年の消滅時効にかかるとの説、④相続回復請求権の時効（民884）に服するとの説に分かれる（詳細は、清水・前掲、判タ885号154頁（最判平７・６・９裁時1148・７、判時1539・68ほか）のコメント参照)。

本判決が前記のような判断をした最も大きな理由は、生前贈与の有無、その時期、その有効無効などの調査、話合いによる解決などに相当の日時がかかる実情を考慮し、減殺請求権とともに返還請求権も１年の短期消滅時効にかかるとすれば、その行使は実際上困難であり、遺留分権利者に酷であるとの実質論にあるとみるべきである（清水・前掲、内田・前掲書529頁)。本判決は、その判文上、①の見解を排斥していることは明白であるが、②ないし④のいずれかの見解に立つものであるか不明であり、そのいずれの見解に立つのかが残された問題であるというのが一般の理解であった（清水・前掲、前掲・判タのコメント参照)。

3　しかし、その後、この点について、前掲・最高裁平成7年6月9日判決が2の②の説に立つことを明らかにし、実務上は決着をつけた。この判決は、③④の説を採用しない理由を明らかにしていないが、おそらく、③の説は、所有権や物上請求権が時効にかからないとする一般の理解と大きく異なる特異な理論構成なので、説明不十分として採り得ないとされたものであり、④の説は、遺留分減殺請求と相続回復請求という両制度の本来の目的の相違を無視するものであって採り得ないとされたものであろう（前掲・判タの解説参照）。

参考判例

○減殺請求権は、形成権であって、その権利の行使は、受遺者に対する意思表示によってなせば足り、必ずしも裁判上の請求による必要はなく、いったんその意思表示がなされた以上、法律上当然に減殺の効力を生ずる（最判昭41・7・14民集20・6・1183、判時458・33ほか）

○（形成権＝物権的効果説に立つことを明示した上で）民法1041条1項の規定により価額弁償を請求する訴訟における目的物の価額算定の基準時は、その訴訟の事実審口頭弁論終結時である（最判昭51・8・30民集30・7・768、判時826・37ほか）

○遺留分権利者が減殺請求により取得した不動産の所有権又は共有持分権に基づく登記請求権は、時効によって消滅することはない（最判平7・6・9裁時1148・7、判時1539・68ほか）

24① 民法1042条にいう減殺すべき贈与があったことを知った時の意義
② 遺留分権利者が減殺すべき贈与の無効を訴訟上主張している時と減殺すべき贈与があったことを知ったと推認される場合

① 民法1042条にいう減殺すべき贈与があったことを知った時とは、贈与の事実及びこれが減殺できるものであることを知った時をいうとされた事例

② 遺留分権利者が､減殺すべき贈与の無効を訴訟上主張していても、被相続人の財産のほとんど全部が贈与されたことを認識していたときは、その無効を信じていたため遺留分減殺請求権を行使しなかったことにもっともと認められる特段の事情のない限り、贈与が減殺することができるものであることを知っていたと推認するのが相当であるとされた事例

（最二小判昭57・11・12民集36・11・2193、金判669・20ほか）

事案の概要

※本件は、極力簡潔に記載したが、事案が複雑な上、上告審で破棄・差戻しがあったので、限られた紙数の下では、事案の概要の説明も容易ではない。「最高裁判所判例解説46事件」曹時38巻４号138頁に鷺岡康雄調査官の意を尽くした解説があるので、これを参照されたい。

○当事者

上告人Ｘ：遺留分権利者

被上告人Ｙ：受贈者
関係者Ａ：被相続人
関係者Ｂ：Ａの養女

○事実経過

昭26・10頃	Ａが前妻と離婚
昭27・4	ＡがＸと婚姻
昭33・6頃	ＡがＸと不仲になり、Ｂを連れてＹと同棲
昭43・12・20	Ａが唯一の財産である不動産をＹとＢに贈与（持分各２分の１）
昭49・6・25	Ａ死亡
昭49・10頃	Ｘは、本件不動産の権利関係を調査し、ＹとＢに上記贈与の登記がなされていることを知る。
昭49・7・17	ＸがＹに対し、ＡのＹに対する贈与は、妾契約に基づくものであるから公序良俗に反して無効であると主張し、本件不動産になされた上記贈与を原因とする所有権移転登記の抹消登記手続を訴求
昭49・11・11	Ｙは、第１回口頭弁論期日において、Ｘの主張を争うとともに、仮に贈与が公序良俗違反で無効であるとしても、不法原因給付であるから、Ａの相続人であるＸは、本件不動産の返還を求めることはできないと主張
昭50・12・26	第一審判決（上記贈与は公序良俗違反であるが、返

	還を求めることは不法原因給付として許されないとして請求棄却。Ｘが控訴
昭51・7・27	ＸがＹに遺留分減殺請求をし、予備的に所有権移転登記請求。→Ｙは、Ｘが本訴提起時（昭和49年７月17日）には減殺すべき贈与の存在を知っていたから、昭和50年７月17日の経過をもって減殺請求権は時効消滅したと主張。→Ｘは、減殺すべき贈与があったことを知ったのは第一審判決により請求が棄却された時点であると主張
昭52・9・29	第二審判決（贈与が公序良俗に反するとはいえないとして主位的請求を排斥し、Ｙは全財産の２分の１の贈与を受けるにすぎず、なお２分の１がＡのもとに留保されているから、遺留分を侵害することはないと考えて贈与を受けたとみるのが相当であるとして、予備的請求も排斥し、控訴棄却）
	Ｙが上告し、①主位的請求を排斥した原審の判断には誤りがある、②ＹとＢとは同時に２分の１ずつの贈与を受けているのであるから、なお残りの２分の１がＡのもとに留保されていると考える道理はないとして、予備的請求を排斥した原審の判断には誤りがあると主張
昭53・6・15	①についての原審の判断は是認できるが、②については理由があるとして、破棄差戻し
昭54・5・30	差戻し後の第二審判決（Ｘの主張を排斥）。Ｘが（第２次）上告

当事者の主張

○上告人（X）の主張

Xが贈与の無効、目的物返還請求の可能性を確信して抗争している本件の場合、その段階ではいまだ減殺すべき贈与を知らず、返還請求ができないとした第一審判決言渡しにおいて初めて減殺すべき贈与を知ったというべきである。原判決によると、Xの主張が争われてさえいれば、直ちに本件贈与が減殺すべき贈与であることを知り、又は知り得べきであったというに等しく、民法1042条の法律解釈を誤った違法がある。

裁判所の判断

① 民法1042条にいう「減殺すべき贈与があったことを知った時」とは、贈与の事実及びこれが減殺できるものであることを知った時と解すべきである。

② しかし、民法が遺留分減殺請求権につき特別の短期消滅時効を規定した趣旨にかんがみれば、遺留分権利者が訴訟上無効の主張をしさえすれば、それが根拠のない言いがかりにすぎない場合であっても時効は進行を始めないとするのは相当でないから、被相続人の財産のほとんど全部が贈与されていて遺留分権利者がその事実を認識しているという場合においては、無効の主張について、一応、事実上及び法律上の根拠があって、遺留分権利者がその無効を信じているため遺留分減殺請求権を行使しなかったことがもっともと肯認し得る特段の事情が認められない限り、その贈与が減殺することのできるものであることを知っていたものと推認するのが相当というべきである。

③　本件事実関係によれば、贈与無効の主張は、それ自体、根拠を欠くというだけではなく、Ａの唯一の財産ともいうべき本件不動産が他に贈与されていて、しかもＸにおいてその事実を認識していたというのであるから、Ｙから民法708条の抗弁を提出されているにもかかわらず、なお贈与の無効を主張するだけで昭和51年７月に至るまで遺留分減殺請求権を行使しなかったことについて首肯するに足りる特段の事情の認め難い本件においては、Ｘは、遅くとも昭和49年11月11日頃には本件贈与が減殺することのできる贈与であることを知っていたものと推認するのが相当である。原審の判断は、正当として是認することができる。

コメント

1　民法1042条前段は、遺留分減殺請求権は「遺留分権利者が、相続の開始及び減殺すべき贈与又は遺贈があったことを知った時から、１年間これを行わないときは、時効によって消滅する」と規定する。この時効の起算点、すなわち「減殺すべき贈与又は遺贈があったことを知った」というためには、何を（認識の対象）どの程度に（認識の程度）知る必要があるのかについて、見解が分かれる。

古い判例は、大審院明治38年４月26日判決（民録11・611）、大審院昭和13年２月26日判決（民集17・275）（**第２章・事例５**）のような厳格な態度をとり、下級審や学説の多数もこれを支持していた。この見解を採ると、遺留分権利者が訴訟上贈与又は遺贈の効力を争っている場合には、減殺すべき贈与又は遺贈のあることを知らなかったということになりやすく、贈与又は遺贈を有効とする判決の言渡し時がこれを知った時であるとされる例が少なくなかった（主観説、本件におけるＸの主張も同じ。）。

2　これに対し、消滅時効の起算点が個人の主観によって決まるのは不都合であり、期間を徒過した者でも贈与の無効を主張して提訴さえすれば消滅時効が進行せず、贈与を有効とする判決言渡しによって初めて時効が進行するというのでは、法が短期消滅時効を定めた趣旨を没却するとの批判がなされた。この批判説には、①認識の対象は贈与の事実だけで足りるとする説もあるが、贈与又は遺贈のほか、遺留分侵害の認識も必要であると解しており（通説）、②贈与又は遺贈が減殺できるとの的確な認識までは必要ではなく、未必的認識があれば足りるとの説（未必的認識説）、③知り、又は知るべかりし時で足りるとする説（客観説ないし認識可能性説）、④事実認定の問題であり、遺留分権利者が贈与又は遺贈の事実を知った時には、反証のない限り、遺留分侵害の事実も知ったものと推定すべきであるとする説（推認説）などがある（これらの説の検討等は、鷺岡・前掲に詳しい。）。

3　この批判を受けて、判例も徐々に前記の厳格な態度を修正するようになった。この過程を示す代表的な下級審判例が東京高裁昭和51年５月26日判決（家月29・12・51、判タ341・172ほか）である。その判文と本判決を見比べれば、この東京高裁判決に代表される流れの延長線上に本判決があることが容易に理解できるであろう。

4　本判決は、①民法1042条の「減殺すべき贈与又は遺贈があったことを知った時」の解釈として、認識の対象は贈与又は遺贈の事実だけでなく、これが減殺できるものであることの認識も必要であるとして、従前の判例通説の立場を是認し、②贈与が減殺できるものであることの認識の有無の事実認定につき、反証のない限り、間接事実による推認が可能であるとの見解（推認説）を採用し、その間接事実として、遺産のほとんど全部が贈与されている事実の認識で足りるとしたものである（鷺岡・前掲）。

参考判例

○民法1042条前段の「減殺すべき贈与があったことを知った時」とは、単に被相続人の財産の贈与があったことを知るのみならず、その贈与が減殺すべきものであることを知ることを要し、贈与又は遺贈があることを知っても、いまだ相続財産の実額を確知しないためその贈与につき減殺権のあることを知らないときは、時効の進行を始めることはない（大判明38・４・26民録11・611）

○遺言書が偽造されたと信じて遺贈の効力を争っている間は、減殺すべき遺贈があったことを知ったものとはいえない（大判昭13・２・26民集17・275）

○遺留分権利者となり得る者が贈与の無効を信じて訴訟上抗争しているような場合は、単に贈与を知っていても、それだけでは「減殺すべき贈与」があったことを知っていたものとは直ちに断定できないが、訴訟上無効を主張さえ主張すれば時効の進行を始めないことになると、民法が特別の短期時効を法定した趣旨にも反するから、無効の主張がなされている場合においても、全く何らの根拠もない単なる言いがかりにすぎないことが明らかであるような場合には、「減殺すべき贈与」を知っていたものと認めるのが相当である（東京高判昭51・５・26家月29・12・51、判タ341・172ほか）

25　相続人の一人に遺贈をする旨の遺言書の存在を知った他の相続人が訴訟で同遺言の効力を争っていた場合と遺留分減殺請求権の短期消滅時効の起算点

相続人が、他の相続人の一人に遺贈をする旨の遺言書の存在を知っても、訴訟で同遺言の効力を争っている以上、民法1042条にいう減殺すべき遺贈があったことを知ったといえないとされた事例

（東京高判昭60・８・５東高時報36・８－９・140）

事案の概要

○当事者

控訴人・被控訴人Ｘ：Ａからの受遺者

被控訴人・控訴人Y_1、Y_2：Ａの相続人

関係者Ａ：被相続人（死亡時は不明）

○事実経過

――	ＡがＸに全財産を遺贈する旨の遺言書（本件遺言書）を作成
――	ＡとY_1、Y_2との間で土地所有権移転登記抹消等請求訴訟係属
――	Ａが死亡し、相続が開始。相続人はY_1、Y_2
――	ＸがＡの承継人として訴訟承継の申立て
昭54・１・18	本件遺言書の検認手続

昭56・10・27	第一審は遺言を有効と認める判断をしたところ、XとY_1及びY_2が双方控訴
昭57・9・13	Y_1がXに対し、控訴審において遺留分減殺請求権を行使

当事者の主張

○控訴人・被控訴人（X）の主張

Y_1は昭和54年１月18日に行われた本件遺言書の検認手続において遺言書の存在を知ったから、この時から遺留分減殺請求権の消滅時効が進行する。

裁判所の判断

Y_1が遺言書の検認手続において遺言書の存在を知ったとしても、XがAから全財産の遺贈を受けたと主張して、原審においてAの承継人として訴訟承継の申立てをしたのに対して、直ちにAの遺言の効力を争い、昭和56年10月27日同遺言を有効と認めてXの承継適格を認めた原判決が言い渡されるや、これに控訴し昭和57年９月13日午前10時の当審第５回口頭弁論期日において遺留分減殺請求権を行使した。このように遺贈の主張がなされたのに対して当初から遺言書による遺言の効力を争っており、しかも同遺言の効力について確定判決が存在するわけでもない以上、いまだY_1は民法1042条にいう「減殺すべき贈与又は遺贈があったことを知った」ということはできない。

コメント

1　本判決は、訴訟でXから全財産の遺贈を主張されたのに対し、Y_1が当初から遺言書による遺言の効力を争い、昭和56年10月27日に遺言を有効と認めた第一審判決がされると、直ちにY_1が控訴しており、遺言の効力について確定判決が存在していないことを指摘して、Y_1は遺言書の検認手続により遺贈の事実を知ったとしても、いまだ民法1042条にいう「減殺すべき遺贈があったことを知った」ということはできないと判示した。

2　最高裁昭和57年11月12日判決（民集36・11・2193、金判669・20ほか）（**第2章・事例24**）は、①民法1042条にいう「減殺すべき贈与があったことを知った時」とは、贈与の事実及びこれが減殺できるものであることを知った時をいう、②遺留分権利者が贈与の無効を信じて訴訟上抗争しているような場合は、贈与の事実を知っただけで直ちに減殺できる贈与があったことまでを知っていたものと断定することはできないが、遺留分権利者が訴訟上無効の主張をしさえすれば、それが根拠のない言いがかりにすぎない場合であっても時効は進行を始めないとするのは相当でないから、被相続人の財産のほとんど全部が贈与されていて遺留分権利者が同事実を認識しているという場合においては、無効の主張について、一応、事実上及び法律上の根拠があって、遺留分権利者が同無効を信じているため遺留分減殺請求権を行使しなかったことがもっともと首肯し得る特段の事情が認められない限り、同贈与が減殺することのできるものであることを知っていたものと推認するのが相当である、と判示する。本判決は、上記判例を引用していないけれども、これを当然の前提とした上で、訴訟で遺贈の効力を争っていることから上記特段の事情が認められると判断したものと思われる。

3　しかし、第一審敗訴判決前はそのとおりであるとしても、第一審敗訴判決後も、遺言の効力を引き続き争っているというだけで、無効主張に一応の事実上及び法律上の根拠があるといえるかは疑問であり、もはや上記特段の事情があるとはいえず、第一審敗訴判決によって減殺すべき遺贈があったことを知ったと解する立場もあり得よう。もっとも、この立場によっても、本件事案ではY_1は第一審敗訴判決時から１年以内に遺留分減殺請求権を行使しているから、結論が変わるものではない。消滅時効の起算日については、**第２章・事例26、29**の解説も参照されたい。

26　遺留分権利者が遺贈の無効を信じていたため遺留分減殺請求権を行使しなかった場合における遺留分減殺請求権の消滅時効の開始時期

遺留分権利者が遺贈の無効を信じていたため遺留分減殺請求権を行使しなかったとしても、遅くともその遺言の無効確認訴訟の第一審敗訴判決時からその請求権の消滅時効の進行が開始するとされた事例

（東京高判平12・７・13家月53・８・64、判時1727・104ほか）

事案の概要

○当事者

控訴人Ｘ：Ａの夫

被控訴人Ｙ：医師会

関係者Ａ：Ｘの妻

○事実経過

——	Ａが、本件不動産をＹに遺贈
——	Ａが死亡し、相続開始。相続人はＸ
平９・６・17	ＸがＹに対し遺言無効確認訴訟（前訴）を提起
平10・１・19	前訴第一審は請求棄却の判決をし、Ｘは同月22日に同判決の送達を受け、控訴
平10・７・30	前訴第二審は控訴を棄却する判決（前訴第二審判決）

	をしたところ、Xは上告受理の申立て
平11・2・5	上告不受理決定。このころ、XはYに対し遺留分減殺請求の意思表示
平11	XがYに対し遺留分減殺請求訴訟を提起
平11・7・26	第一審は、遅くとも前訴第一審敗訴判決送達時から遺留分減殺請求権の消滅時効が進行するとして請求を棄却したところ、Xが控訴

当事者の主張

○控訴人（X）の主張

Xの遺留分減殺請求権は、前訴第二審判決敗訴判決時又は同敗訴判決確定時から消滅時効が進行する。

裁判所の判断

本件遺言の内容に照らせば、被相続人の主要な財産が遺贈されていて遺留分権利者である控訴人の遺留分を多大に侵害することが明らかであり、控訴人は、このことを認識していたため、本件遺言の効力を全面的に争ったものであるところ、前訴において、本件遺言の無効事由として、事実上も法律上も根拠が極めて薄弱な主張しかできなかったものであり、いずれも理由がないものとして裁判所により一蹴されているものということができる。そうすると、控訴人が本件遺言の無効を信じていたとしても控訴人の独断にすぎないものというほかなく、しかも、控訴人には法律の専門家である弁護士が代理人として就いていたのであるから、控訴人において本件遺言の無効を信じているため遺留分減殺請求権を行使しなかったことがもっともと首肯し得る特段の事情は認められないというほかない。したがって、遅くとも、控訴人が前訴について請求棄却の第一審判決の送達を受けた日の翌日である平成10年１月23日には、遺留分減殺請求権の消滅時効が開始したというべきであり、同日から１年の経過により同時効が完成したと認めるのが相当である。

コメント

1　民法1042条にいう「減殺すべき贈与があったことを知った時」とは、贈与の事実及びこれが減殺できるものであることを知った時をいう（最判昭57・11・12民集36・11・2193、金判669・20ほか（**第２章・事例24**））。ところで、贈与の効力が争われている場合に、どのような事実をどの程度に知れば、減殺すべき贈与があったことを「知った」といえるかについては、的確に知ったことを要するとする見解や、的確に知ったことまでを要するものでなく、遺留分減殺請求権を行使することを期待することが無理でない程度の認識を持つことで足りると解する見解（大阪高判平７・８・24判時1559·53）等があった。

これに対し、前掲・最高裁判例は、遺留分権利者が、減殺すべき贈与の無効を訴訟上主張していても、被相続人の財産のほとんど全部が贈与されたことを認識していたときは、その無効を信じていたため遺留分減殺請求権を行使しなかったことにもっともと認められる特段の事情のない限り、上記贈与が減殺することのできるものであることを知っていたと推認するのが相当である、と判示した。これは、減殺すべき贈与があったことを「知った」かどうかを事実認定の問題としてとらえる見解を採ったもので、贈与の認識が立証された場合には、遺留分侵害の事実の認識についても事実上の推定が生じ、遺留分権利者が贈与の無効を信じていたため遺留分減殺請求権を行使しなかったことにもっともと認められる特段の事情を反証しない限り、時効の進行が開始するというものである。

2　本判決は、①Xは、本件遺言により被相続人の主要な財産が遺贈され、遺留分権利者であるXの遺留分を多大に侵害することを認識していたこと、②Xは前訴で本件遺言の無効事由として事実上も法律上も根拠が薄弱な主張しかできず、前訴第一審判決は理由がないとして一蹴しており、Xが本件遺言の無効を信じていたとしても独断にすぎないこと、③Xには弁護士が就いていたことを指摘して、本件事案につき上記判例にいう特段の事情は認められないと判示した。このように、本判決は本件事案に上記判例を当てはめたものとして、事例的意義を有する。

参考判例

○遺留分権利者が、被相続人からの贈与の無効を理由とする登記の抹消を求める訴訟において、同贈与を有効とする第一審敗訴判決を受けた時に、減殺すべき贈与のあったことを知ったとされた事例（福岡高判昭50・6・16判時811・68ほか）

○遺留分減殺請求権は、第一審敗訴判決時に消滅時効の進行が開始するとされた事例（東京高判平元・9・14東高時報40・9－12・109）

27① 受贈者に対する遺留分減殺請求がなされた後に転得行為があった場合、転得者に対し重ねて減殺請求をすることの許否（消極）
② 贈与の目的物を転得した者に対する遺留分減殺請求権の消滅時効の起算点

① 受贈者に対し遺留分減殺請求をしたときは、その後に受贈者から贈与の目的物を譲り受けた転得者に対し、更に減殺請求をすることはできないとされた事例

② 受贈者から贈与の目的物を譲り受けた転得者に対する遺留分減殺請求権の１年の消滅時効期間は、遺留分権利者が相続の開始と贈与のあったことを知った時から起算すべきであるとされた事例

（最三小判昭35・７・19民集14・９・1779、判時232・22ほか）

事案の概要

※ここでは簡略化して記載した。詳細は第２章・事例６の事例を参照されたい。

○当事者

上告人Ｘ：遺留分権利者

被上告人Ｙ：転得者

関係者Ａ：受贈者

関係者Ｂ：被相続人

○事実経過

昭19・８	ＢからＡに対する本件不動産の贈与

昭25・５・22	ＸがＡに対し遺留分減殺請求（未登記）
昭26・12・21	ＡがＹに対し本件不動産を買却（登記）
——	ＸがＹに対し、減殺請求をし、Ｙは民法1040条１項但書の悪意の転得者であると主張して所有権移転登記を求め提訴
——	原判決は、①受贈者に対する減殺請求後の転得者に対しては、同条項の適用はない、②ＸのＹに対する減殺請求は、相続の開始及びＡに対する贈与の事実を知った時から１年を経過し、民法1042条前段の消滅時効完成後のものであるとして、Ｘの請求を排斥

当事者の主張

○上告人（Ｘ）の主張

①　民法1040条１項但書には、「遺留分権利者は、これに対しても」とあり、遺留分侵害者もその譲受人に対しても双方に対して権利行使ができる字句を使用しているから、遺留分権利者は、侵害者から価額弁償を受けてもその譲受人に対して減殺請求してもよいはずである。本条を取引安全のため物件的請求権の本来的効力を抑えて第三者への追求を制限した規定と見ても、詐害行為取消権類似の思想に基づいて悪意の第三者への追及を認めたものと見ても、減殺請求後の転得者に対して減殺請求ができない理由はなく、これができるとするのが至当である。

②　受贈者に対し減殺請求権を行使し、その権利が消滅しない間（履

行請求が継続中）に譲渡が行われたためにこれに対して減殺を更新すれば、その減殺は新たな独立の減殺請求ではないから、単独に消滅時効にかかる筋合いはなく、同条但書の権利が、受贈者に対する権利とは別個独立の減殺請求権であるとすれば、その時効の起算点は、悪意の譲渡のあった時から進行すべきであって、相続の開始及び贈与のあったことを知った時から進行すべき道理はない。

裁判所の判断

Ａに対する減殺請求後、本件不動産を買い受けた被上告人Ｙに対し減殺請求をなし得ないとした原審の判断、並びに時効の起算点に関する原審の判断（民法1042条の１年の消滅時効の起算点は、遺留分権利者が相続の開始及び贈与のあったことを知った時であるとする。）は、いずれも正当であり、論旨は理由がない。

コメント

1　遺留分減殺請求をする「前」に目的物を転得した者がある場合、民法は、原則として転得者に減殺請求することはできないとし、遺留分権利者は、目的物を譲渡した受贈者や受遺者に価額弁償を請求できるにとどまるが（民1040①本文）、転得者が悪意の（譲渡当時、遺留分権利者に損害を加えることを知っていた）ときは、転得者に対して減殺請求することもできると規定している（民1040①ただし書）。この点において、遺留分減殺請求権は、詐害行為取消権に近い性質を持っている（北村良一「最高裁判所判例解説87事件」曹時12巻９号92頁、内田貴『民法Ⅳ』517頁（東京大学出版会、補訂版、2004）など。大判大４・12・10民録21・2039）。

これに対し、本件のように減殺請求「後」に転得者が出現した場合について、本判決は、遺留分減殺請求権を形成権とみた上で、ＸのＡに対する減殺請求によりＡからＸへの物権変動があり、Ａから本件不動産を買い受けたＹとＸとは対抗関係に立ち、先に登記を得たＡが確定的に所有権を取得すると解する。そして、転得者への減殺請求を認める民法1040条は、遺留分減殺請求「前」に現れた転得者との関係を規定するものであって、減殺請求後の転得者との関係では適用されないとする。これは、遺留分減殺請求権の行使を解除権の行使と同様に扱うものといえる（大判大10・５・17民録27・929）。このような判例の立場に対しては、減殺請求権が形成権であり、遺贈や贈与の効果を遡及的に奪うといってみても、その遡及効の論理は、第三者との関係で徹底していないとする批判は可能であるが、多数の学説もこの判例の立場を支持している（内田・前掲書518頁）。

2　以上の理解を前提とすれば、受贈者Ａに対する減殺請求のほかに、転得者Ｙに対する減殺請求を別個独立に観念する余地はないから、その消滅時効を考える余地もなく、判示事項②は、当然のことであろう。問題は、その先にあり、受贈者や受遺者に対する１年の消滅時効の起算点はいつか、１年の時効にかかるのは形成権か、その行使によって生ずる返還請求権等かにある（この点については、**第２章・事例23、24**の判例及びコメント参照）。

参考判例

○転得者に対する詐害行為取消権の２年の消滅時効（民法426条）の起算点は、転得行為を知った時ではなく、債務者の詐害行為を知った時である（大判大４・12・10民録21・2039）

○甲から立木を買い受けた乙がこれを木材として丙に売り渡した後、甲乙間の売買契約が解除された場合、丙がまだ木材の引渡しを受けていなかったときは、丙はその所有権の取得をもって甲に対抗できない（大判大10・５・17民録27・929）

28　遺留分減殺請求権の行使と時効中断の関係

遺留分減殺請求権は形成権であって、その権利の行使は相続人から受遺者に対する意思表示によってなせば足り、必ずしも裁判上の請求による必要はなく、意思表示がなされた以上法律上当然に減殺の効力を生ずるから、相続の開始及び減殺すべき遺贈のあったことを知った日から１年以内に減殺の意思表示をした以上、減殺の意思表示により確定的に減殺の効力が生じ、遺留分減殺請求権は時効消滅するので、これについては、もはや時効中断の観念を容れる余地はないとして、減殺請求権の時効消滅の主張が排斥された事例

（東京高判昭40・６・22判タ179・145）

事案の概要

○当事者

控訴人Ｘ：遺留分権利者

被控訴人Ｙ：受遺者

○事実経過

昭36・２・26	Ｘが相続の開始及び減殺すべき遺贈があることを知る。
昭37・１・10	ＸがＹに対し遺留分減殺請求

当事者の主張

○被控訴人（Y）の主張

Xは、遺留分減殺の意思表示をした時から、６か月以内に裁判上の請求をしていないから、減殺の意思表示は時効中断の効力はなく、したがって、Xが遺贈の事実を知った昭和36年２月26日から１年後である昭和37年２月26日の経過とともに、Xの遺留分減殺請求権は時効により消滅した。

裁判所の判断

民法1042条に規定する１年の期間は、Y主張のごとく時効期間と解すべきである。しかし、遺留分減殺請求権は形成権であって、その権利の行使は相続人から受遺者に対する意思表示によってなせば足り、必ずしも裁判上の請求による必要はなく、またいったん、その意思表示がなされた以上、法律上当然に減殺の効力を生ずるものと解すべきであるから、Xにおいて前記のごとく相続の開始及び減殺すべき遺贈のあったことを知った昭和36年２月26日から１年以内である昭和37年１月10日に減殺の意思表示をなした以上、減殺の意思表示により確定的に減殺の効力が生じ、遺留分減殺請求権は消滅するのであるから、そのものについては、もはや時効中断の観念を容れる余地はないといわなければならない。したがって、Xにおいてその後６か月以内に裁判上の請求をしなかったからといって、前記意思表示に基づき生じた減殺の効力に消長を来たすいわれはなく、Yの主張は採用できない。

コメント

1　民法1042条に規定する1年の期間は、明文で「時効により」と定められており、これは時効期間であると解するのが判例・通説である。

2　遺留分減殺請求権の法的性質については、古くはこれが形成権か、請求権かという形で議論がなされた。すなわち、請求権説は、減殺請求権は贈与又は遺贈の効力を減殺の意思表示によって遺留分保全に必要な限度で失わせることを目的とする裁判外で行使できる形成権であるとする。これに対し、請求権説は、減殺請求権は遺留分保全のために受贈者又は受遺者に対してなされる財産引渡請求権、若しくは、まだ履行されていない贈与又は遺贈の履行拒絶権であって、既になされた贈与又は遺贈そのものの効力をなくすことを目的とするものではないと解する（最判昭41・7・14民集20・6・1183、判時458・33ほか（**第2章・事例1**））についての安倍正三「最高裁判所判例解説60事件」曹時18巻11号166頁参照）。前掲・最高裁判決は、このような状況の下に示された判断である。しかし、その後、議論は深められ、減殺請求権の法的性質についての説は、①形成権＝物権説（減殺請求権を形成権と構成し、その行使により減殺の対象である贈与又は遺贈が当然失効し、目的物は遺留分権利者に移転する物権的効果を生じるとする。）、②形成権＝債権説（減殺請求権を形成権と構成するが、形成の効果は、相手方に対し、目的物の所有権を遺留分権利者に移転させる債務を負わせるという債権的効果を生ずるにすぎないとする。）、③請求権説（減殺請求権を形成権と構成せず、目的物の所有権の移転を請求する権利と構成する。）に整理され、最高裁昭和51年8月30日判決（民集30・7・768、判時826・37ほか）（**第3章・事例1**）は、①の立場に立つことを明らかにしている（この判例についての川口冨男「最高裁判所判例解説27事件」曹時29巻8号136頁参照）。そして、その後、判例・学説は、この到達点を土台にして、遺留分権利者が受贈者又は受遺者に対し民法1041条１項の価額弁償を請求する訴訟における贈与又は遺贈の目的物の価額算定の基準時（前掲・最判昭51・８・30）、減殺請求権行使の効果として生じた目的物の返還請求権等は、民法1042条の消滅時効に服するか否か（最判昭57・３・４民集36・３・241、判時1038・285ほか（**第２章・事例23**）、最判平７・６・９裁時1148・７、判時1539・68ほか）などの問題を処理し、あるいは更なる議論を発展させて行くのである。

3　本判決は、前掲・最高裁昭和41年７月14日判決の１年ほど前に言い渡された判決であるが、2で述べた判例や学説の流れの中で、主流となっていく最高裁の判断、ことに前掲・最高裁昭和41年７月14日判決を先取りした判断を示しており、この判断は、現在においても通用するものといえる。

参考判例

○遺留分権利者の減殺請求権は、形成権であると解すべきである（最判昭41・７・14民集20・６・1183、判時458・33ほか）

○①　（形成権＝物権的効果説に立つことを明示した上で）民法1041条１項の規定により価額弁償を請求する訴訟における目的物の価額算定の基準時は、その訴訟の事実審口頭弁論終結時である

②　遺留分権利者が受贈者又は受遺者に対し、民法1041条１項の価額弁償を請求する訴訟における贈与又は遺贈の目的物の価額算定の基準時は、その訴訟の事実審口頭弁論終結時である（最判昭51・８・30民集30・７・768、判時826・37ほか）

○遺留分減殺請求権の行使の効果として生じた目的物の返還請求権等は、民法1042条所定の消滅時効に服しない（最判昭57・３・４民集36・３・241、判時1038・285ほか）

○遺留分権利者が減殺請求により取得した不動産の所有権又は共有持分権の基づく登記請求権は、時効によって消滅することはない（最判平７・６・９裁時1148・７、判時1539・68ほか）

29　遺留分減殺の対象としての要件を満たす贈与に基づき目的物を占有した者の取得時効の援用と減殺請求による遺留分権利者へのその目的物についての権利の帰属

被相続人がした贈与が遺留分減殺の対象としての要件を満たす場合には、受贈者が、贈与に基づいて目的物の占有を取得し、民法162条所定の期間、平穏かつ公然にこれを継続し、取得時効を援用したとしても、それによって、遺留分権利者への権利の帰属が妨げられるものではないとされた事例

（最一小判平11・6・24民集53・5・918、判時1687・70ほか）

事案の概要

○当事者

上告人X_1、X_2：Ａの子、X_1及びＢの子

被上告人Ｙら：Ａの子ら

関係者Ａ：被相続人（平2・1・24死亡）

関係者Ｂ：X_1の妻で、X_2の母（昭55・10・30死亡）

○事実経過

昭51～52	Ａが本件不動産をX_1、Ｂ、X_2に贈与（本件贈与）
昭55・10・30	Ｂが死亡し、本件不動産のうちＢ持分をX_2が相続
平2・1・24	Ａが死亡し、相続が開始。法定相続人はX_1とＹら

平２・12・19	ＹらがＸらに対し、遺留分減殺請求の意思表示
平３	ＹらがＸらに対し、遺留分減殺請求訴訟提起
平７・４・20	第一審は、本件贈与がＹらの遺留分を侵害するものであり、Ｘらの短期消滅時効は認められないとして、請求を認容したため、Ｘらが控訴
平８・７・17	第二審は、Ｘらの短期消滅時効は認められないとして控訴を棄却したところ、Ｘらが上告

当事者の主張

○上告人（Ｘら）の主張

Ｘらは本件贈与から10年間本件不動産を占有しているから、遺留分減殺請求の対象とされた本件不動産について取得時効が認められるべきである。

裁判所の判断

被相続人がした贈与が遺留分減殺の対象としての要件を満たす場合には、遺留分権利者の減殺請求により、贈与は遺留分を侵害する限度において失効し、受贈者が取得した権利は上記の限度で当然に同遺留分権利者に帰属するに至るものであり、受贈者が、同贈与に基づいて目的物の占有を取得し、民法162条所定の期間、平穏かつ公然にこれを継続し、取得時効を援用したとしても、それによって、遺留分権利者への権利の帰属が妨げられるものではないと解するのが相当である。

けだし、民法は、遺留分減殺によって法的安定が害されることに対し一定の配慮をしながら（民1030前段・1035・1042等）、遺留分減殺の対象としての要件を満たす贈与については、それが減殺請求の何年前にされたものであるかを問わず、減殺の対象となるものとしていること、前記のような占有を継続した受贈者が贈与の目的物を時効取得し、減殺請求によっても受贈者が取得した権利が遺留分権利者に帰属することがないとするならば、遺留分を侵害する贈与がされてから被相続人が死亡するまでに時効期間が経過した場合には、遺留分権利者は、取得時効を中断する法的手段のないまま、遺留分に相当する権利を取得できない結果となることなどにかんがみると、遺留分減殺の対象としての要件を満たす贈与の受贈者は、減殺請求がされれば、贈与から減殺請求までに時効期間が経過したとしても、自己が取得した権利が遺留分を侵害する限度で遺留分権利者に帰属することを容認すべきであるとするのが、民法の趣旨であると解されるからである。

コメント

1　自己所有物について遺留分減殺請求に対して受贈者が取得時効の抗弁を主張することがある。最高裁の判例（最判昭42・7・21民集21・6・1643、判時488・21ほか）は、自己所有物についての時効取得を認めているから、受贈者が贈与の目的物について取得時効の要件を満たす占有を継続した場合には、上記贈与の目的物について取得時効が成立する。本判決は、このことを当然の前提としている。

原判決は、この点につき、ＸらはＹらの遺留分を侵害することを知って本件不動産の贈与を受けたのであるから、占有の始めに善意無過失であるとはいえないなどとして、Ｘらの短期消滅時効を否定した。しかし、遺留分を侵害する贈与であっても、減殺されるまでは有効であるから、占有の始めにおいて善意無過失であるし、Ｘらに遺留分権利者を害する認識があったという理由でこれを否定するのも相当でない。また、遺留分減殺請求の対象となる目的物の生前贈与の受贈者は、遺留分権利者との関係で目的物の取得時効を援用する利益を有しないとする裁判例（東京高判平５・９・21判時1473・53ほか）もあるが、取得時効の要件を備えているのに、援用の利益がないとするのは相当でないであろう。

2　次に、遺留分減殺請求権は取得時効の成立によって消滅するのかが問題となる。Ｘらが本件不動産を時効取得しても、Ｘらへの贈与の事実及びＹらの遺留分が侵害された事実が否定されるものではないから、Ｙらの遺留分減殺請求権を否定する理由はなく、時効取得の反射的効果として遺留分減殺請求権が消滅すると解することはできない。

3　Ｙらが本件不動産の贈与につき遺留分減殺請求権を行使すると、Ｙらの遺留分を侵害する限度で本件贈与が失効し、Ｙらが本件不動産上に共有持分を取得することになるが、Ｘらは本件不動産を時効取得したことによって遺留分減殺請求による上記効果が妨げられるかどうかが問題となる。

取得時効による権利取得は原始取得であり、時効により取得される権利の範囲は、前主の有していた権利範囲や瑕疵に関係なく、取得時効の基礎となった占有の内容によってのみ定まるとするのが通説（我妻榮『新訂民法総則』481頁（岩波書店、1965））であり、判例も当然これを承認するものと解されている。そうすると、受贈者は贈与財産の時効取得によって、贈与が減殺されても物権的権利変動を生じない完全な所有権を取得すると解するのが素直な解釈ともいえそうである。

しかし、民法1030条後段、1031条が、遺留分権利者に損害を与えることを認識していた贈与については、それがいつされたものであるかを問わず減殺請求ができる旨規定するのは、受贈者が贈与によって開始した占有は遺留分制度を当然の前提とするもので、受贈者はこれを容認すべきであるとの判断に基づくものと解される。実質的に考えても、受贈者が贈与財産を時効取得する場合には遺留分減殺請求権の行使ができないとすれば、遺留分を侵害する贈与がされても、被相続人がその後10年以上生存すると、遺留分権利者による財産の取戻しが否定されてしまうが、これでは遺留分制度の趣旨が没却されることとなって、不当である。

本判決は、以上のような遺留分減殺請求に関する民法の規定の趣旨等から、受贈者が生前贈与に基づいて開始した占有は、遺留分制度を前提とした占有であるとして、時効による権利取得に遺留分減殺制度による制約を認め、仮に受贈者が贈与財産を時効取得したとしても、減殺請求権行使の効果の発生は妨げられないと判示したものである。上記結論は、贈与を受けた者が共同相続人の一人である場合と、それ以外の者である場合との双方に妥当するものと解される。

30　共同相続人の一部の間で土地所有権確認請求を棄却する判決が確定した場合に敗訴原告がその土地につき遺産確認の訴えを提起することの可否

共同相続人Ｘ、Y_1、Y_2のうちＸとY_1との間において、ある土地につきＸの所有権確認請求を棄却する旨の判決が確定し、その確定判決の既判力により、ＸがY_1に対して相続による土地の共有持分の取得を主張し得なくなった場合であっても、Ｘは土地につき遺産確認の訴えを提起することができるとされた事例

（最二小判平９・３・14裁時1191・18、判時1600・89ほか）

事案の概要

○当事者

上告人Ｘ：二女

被上告人Y_1：妻

被上告人Y_2：長女

関係者Ａ：被相続人（昭37・４・23死亡）

○事実経過

昭37・４・23	Ａが死亡し、相続が開始。法定相続人はＸ、Y_1、Y_2
昭46	Y_1がＸに対し、本件土地がY_1の所有であることの確認請求訴訟（前訴）提起
――	前訴第二審はＸの請求を棄却すべきとする判決（前

	訴判決）をしたところ、Y_1が上告
昭61・9・11	上告を棄却する判決がされ、前訴判決確定
平元	Y_1及びY_2がＸに対し、本件土地がＡの遺産であることの確認請求訴訟提起
平3・9・27	第一審は遺産確認請求を認容したところ、Ｘが控訴
平4・12・17	第二審は、Ｘの遺産確認の訴えは適法であり、本件土地はＡの遺産に属するとして遺産確認請求を認容したところ、Ｘが上告

当事者の主張

○上告人（Ｘ）の主張

Y_1は前訴判決の既判力により本件土地の共有持分の取得を主張し得ないから、Y_1は遺産確認の訴えの原告適格を有せず、訴えは不適法である。

裁判所の判断

共同相続人Ｘ、Y_1、Y_2のうちＸとY_1との間において、ある土地につきＸの所有権確認請求を棄却する旨の判決が確定し、同確定判決の既判力により、ＸがY_1に対して相続による同土地の共有持分の取得を主張し得なくなった場合であっても、Ｘは同土地につき遺産確認の訴えを提起することができる。

けだし、遺産確認の訴えは、特定の財産が被相続人の遺産に属することを共同相続人全員の間で合一に確定するための訴えであるところ、同確定判決は、X、Y_1間において同土地につきXの所有権の不存在を既判力をもって確定するにとどまり、Xが相続人の地位を有することや同土地が被相続人の遺産に属することを否定するものではないから、Xは、遺産確認の訴えの原告適格を失わず、共同相続人全員の間で同土地の遺産帰属性につき合一確定を求める利益を有するというべきである。

コメント

1　XとY_1間でXが本件土地の所有権を有しないとする前訴判決の既判力により、XはY_1に対し本件土地につき相続による共有持分を主張することができない。このようなXは、遺産分割前の共有関係から離脱した者として、遺産分割の訴えの原告適格や確認の利益を有しないかどうかが問題となる。

遺産確認の訴えは、特定の財産が被相続人の遺産に属することを共同相続人全員の間で合一に確定するための訴えであるから、当事者適格の要件となる事実（共同相続人たる地位、共有持分の保有）の存否も共同相続人間で合一に確定すべきものである。前訴判決は、本件土地につきXの所有権（共有持分を含む。）の不存在を確定したにすぎず、Xが相続人でないことや本件土地がAの遺産でないことを確定するものではない。そうすると、一部の相続人の間で確定判決の既判力により共有持分を主張できない者であっても、当事者適格が否定されることはないと解される。本判決は、このような考慮から、遺産割確認の訴えの原告適格や確認の利益が否定されることはないとしたものである。

2　ところで、本件では、前訴判決によりＸが本件土地の所有権を有しないことが確定される一方、本判決により本件土地がＡの遺産であることが確定されることになるから、上記各判決がその後の遺産分割にどのような影響を与えるかが問題となる。原判決（東京高判平４・12・17家月46・２・140、判時1453・132）は、前訴判決は遺産分割の際に考慮されるべきものである旨判示したが、どのように考慮すべきかについて具体的な判断を示しておらず、本判決もこの点に触れていない。

遺産分割の前提問題につき、共同相続人全員を当事者とする確定判決がある場合には、遺産分割審判は、上記確定判決の判断に拘束され、これを前提として行わなければならない。他方、共同相続人の一部を当事者とする確定判決がある場合には、遺産分割審判に対する拘束力を否定する見解が有力である（田中壮太ほか『遺産分割事件の処理をめぐる諸問題』23頁（司法研修所、1994））。この見解によれば、本判決により本件土地がＡの遺産であることが確定された以上、遺産分割審判はこれに拘束され、これを前提として行わなければならず、前訴判決に拘束されないことになるものと思われる。

参考判例

○遺産確認の訴えは、当該財産が現に被相続人の遺産に属すること、換言すれば、当該財産が現に共同相続人による遺産分割前の共有関係にあることの確認を求める訴えである（最判昭61・３・13民集40・２・389、判時1194・76ほか）

○遺産確認の訴えは、特定の財産が被相続人の遺産に属することを共同相続人全員の間で合一に確定することを目的とする訴えである（最判平元・３・28民集43・３・167、判時1313・129ほか）

第4　遺留分減殺請求に関する手続

(1)　訴訟手続

31　共有物分割と遺産分割を審判手続の中で併せて行うことの可否

遺留分減殺により物権法上の共有となった物件の共有物分割と、遺産分割とを併せて行うことは、当事者の合意がない限り許されないとした事例

（東京高決平5・3・30家月46・3・66、判時1459・130）

事案の概要

○当事者

抗告人X_1～X_4：相続人

相手方らY_1～Y_{16}：相続人

関係者A：被相続人（昭63・3・14死亡）

○事実経過

昭61・10・31	A、長男であるX_1に対し、所有する土地を生前贈与
昭63・3・14	A死亡
平元・2・3	Yらの一部、X_1に対し、上記生前贈与につき遺留分減殺請求の意思表示

平3・5・18	第一審は、遺留分減殺による取戻財産及び遺産を総合して分割する審判

裁判所の判断

生前贈与を遺留分減殺したことにより物権法上の共有となった土地の共有物分割と、遺産の分割とを併せて行うことは、当事者全員の合意がない限り許されない。

コメント

遺留分権利者の減殺請求権の行使により、減殺された贈与又は遺贈は、遺留分を侵害する限度において失効し、受贈者又は受遺者が取得した権利は、この限度で当然に減殺請求権を行使した遺留分権利者に帰属するとするのが判例である（最判昭51・8・30民集30・7・768、判時826・37ほか（**第3章・事例1**））。

また、判例は、特定遺贈や全部包括遺贈を減殺した結果、遺贈の目的は減殺請求者と受贈者等との物権法上の共有になることを明らかにしている（最判平8・1・26民集50・1・132、判時1559・43ほか（**第1章・事例4**））。

特定の遺産を相続させる遺言を減殺した場合も、同様に、物権法上の共有になると考えられるが、これに対し、割合的な包括遺贈、相続分の割合の指定、相続分の指定を伴う分割方法の指定及び遺産を割合的に相続させる遺言を減殺した場合は、物権法上の共有ではなく、遺産共有になると考えられる（同旨のものとして、雨宮則夫ほか編『遺産相続訴訟の実務』373頁（新日本法規、2001））。

ところで、上記のように物権法上の共有となる場合、この共有関係を解消するために採るべき裁判手続は、遺産分割審判ではなく、共有物分割訴訟となるはずである。

それでは、このような、共有物分割と、遺産分割とを、家事審判手続の中で、併せて行うことが可能であろうか。

本決定の原審判は、生前贈与の遺留分減殺による取戻財産と、遺産とを総合して分割し、一部は代償金による分割とした。

これに対し、本決定は、このように共有物分割と遺産分割とを家事審判手続の中で併せて行うことは、関係当事者の全員がこのような方法を採ることに同意した場合は格別、そうでない限り、許されないと判示したものである。

理論的には、共有物分割が民事訴訟事項である以上、これを家事審判に併せて行うことができると解釈するのは困難である。

しかしながら、本来、遺産ではないものについて、当事者全員の合意がある場合に限り、遺産分割の対象としている例は他にもあり、例えば、被相続人の有していた預貯金債権等の可分債権をはじめ、遺産管理費用や葬儀費用などについても、当事者全員の合意がある場合、これらを遺産分割の対象としているのが実務の大勢である。

遺留分減殺による取戻財産についても、本来、被相続人の有していた財産であるから、遺産分割と同一の紛争の中にある場合もあるが、かかる場合、同一の手続の中での解決が求められるものであるから、上記の可分債権などと同様に、当事者全員の合意があるのであれば、これを遺産分割の対象とすることは許されると考えられる。なお、本来訴訟事項であるものについて、遺産分割の前提として、家事審判において判断できること自体については、判例上問題がない（最大決昭41・3・2民集20・3・360、判時439・12ほか）。

もっとも、取戻財産の分割が、遺産分割と、常に同一の紛争の中にあるとは限らず、一括処理をするのが相当でない場合もあろうから、当事者全員の合意に加え、取戻財産と遺産との間に一括処理を相当とするだけの関連性が認められることを要件とすべきであろう（同旨のものとして、雨宮ほか・前掲書375頁、梶村太市＝雨宮則夫編『現代裁判法大系11　遺産分割』278頁（新日本法規、1998））。

なお、本決定の評釈として、長秀之「土地の生前贈与に対する遺留分減殺請求により生じる共有の性質と遺産分割との関係」判タ臨増852号154頁及び梶村太市「遺留分減殺請求による共有土地の分割と遺産分割」法律時報別冊私法判例リマークス９号92頁がある。

参考判例

○遺留分権利者の減殺請求により贈与又は遺贈は遺留分を侵害する限度において失効し、受贈者又は受遺者が取得した権利はこの限度で当然に減殺請求をした遺留分権利者に帰属するものとした事例（最判昭51・８・30民集30・７・768、判時826・37ほか）

○包括遺贈について、遺留分減殺の結果、贈与土地は減殺請求者と受贈者との物権法上の共有になり、この共有関係を解消するために採るべき裁判手続は遺産分割審判ではなく、共有物分割訴訟であるとした事例（東京高判平４・９・29家月45・８・39、判時1440・75ほか）

○遺言者の財産全部の包括遺贈に対して遺留分権利者が減殺請求権を行使した場合に遺留分権利者に帰属する権利は、遺産分割の対象となる相続財産としての性質を有しないとした事例（最判平８・１・26民集50・１・132、判時1559・43ほか）

32　遺留分減殺請求訴訟における自己の取得分を増大させるため、遺産分割の申立てがされていないにもかかわらず、寄与分を定める処分の申立てをすることの可否

遺産分割の申立てがされていない場合に、遺留分減殺請求訴訟を提起し、同訴訟で主張した寄与分による自己の取得分の増大に資するため、寄与分を定める処分の申立てをした事案につき、同申立ては、遺産分割の申立てがある場合に限ってすることができるとして、申立てを不適法却下した事例

（浦和家飯能出審昭62・12・４家月40・６・60）

事案の概要

○当事者

上告人Ｘ：Ａの五女

被上告人Ｙら：Ａの二男の代襲相続人

関係者Ａ：被相続人（昭59・12・13死亡）

○事実経過

昭59・12・13	Ａが死亡したが、Ａは、全財産をＹら及び亡二男の妻に遺贈等する旨の遺言をしていた。
昭60・７頃	Ｘは、遺留分減殺調停の申立てをしたが、昭和60年12月20日不成立となった。

昭61・２・14	Ｘは、地方裁判所に対し、Ｙら及び亡二男の妻を被告として、遺留分減殺請求訴訟を提起。同訴訟は現に係属中である。 Ａの相続人は、Ｘ、Ｙらの他にも存在しており、同人らは相続放棄などの手続を採っていない。 Ｘを含む各相続人からは、遺産分割審判・調停の申立てがされていない。
昭62	Ｘは家庭裁判所に対し、寄与分を定める審判の申立てをした。

当事者の主張

○上告人（Ｘ）の主張

Ｘは、昭和27年以降、Ａの夫が経営していた燃料店の業務を手伝い、同人が所有していた不動産の保全、管理等に努力し、Ａの入院にも付き添うなどした。すなわち、Ｘは特別の寄与をしたものである。しかし、寄与について協議が整わないので、相当額の寄与分を定める旨の審判を求める。

裁判所の判断

本件では、Ｘを含むだれからも遺産分割の申立てはされていないところ、Ｘは、遺産分割の対象とすべき財産は既に皆無であるとして、つとに遺産分割申立ての方法によらずにＹらに対する上記訴訟を提起し、同訴訟で主張した寄与分による自己の取得分の増大に資するため、今日本件申立てに及んだものである。

ところで、寄与分は、遺産分割の前提問題としての性格を有し、したがって寄与分を定める申立ては、遺産分割審判の申立てがある場合に限って、これが申立てをすることができるものである。しかるに、本件申立てはその申立てがされないままにされているものであるから、その余の点について判断するまでもなく、要件を欠いた不適法な申立てとして却下を免れない。

コメント

1　遺留分と寄与分の関係については種々の検討すべき問題がある（詳細は**第１章・事例22、23**のコメントを参照されたい。）が、本事例では、寄与分を定める処分の申立ての前提となる手続は何かの観点から検討する。

2⑴　民法904条の２第４項は、寄与分を定める審判の申立ては、907条２項の規定による遺産分割審判の申立てがあった場合にすることができると規定している。そこで、寄与分を定める審判の申立ては、遺産分割を求める審判が係属していればすることができるのは当然である（なお、両事件は同一の裁判所に申立てをしなければならず、審判手続も併合してなされることについて家審規99②・103の３）。また、審判ではなく遺産分割の調停が係属している場合に寄与分を定める審判の申立てがあったときは、これを調停に付し（家審11）、遺産分割調停と併合して処理することになる（家審規137の５・103の３）。遺産分割の調停事件が不成立となって審判に移行した後に寄与分を定める調停の申立てをした場合は、その調停が終了するまで、遺産分割審判の進行を事実上停止するなどして同時進行を図ることになろう。もっとも、この方法を選択する場合には、遺産分割調停が不成立となって審判に移行していることから合意成立の見込みが少ないと考えられる寄与分調停の期日を無駄に重ねることのないよう、期日進行管理を厳密に行う必要があろう（なお、遺産分割審判手続において寄与分を定める審判の申立てをすべき期間の定めをすることができるし、同期間経過後の申立ては却下できる（家審規103の４①②）。また、審理が著しく遅延する場合にも申立てを却下することができる（家審規103の４③））。さらに、遺産分割審判が抗告審に係属している場合については、新たに原裁判所に対して寄与分を定める審判の申立てができ、本件の場合は申立てを遅滞したことについて抗告人の帰責事由があるとはいえないとして、寄与分とともに審理をするため遺産分割審判事件を原裁判所に差し戻した裁判例や（大阪高決昭59・６・18家月37・５・60、判タ537・224）、控訴審に対して寄与分を定める審判の申立てをした事案で、抗告審において実体審理をし、寄与分はない旨の審判をした裁判例がある（高松高決平11・１・８家月51・７・44）。

(2)　それでは、遺産分割審判や調停が係属していない場合はどうであろうか。学説は、民法904条の２第４項の文言や、寄与分は遺産分割の前提事項になるものであり、民法も寄与分を定める審判と遺産分割審判とは合一処理を予定しているなどの理由から、遺産分割の審判がなされた後に寄与分の申立てがあった場合には、その申立ては不適法として却下されることになるとする（谷口知平＝久貴忠彦編『新版注釈民法(27)』288頁〔有地亨〕（有斐閣、1989））。

本決定は、この通説に従い、寄与分を定める処分の申立ては遺産分割の申立てがある場合に限ってすることができるとして、地方裁判所に対し遺留分減殺請求訴訟が提起され係属していても、家庭裁判所に対して遺産分割の申立てがされていない場合には、新たに家庭裁判所に対してされた寄与分を定める処分の申立ては不適法であるとしてこれを却下したものである。

3　遺留分減殺請求訴訟において、自己の取得分を増大させるため、抗弁などとして寄与分の主張をすることができるかについては、**第１章・事例22**の東京高裁平成３年７月30日判決（家月43・10・29、判時1400・26ほか）が、遺留分減殺請求訴訟において寄与分を抗弁として主張することは許されないと判示しているし、また、東京高裁平成２年８月７日判決（判時1362・50ほか）も、寄与分を遺留分額の算定において参酌すべき根拠はないとして、寄与分があるから遺留分権利者らの遺留分額が法の定める割合を下回るとの受遺者らの主張を、失当であると判断している。

33　遺産分割審判における遺留分減殺請求権行使の事実及びその効果を主張することの可否

遺産分割事件において、分割の前提問題として、遺留分減殺請求権行使の事実及びその効果につき、当事者が主張すること及び家庭裁判所が審理判断することが許されるとした事例

（東京高決昭44・７・21家月22・３・69、判タ248・310）

事案の概要

○当事者

抗告人Ｘ：相続人

関係者Ａ：被相続人

関係者Ｂ、Ｃ：相続人以外の第三者

○事実経過

――	Ａが、Ｂ及びＣに対し、所有する財産を生前贈与
――	Ａが死亡し、相続開始。Ｘは相続人
――	Ｘが、Ｂ及びＣに対し、上記生前贈与につき遺留分減殺請求の意思表示
昭44	第一審は、Ａの遺産についての遺産分割審判において、Ｂを利害関係人として加え、上記遺留分減殺請求の意思表示がなされたことを認定し、それを前提に、遺産分割の審判をした。

当事者の主張

○抗告人（X）の主張

遺留分減殺は家事審判事項ではないから、遺産分割の審判において、遺留分減殺請求権行使の事実及びその効果を主張することは許されない。

裁判所の判断

遺産分割事件において、分割の前提として遺留分減殺請求権行使の事実及びその効果を主張することは、遺産の範囲を明らかにし、これを明認した上でその分割手続を進めることが必要である以上当然に許され、また、家庭裁判所が、前提問題として、上記事実の存否及びその効果判断をすることは何ら妨げられない。

コメント

本決定は、遺産分割審判において、遺留分減殺請求権行使の事実及びその効果を、前提問題として主張及び審理判断することが当然に許されるとしたものである。

遺留分減殺請求権行使の事実及びその効果は、実体法上の権利関係であるから、その存否を終局的に確定するには、訴訟事項として対審公開の判決手続によらなければならない。

このような訴訟事項を、家事審判手続で判断できるかについては、学説上争いがあったが、判例（最大決昭41・3・2民集20・3・360、判時439・12ほか）は、訴訟事項が前提問題である場合について、積極説にたち、「家庭裁判所は、前提たる法律関係につき当事者間に争があるときは、常に民事訴訟による判決の確定をまつてはじめて遺産分割の審判をなすべきものであるというのではなく、審判手続において右前提事項の存否を審理判断したうえで分割の処分を行うことは少しも差支えないというべきである。」と判示した。

また、この判例は、その理由について、「審判手続においてした」「前提事項に関する判断には既判力が生じないから、これを争う当事者は、別に民事訴訟を提起して」「前提たる権利関係の確定を求めることをなんら妨げられるものではなく、そして、その結果、判決によって」「前提たる権利の存在が否定されれば、分割の審判もその限度において効力を失うに至るものと解される」「。このように、」「前提事項の存否を審判手続によつて決定しても、そのことは民事訴訟による通常の裁判を受ける途を閉すことを意味しないから、憲法32条、82条に違反するのではない。」と判示した。

このように、前提問題についての権利の確定は、終局的には民事訴訟においてなされるものであるが、それがなされていない段階では、家庭裁判所は、自らの資料に基づき、自らの判断によって、この前提問題を判断することができるというのが判例であり、本決定もこの判例と同趣旨の判示をしたものである。

本件の原審は、遺留分減殺請求権行使の事実及びその効果については、この遺留分権利者であるXと受贈者であるB及びCとの間に争いがなかったため、この事実を前提に、遺産の範囲を定め、遺産分割の手続を進行した。

確かに、前提事実について、事後的に、訴訟手続によって、異なる判断がなされることはあるものの、そうではないこともあるのであり、かかる場合、当該遺産分割の審判によって、紛争が実質的に解決することとなる。

また、前提事実について、必ず民事訴訟によって確定しなければ、遺産分割の審判をなし得ないとするのでは、当事者にも、過重な負担となろう。

遺産分割審判において、遺留分減殺の効果が前提問題になる場合としては、例えば、遺留分減殺により遺産共有が生じる場合がある。例えば、割合的包括遺贈を減殺した場合、その目的について、受遺者と減殺者との間での遺産共有になると考えられる（雨宮則夫＝石田敏明編『遺産相続訴訟の実務』373頁（新日本法規、2001））が、この場合、この事実を前提問題として判断することができると考えられる（同旨のものとして、矢尾和子「遺留分減殺請求による取戻財産の性質と遺産分割事件の運営」家月49巻7号32頁）。

また、本件のような生前贈与の減殺の場合、減殺の結果、贈与の目的は、遺産共有ではなく物権法上の共有になるものであるが、遺産分割審判事件の当事者全員の合意があることなどの要件が整えば、当該目的を遺産分割の対象とすることは可能である（**第2章・事例31**参照）から、そうすると、減殺がなされたことを前提事実として確定し、その上で、遺産分割をすることもできる。もっとも、この点については、相続人でない第三者に対する贈与や遺贈である場合、取戻財産を遺産分割の対象とできないとする異論もある（矢尾・前掲46頁）。

参考判例

○家庭裁判所は、相続権、相続財産等遺産の分割に関する処分の審判の前提となる権利関係の存否を、当該審判中で審理・判断することができるとされた事例（最大決昭41・3・2民集20・3・360、判時439・12ほか）

34　日本民法と相続分等の割合が異なる他国民法を適用することの可否

日本民法と相続分及び遺留分の割合が異なる中華民国民法を適用しても、我が国の私法的生活において維持されなければならない公の秩序、善良の風俗を危うくするおそれがあるとは認められないとされた事例

（東京地判平４・６・26家月45・８・90）

事案の概要

○当事者

原告X_1、X_2：認知された子ら（非嫡出子）

被告Y_1：妻

被告Y_2～Y_4：嫡出子ら

関係者Ａ：被相続人（中華民国国籍で、昭和20年代から日本で生活している者。昭61・８・16死亡）

○事実経過

昭59・５・17	Ａは、Y_1～Y_4に遺産全部を相続させる公正証書遺言を作成
昭61・８・16	Ａが死亡し、相続開始
昭62・３・14	ＸらはＹらに対し、遺留分減殺の意思表示

当事者の主張

○被告（Ｙら）の主張

中華民国民法は、配偶者と子の法定相続分が同じ割合である点及び嫡出子と非嫡出子の法定相続分が同じ割合である点で日本の公序良俗に反するから、相続分及び遺留分の割合に関しては日本民法を適用すべきである。

裁判所の判断

日本民法と相続分及び遺留分の割合が異なる中華民国民法を適用しても、我が国の私法的生活において維持されなければならない公の秩序、善良の風俗を危うくするおそれがあるとは認められない。

コメント

本判決は、多くの論点を含むものであるが、ここでは、相続分及び遺留分割合についての中華民国民法の規定が、本件において適用されるかという論点に絞って検討する。

被相続人は、中華民国国籍であるから、平成18年法律第78号による改正前の旧法例26条によると、その相続に関しては、中華民国法が適用される（これは、現行法である法の適用に関する通則法36条でも同様であり、「相続は、被相続人の本国法による。」と規定されている。）。

ところで、中華民国民法では、日本民法と異なり、配偶者と子の法定相続分が同じ割合であり、また、嫡出子と非嫡出子の法定相続分も同じ割合である。したがって、配偶者、嫡出子及び非嫡出子が相続人である本件においては、いずれの民法を適用するかによって、遺留分割合が異なることになる。

具体的には、中華民国民法を適用すると、６人の相続人全員の法定相続分が６分の１となり、遺留分割合は12分の１となるが、日本民法によると、配偶者であるY_1の法定相続分は２分の１（遺留分割合は４分の１)、嫡出子であるY_2ないしY_4の法定相続分は８分の１（遺留分割合は16分の１)、非嫡出子であるX_1及びX_2の法定相続分は16分の１（遺留分割合は32分の１）となる。

そこで、被告らは、このように、日本法と異なる相続分、遺留分割合によることは、我が国の公序良俗に反するとして、旧法例33条（現行では法の適用に関する通則法42条）により、中華民国法の適用が廃除されると主張したものである。

これに対し、本判決は、本事例では中華民国民法の適用が排除されないとした。その理由としては、法定の相続分割合が異なるからといって直ちに我が国の公序に反するのではなく、その適用の結果、我が国の私生活において維持されなければならない公序良俗が害されるおそれがある場合に限り、旧法例33条によって、外国法の適用が排除されるにすぎないとし、その上で、本事例では、中華民国民法を適用すると日本法を適用するよりも不利になる被告らが、実際には、被相続人Ａの遺言により、日本法での法定相続分を相当に上回る遺産を取得する結果となっているから、そうすると、本事例において、中華民国民法を適用しても、我が国の私生活において維持されなければならない公序良俗が害されるおそれがあるとはいえないと判示したものである。

本判決が判示するように、外国法の規定そのものが公序に反するから排除されるのではなく、当該事例において、外国法の適用の結果が、我が国の公序に反する場合に、その適用が排除されるものであるが、本事例において、我が国の公序に反しないという結論は、これを支持することができよう。

なお、公序則が適用されるには、当該法律関係と内国との牽連関係も問題となるが、昭和20年代から日本で生活している被相続人の遺産分割であることからすると、公序則を適用するに当たって、この点が問題になることはないであろう。

ちなみに、本件で問題となった中華民国民法の規定のうち、嫡出子と非嫡出子の相続分割合及び遺留分割合が同じであるとの規定については、我が国の公序に反する場合があり得るかについては異論もあり、およそ、この規定が反公序性を帯びることはないとする見解もある（植松真生「死亡退職金の準拠法と遺留分減殺に関する中華民国法適用の反公序性」ジュリ1066号251頁）。

これに対し、配偶者と子の相続分割合及び遺留分割合が同じであるとの規定については、反公序性を帯びる場合があることに異論はなかろう。日本民法は、配偶者保護の見地から、配偶者の相続分割合を２分の１（遺留分割合を４分の１）と規定しているが、中華民国民法によると、例えば、子の数が多い事例などでは、配偶者の相続分及び遺留分割合が著しく小さなものになることもあり得るからである。

本判決の評釈として、植松・前掲251頁及び信濃孝一「相続分及び遺留分につき日本民法と異なる割合を定める中華民国民法の適用と公序」判タ臨増852号176頁がある。

参考判例

○親権者を父に限定する大韓民国法を適用することが法例30条により許されないとされた事例（最判昭52・３・31民集31・２・365、判時850・22ほか）

○死後認知の出訴期間を父又は母の死亡を知った日から１年に限定する大韓民国法を適用することが公序に反しないとされた事例（大阪高判昭55・９・24家月33・３・48、判時995・60ほか）

○離婚に伴う財産分与を認めていなかった旧韓国法を適用することが公序に反しないとされた事例（最判昭59・７・20民集38・８・1051、判時1132・117ほか）

35　価額弁償の抗弁が提出されていない場合に、遺留分権利者から価額弁償を請求することの可否

遺留分権利者が受遺者に対して、価額弁償として金員の請求をなし得るのは、受遺者が価額弁償の意思を表明した場合に限られると解するのが相当であるとされた事例

（名古屋高判平6・1・27判タ860・251）

事案の概要

○当事者

控訴人・被控訴人Xら：Aの子及びその代襲相続人

被控訴人・控訴人Y：Aの子（受遺者）

関係者A：被相続人

○事実経過

平2	AがYに対し不動産を遺贈したので、Xらが遺留分を侵害されたとして、遺留分減殺請求権に基づき、Yに対し、上記不動産の遺留分相当の共有持分の移転登記手続を求めて提訴
平4・9・28	第一審判決。遺贈された不動産（原判決別紙第一物件目録記載の不動産）についてXらの請求を認容。ただし、原判決別紙第二物件目録記載の不動産については、遺産であることを否定して、この分に係る

	Ｘらの請求を棄却したので、Ｘら及びＹの双方が控訴
平５・８頃	Ｘらは控訴審において従前の主張を予備的請求と変更し、主位的請求として、Ｙからの価額弁償の主張がないにも関わらず、遺留分の価額弁償として5,493万円を求める請求を追加した。

当事者の主張

○控訴人・被控訴人（Ｘら）の主張

原判決別紙第一、二物件目録記載の土地の時価合計は６億5,916万円余になる。そこで、ＸらはＹに対し、主位的に、遺留分の価額弁償として、その12分の１である5,493万円（と遅延損害金）を請求する。

○被控訴人・控訴人（Ｙ）の主張

争う。遺留分権利者が現物返還の方法に代えて価額弁償を請求できるのは、遺留分義務者が価額弁償の方法を選択した場合に限られるというべきである。

裁判所の判断

遺留分権利者の権利を実現するためには、遺産の現物を遺留分権利者に引き渡すことが肝要であり、価額弁償の抗弁によって現物返還の義務を免れる上で、極めて重大な制約が課せられているのであるが、そうであれば、この価額弁償の抗弁を選択するには、受遺者の意思が十分尊重されなければならない。つまり、民法には、受遺者の意思を無視してまで、遺留分権利者に、受遺者に対して現物の返還に代えて価額の弁償を請求し得る旨の規定は存在しないのである。遺留分権利者が受遺者に対して価額弁償として金員の請求をなし得るのは、飽くまでも受遺者が価額弁償の意思を表明した場合に限られるというべきである（最判昭51・8・30民集30・7・768、判時826・37ほか参照）。これを反対に、受遺者が価額弁償の抗弁を選択していないのに、遺留分権利者に価額弁償として金員の請求を認めるとすれば、遺産が流通性の乏しい換価困難な財産の場合には、遺留分権利者は受遺者以上に有利な地位に立つことになるし、遺産が不動産であって、価額弁償に応じるためには、当該不動産を換価するほかないとすると、換価に伴う譲渡所得税はすべて受遺者の負担となるから、極めて不公平な結果となる。

したがって、遺留分権利者が受遺者に対して、価額弁償として金員の請求をなし得るのは、受遺者が価額弁償の意思を表明した場合に限られると解するのが相当である。

コメント

1　判例通説によれば、遺留分侵害行為は当然に無効となるものではなく、減殺ができるだけであり、その遺留分減殺請求権は、その行使によって遺留分侵害行為の効力が消滅し、目的物上の権利は当然に遺留分権利者に復帰する（形成権・物権的効果説）。これに対し、遺留分侵害者は、価額の弁償をすることによって現物の返還義務を免れる（民1041）が、価額弁償の意思表示をするだけでは不十分であり、現実に価額を弁償し、又はその提供をすることが必要であり（最判昭54・7・10民集33・5・562、判時942・46ほか（**第3章・事例2**））、その弁償すべき額は、現実の弁償時の価額であり、訴訟では事実審の口頭弁論終結時の価額である（前掲・最判昭51・8・30（**第3章・事例1**））。

2　民法1041条は、遺留分侵害者である「受贈者及び受遺者は」「目的の価額を遺留分権利者に弁償して返還の義務を免れることができる」と規定し、価額弁償が遺留分侵害者側に与えられた選択肢の１つであると構成している。

これに対し、逆に、遺留分権利者のイニシアティブによって価額弁償を求めることができるであろうか。民法1041条の規定は、上記のとおり遺留分侵害者側に１つの選択肢を与えたものではあるが、遺留分権利者側の行動を制約する規定であるとはいえないし、同条の規定自体から、このような遺留分権利者側のイニシアティブが否定されているということはできないであろう。

学説は、一般に、受贈者等からの価額弁償の意思表示があるときは価額弁償を肯定するが、そのような意思表示がない場合には否定する。しかし、そのような制約なしに価額弁償請求をなし得るとする説もある（中川善之助＝加藤永一編『新版注釈民法(28)』522頁〔高木多喜男〕（有斐閣、補訂版、2002））。これに対し、本判決は、そのような遺留分権利者のイニシアティブを否定した。その理由として、遺留分権利者の権利を最も効果的に回復することを目指せば現物返還が法の目的に最も合致しているとの判断を前提に、上記のとおり判示している。

本判決と同様、遺留分権利者側がイニシアティブをとって価額弁償を求めることはできないとするのが、実務の大勢であろう。

3　価額弁償の抗弁が提出され、これを採用する場合の判決主文の記載方法について、**第２章・事例36、37、38**の裁判例などを参照されたい。

4　最高裁平成20年１月24日判決（民集62・１・63、判時1999・73ほか）（**第３章・事例７**）は、遺留分権利者が、訴訟において受遺者・受贈者のした価額弁償の抗弁を受け入れ、訴えを価額弁償請求権に基づく金員請求に変更した場合、遺留分権利者は目的物の返還請求権をさかのぼって失い、これに代わる価額弁償請求権を確定的に取得するので、訴えの変更の翌日から遅延損害金が請求できるとした。

参考判例

○遺言書に遺留分は価額弁償することとの趣旨の記載がある場合であっても、Ｙが価額弁償の意思表示をしていない以上、Ｘらの価額弁償の請求には理由がないとした事例（東京地判平18・６・21（平16(ワ)13422））

36　遺留分減殺の抗弁に対し、原告が価額弁償の再抗弁を主張した場合に、弁償額の弁済をするか又はその提供を条件として請求を認容することの可否

受贈者から相続人に対する贈与の履行請求訴訟において、遺留分減殺の抗弁に対し、受贈者が再抗弁として価額弁償を選択した上一定の評価額をもって弁償する旨主張している場合は、弁済の履行済み又は履行の提供済みの主張立証がなくても、弁償額の弁済又はその提供を条件として請求を認容すべきであり、その条件は先履行であるとされた事例

（東京高判昭62・８・26判時1252・54ほか）

事案の概要

○当事者

控訴人Ｙ：二男

被控訴人Ｘ：長女Ｂの配偶者（受贈者）

関係者Ａ：被相続人（昭56・４・30死亡）

関係者Ｂ：Ａの長女、Ｘの配偶者

○事実経過

昭55・８・８	Ａとその長女Ｂの配偶者であるＸ間に本件不動産の死因贈与契約が成立
昭56・４・30	Ａが死亡
昭57	Ｘは、Ａから本件不動産について死因贈与を受けた

	として、Aの相続人であるYらに対し、上記死因贈与の履行として所有権移転登記手続を求める訴訟を提起。同訴訟において、Yは、抗弁として、上記死因贈与は遺留分を侵害するので死因贈与を減殺する旨の意思表示をした旨の主張をしたところ、Xは、再抗弁として、減殺を受けるべき限度において価額による弁償を行うとし、相続開始時の不動産の価額を基礎として価額弁償の額を1,290万円余であると主張した。
昭62・1・29	第一審判決（東京地裁）。同判決は、このような場合には、裁判所は、相続人に対し、受贈者から減殺されるべき贈与の目的の価額の弁償を受けるのと引換えに、贈与義務の履行を命ずるのが相当であり、かつ、弁償を命ずるべき贈与の目的の価額は、現実の弁償時である口頭弁論終結時における価額と解すべきであるとして、Yに対し、Xから1,998万円余の支払を受けるのと引換えに本件不動産につき所有権移転登記手続をすることを命じた。
昭62	Yが、死因贈与契約の有効性などを争って控訴

当事者の主張

○被控訴人（X）の主張

遺留分減殺請求に対し、減殺を受けるべき限度において価額による弁償を行う場合には、相続開始時の不動産の価額を基礎とすべきであり、その価額弁償の額は1,290万円余である。

裁判所の判断

受贈者から相続人に対し被相続人のした不動産の贈与の履行請求として当該不動産につき所有権移転登記手続を求める訴訟において、相続人のする遺留分減殺の抗弁に対し、受贈者が再抗弁事由として価額弁償を選択した上、その価額を評価特定し、その価額をもって弁償する旨を明示して主張している場合には、弁償の履行済み又は履行の提供済みの主張立証がなくても、その部分についての請求を棄却することなく、価額弁償の主張を採用し、当該訴訟において上記価額を確定した上、弁償額を弁済するか、又はその提供をなすべきことを条件として請求を認容するのを相当とする。そして、この条件は先履行であるべきである。

しかして、上記弁償額は、事実審における口頭弁論期日終結時における価額である。

○本判決主文の要旨

ＹはＸに対し、本件不動産について、Ｘが○○円を支払い、又はその提供をしたときは、○年○月○日贈与を原因とする所有権移転登記手続をせよ。

コメント

1　本事例のように、受贈者が相続人に対し死因贈与の履行を求めて提訴した場合、相続人である遺留分権利者は、遺留分減殺請求をして受贈者に対する贈与義務の履行を拒絶することができる。これに対し、受贈者は、現物返還を選択して減殺された価額分の現物の返還（請求の断念）をするか、民法1041条の規定により現物返還に代えて価額弁償によるかのいずれかを選択することができる。後者の価額弁償を選択した場合、受贈者は、価額の弁償を現実に履行し、又はその提供をしなければならず、単に価額の弁償をなすべき旨の意思表示をしただけでは足りないし（最判昭54・7・10民集33・5・562、判時942・46ほか（**第３章・事例２**））、価額弁償の基準時は、事実審における口頭弁論期日終結時である（最判昭51・8・30民集30・7・768、判時826・37ほか（**第３章・事例１**））。

2　ところで、現実の訴訟において「受贈者が行うべき価額弁償の現実の履行又は提供」はどのように取り扱われるかが問題となる。訴訟の口頭弁論終結時までに現実の履行をし、又は履行の提供がされていて、その旨の主張立証がされていれば特に問題はない。しかし、訴訟において価額弁償の主張がされたものの現実の履行も提供もされていない場合に、裁判所としては、現実の履行や提供がなされていないとして原告の請求を棄却すべきなのか、あるいは引換給付判決をすべきなのか、はたまた先履行を条件とする判決をすべきなのか、他の条件を付するべきなのか。

本事例の第一審は、請求棄却説は採用せず、これを引換給付で処理したが、本判決は、第一審と同様に請求棄却説は採用しなかったものの、第一審の引換給付では足りず、先履行とすべきであるとしたものである。

3　本判決の主文型には、受遺者が行う価額弁償の履行等はいつまで可能か（例えば、口頭弁論終結時から１年後でも可能か）などの問題がある。そのような問題を解決し、実効性のある主文を工夫したのが、最高裁平成９年２月25日判決（民集51・2・448、判時1597・66ほか）（**第２章・事例37**）と最高裁平成９年７月17日判決（判時1617・93ほか）（**第２章・事例38**）である。本判決の主文型を採用する場合は、弁償の期限を定めるなどより一層の工夫を必要とするであろう。

4　本事例は、受贈者であるＸが、価額弁償の額を1,290万円余と特定して主張している事案であるが、訴訟の当事者が常に弁償額を特定できるとは限らないこと（本事例でも、弁償額は裁判所認定とＸ主張とで異なっている。）、その場合の訴訟当事者の主張方法、担当裁判所の処理方法について、第２章・事例37、38を参照されたい。

37　遺留分権利者からの不動産持分移転登記手続請求訴訟において、受遺者が裁判所が定めた価額による価額弁償の意思表示をした場合の判決主文(1)

減殺請求をした遺留分権利者が遺贈の目的物の返還を求める訴訟において、受遺者が、事実審口頭弁論終結前に、裁判所が定めた価額により民法1041条の規定による価額の弁償をなすべき旨の意思表示をした場合には、裁判所は、上記訴訟の事実審口頭弁論終結時を算定の基準時として弁償すべき額を定めた上、受遺者が上記の額を支払わなかったことを条件として、遺留分権利者の目的物返還請求を認容すべきものと解するのが相当であるとされた事例

（最三小判平９・２・25民集51・２・448、判時1597・66ほか）

事案の概要

○当事者

上告人Ｘ：Ａの二女

被上告人Ｙ：Ａの長男（受遺者）

関係者Ａ：被相続人（昭62・１・26死亡）

○事実経過

昭62・１・26	Ａは全財産をＹに遺贈する旨の自筆証書遺言書を作成して死亡
昭62・７・30	昭和62年７月２日までに、同遺言に基づき、本件不動産についてＹへの所有権移転登記手続がされたの

	で、同月30日Ｘが遺留分減殺請求権行使の意思表示
昭63	Ｘが、主位的に遺言の無効確認等を求め、予備的に遺留分減殺請求によりＸに復帰した持分の返還として持分移転登記手続等を求めて提訴（この主位的請求は事実認定によって棄却されているので、以下、予備的請求に係る部分のみ記載する。）
平３・５・８	第一審判決。本件不動産について、１億0,360万余を分母とし2,353万余を分子とする割合の持分確認と所有権移転登記手続を命ずる限度でＸの請求を認容。なお、Ｙは、民法1041条の価額弁償の意思があると述べていたが、第一審判決は、意思表示のみでは現物返還を免れるための抗弁として失当であると判示した。
平６・４・22	控訴審判決。その内容は、第一審認定の持分割合を変更した上、Ｘが持分権を有することの確認をし（第１項）、Ｙに対しその所有権移転登記手続を命ずる（第２項）とともに、第３項として、ＹがＸに対し、Ｘが取得した持分の価額である2,272万余を支払ったときは、Ｙは前項の所有権移転登記義務を免れることができる、というものであった。

当事者の主張

○上告人（Ｘ）の主張

①　本件では、Ｙは価額弁償について現実の履行もその提供もしていないし、Ｘは価額弁償ではなく現物の返還を求めている。このよう

な事案において､控訴審判決主文第３項のような判決をすることは、民事訴訟法186条〔筆者注：平成８年法律第109号による改正後は同法246条〕に反するし、この主文では主文第２項によりＸが登記手続をすることを防止できないから、問題を混乱させることになる。

②　本件のように現物返還を求めている事案で、口頭弁論終結時における価額で算定し、同金額の支払で所有権移転登記請求を免れることができるとすると、目的物の価額変動があるにもかかわらず、長年月経過後においても口頭弁論終結時の価額によって算定された弁償額で現物返還義務を免れることになり不合理である。

裁判所の判断

受遺者が価額弁償の意思を有していても「事実審口頭弁論終結前に弁償すべき価額による現実の履行又は履行の提供をしなかったときは、受遺者は、遺贈の目的物の返還義務を免れることはできない。しかしながら、受遺者が、当該訴訟手続において、事実審口頭弁論終結前に、裁判所が定めた価額により民法1041条の規定による価額の弁償をなすべき旨の意思表示をした場合には、裁判所は、右訴訟の事実審口頭弁論終結時を算定の基準時として弁償すべき額を定めた上、受遺者が右の額を支払わなかったことを条件として、遺留分権利者の目的物返還請求を認容すべきものと解するのが相当である。」

けだし、受遺者が弁償すべき価額を現実に提供して目的物の返還を拒みたいと考えたとしても、現実には、遺産の範囲、遺留分権利者に帰属した持分割合及びその価額を確定することは至難なことであって、すべての場合に弁償すべき価額の履行の提供のない限り価額弁償の抗弁は成立しないとすることは、同法条の趣旨を没却するに等しいものといわなければならない。したがって、裁判所としては、受遺者の価額弁償の主張を「適式の抗弁として取り扱い、判決において右の弁償すべき額を定めた上、その支払と遺留分権利者の請求とを合理的に関連させ、当事者双方の利害の均衡を図るのが相当であり、かつ、これが法の趣旨にも合致するものと解すべきである。」

この場合、控訴審判決第３項のように、受遺者が遺留分権利者に金員を支払ったときは所有権移転登記義務を免れるとすることは、「何時までにその主張をなすべきか、その価額の評価基準日を何時にするか、執行手続をいかにすべきか等の手続上の諸問題を無視することができ」ず、法的安定性を害するおそれがある。一方、受遺者からの価額確定の申立ては、その趣旨から、単に価額の確定を求めるのみの申立てであるにとどまらず、その確定額を支払うが、もし支払わなかったときは現物返還に応ずる趣旨のものと解されるから、「裁判所としては、その趣旨に副った条件付判決をすべきもの」である。

本件では、受遺者であるＹは価額の弁償をなすべき旨の意思を表明して弁償すべき額の確定を求める旨の申立てをしており、原審口頭弁論終結時における上記持分の価額は2,272万円余であるというのであるから、Ｙが同条所定の遺贈の目的の価額の弁償として上記同額の金員を支払わなかったことを条件として、Ｘの持分移転登記手続請求を認容すべきである。

コメント

1　特定物の遺贈等がされ、その履行がされた場合に、受遺者が遺留分減殺請求をした遺留分権利者からの目的物の返還義務を免れるため価額弁償をしようと考えても、同義務を免れるためには、価額の弁償をする旨の意思表示をしただけでは足りず、価額の弁償を現実に履行するかその履行の提供をしなければならないし（最判昭54・7・

10民集33・５・562、判時942・46ほか（**第３章・事例２**））、その弁償すべき額の基準時は、現実に弁償がされるときであって、訴訟の場合には事実審口頭弁論終結時となる（最判昭51・８・30民集30・７・768、判時826・37ほか（**第３章・事例１**））。

2　それでは、以上の法理論を前提に、遺留分減殺によって現物の返還を求めた訴訟において、被告となった受遺者が、価額弁償によって返還義務を免れたいと考えたとするとどうなるであろうか。上記法理論をそのまま適用すると、受遺者は自ら自己の判断で弁償額を決定して現実に提供することが必要になるが、遺産の範囲や遺留分権利者に帰属した持分割合に争いがあったり価額に争いがあったりすると、この算定が極めて至難になる。また、その困難を克服して金額を算定し、現金を用意して現実に提供しても、その金額が裁判所の算定した金額より低いと判断された場合には、価額弁償の効果が発生しないことになってしまう可能性もある。これでは、価額弁償ができるといっても、それは受遺者にとっては絵に描いた餅に近いことになってしまう。

3　このような問題点は、裁判所が訴訟手続中において弁償すべき金額を確定することにすれば解決が可能であって、価額弁償によって返還義務を免れたいと考える受遺者にとって便宜なことである。他方で、価額弁償の抗弁を受けた遺留分権利者に対しては、現物の返還又はそれに相当する価額の弁償を確保することも必要である。

このような考慮の下、本件の原審は、前記のとおり、Ｙに対し、単純にその所有権移転登記手続を命ずる（第２項）とともに、第３項として、ＹがＸに対し、Ｘが取得した持分の価額である2,272万円余を支払ったときは、前項の所有権移転登記義務を免れることができる、という主文を工夫した。同様の問題意識から、東京高裁昭和58年６月28日判決（家月36・10・90、判時1085・61ほか）が本件原審と同様の主文を言い渡していたし、東京高裁昭和62年８月26日判決（判時1252・54ほか）（**第２章・事例36**）は、弁済の提供等は先履行であるとして「Ｙは、Ｘが○○円を支払ったときは、Ｘに△△を引き渡せ」との主文を言い渡している。

4　このように、裁判所は、価額弁償によって現物の返還義務を免れたいと考える受遺者・受贈者の便宜を考慮し、他方で、遺留分権利者に、現物の返還又はそれに相当する価額の返還を確保するため、工夫をしてきたが、それで問題がすべて解決したわけではない。本件の原審のような主文（Ｙが○○円を支払ったときは引渡義務を免れる）や前掲・東京高裁昭和62年８月26日判決の主文（Ｙは、Ｘが○○円を支払ったときは、Ｘに△△を引き渡せ）は、前者の主文には、本判決指摘のとおり、いつまでにその主張をなすべきか、その価額の評価基準日をいつにするか、執行手続をいかにすべきか等の手続上の諸問題があるし、後者の主文にも、執行手続の問題はさておき、いつまでに主張をすべきか、評価の基準時をいつにするか、支払期限はあるのか、など種々の問題ある。

　このような状況の下、本判決は、実効性を考え、主文を改良して、この解決策を示したものである。

5　本判決の主文による執行手続について、本判決は、「遺留分権利者からの遺贈の目的物の返還を求める訴訟において目的物返還を命ずる裁判の内容が意思表示を命ずるものである場合には、受遺者が裁判所の定める額を支払ったという事実は民事執行法173条〔筆者注：平成15年法律第134号による改正後は同法174条〕所定の債務者の証明すべき事実に当たり、同条の定めるところにより、遺留分権利者からの執行文付与の申立てを受けた裁判所書記官が受遺者に対し一定の期間を定めて右事実を証明する文書を提出すべき旨を催告するなどの手続を経て執行文が付与された時に、同条１項の規定により、意思表示をしたものとみなされるという判決の効力が発生する。また、受遺者が裁判所の定める額について弁償の履行の提供をした場合も、右にいう受遺者が裁判所の定める額を支払った場合に含まれるものというべきであり、執行文付与の前に受遺者が右の履行の提供をした場合には、減殺請求によりいったん遺留分権利者に帰属した権利が再び受遺者に移転する反面、遺留分権利者は受遺者に対して右の額の金銭の支払を求める権利を取得する」と判示している。

6　本判決後の最高裁平成９年７月17日判決（判時1617・93ほか）（**第２章・事例38**）が、本判決と同じ判断をし、遺留分権利者からの上告事件について最高裁の判断が固まったこと、しかし、この両判決の主文には微妙な相違があること、その後、受遺者・受贈者からの上告事件についても最高裁は同じ判断をしていることについては、**第２章・事例38**のコメントを参照されたい。

38　遺留分権利者からの不動産持分移転登記手続請求訴訟において、受遺者が裁判所が定めた価額による価額弁償の意思表示をした場合の判決主文(2)

減殺請求をした遺留分権利者が遺贈の目的物の返還を求める訴訟の事実審口頭弁論終結前において、受遺者が、裁判所が定めた価額により民法1041条の規定に基づく価額の弁償をする旨の意思表示をした場合には、裁判所は、上記訴訟の事実審口頭弁論終結時を算定の基準時として弁償すべき額を定めた上、受遺者が上記の額を支払わなかったことを条件として、遺留分権利者の目的物返還請求を認容すべきであるとされた事例

（最一小判平９・７・17判時1617・93ほか）

事案の概要

○当事者

上告人Ｘら：Ａの子ら

被上告人Ｙ：受遺者

関係者Ａ：被相続人（平元・４・21死亡）

○事実経過

平元・４・21	Ａが死亡したが、Ａは、全財産をＹに遺贈する旨の遺言をしていた。
平元・７	Ａの遺産である本件土地の持分について、本件遺言に基づき、Ｙに対する所有権移転登記がされたので、

	Ｘらは Y に対して、遺留分減殺請求権を行使する旨の意思表示をした。その結果、Ｘらは、いずれも本件土地について持分40分の１を取得
平２	Ｘらは持分移転登記手続を求めて訴訟提起。Ｙは、同訴訟において、弁償すべき価額の確定を求める趣旨で価額弁償の意思表示をした。原審口頭弁論終結時における本件土地の持分40分の１の価額は241万4,750円である。
平４・10・28	控訴審判決。主文は「ＹはＸら各自に対し、本件土地の持分各40分の１ずつについて所有権移転登記手続をせよ。Ｙは、Ｘら各自に対し、前項の持分権の代価として各241万4,750円を支払うときは、同項の登記手続義務を免れることができる」というものであった。Ｘらが、遺言書の真否を争って上告

当事者の主張

○上告人（Ｘら）の主張

本件遺言書はＡが作成したものではない。

裁判所の判断

原審は、前記のとおりの主文の判決を言い渡した。「しかしながら、減殺請求をした遺留分権利者が遺贈の目的物の返還を求める訴訟の事実審口頭弁論終結前において、受遺者が、裁判所が定めた価額により民法1041条の規定に基づく価額の弁償をする旨の意思表示をした場合には、裁判所は、右訴訟の事実審口頭弁論終結時を算定の基準時として弁償すべき額を定めた上、受遺者が右の額を支払わなかったことを条件として、遺留分権利者の目的物返還請求を認容すべきである（最高裁平成6年(オ)第1746号同9年2月25日第三小法廷判決・民集51巻2号登載予定参照）〔筆者注：民集51・2・448、判時1597・66ほか〕。」

これを本件についてみるに、受遺者であるYは原審口頭弁論期日において右の趣旨の意思表示をしており、Xらが遺留分減殺により取得した本件土地の持分各40分の1の原審口頭弁論終結時における価額は各241万4,750円であるから、YがXらにそれぞれ右の額を支払わなかったことを条件として、Xらの移転登記手続請求を認容すべきである。

○本判決主文の要旨

Yは、Xに対し、Yが同Xに対して241万4,750円を支払わなかったときは、原判決添付物件目録記載の土地の持分各40分の1について、平成元年7月31日遺留分減殺を原因とする所有権移転登記手続をせよ。

コメント

1　本事例は、最高裁平成9年2月25日判決（民集51・2・448、判時1597・66ほか）（**第2章・事例37**）（以下「2月25日判決」という。）と同じ問題を扱っているものであり、この判決に続いて本判決でも同じ判断・解決策が示されたことから、最高裁の判断が確定したことを示している。

2　本判決の主文は、2月25日判決の主文と少し異なるが、いずれも許容されるものである。

すなわち、2月25日判決は「YはXに対し、YがXに対して民法1041条所定の遺贈の目的の価額の弁償として○○円を支払わなかったときは、第一審判決添付第一目録記載の各不動産の原判決添付目録記載の持分につき、所有権移転登記手続をせよ」というものであった。これに対し、本判決の主文は上記のとおりであって、２月25日判決にはなかった「平成元年７月31日遺留分減殺を原因とする」という登記原因の記載が付加されているが、他方、２月25日判決主文に存在した「民法1041条所定の遺贈の目的の価額の弁償として〇〇円」という文言がない。

3　本判決及び２月25日判決は遺留分権利者から上告がされた事案であったが、受遺者・受贈者から上告があった事案において、最高裁は、平成９年９月９日判決（平６(オ)1215）及び平成９年10月14日判決（平９(オ)129）で、本判決及び２月25日判決と同様の判断をしている（野山宏「最高裁民事破棄判決の実情(1)」判時1636号12頁）。

(2)　保全処分等

39　遺言無効確認の訴えの本案性について

遺言無効確認の訴えにつき、当該遺言を対象とする遺留分減殺により発生する権利を被保全権利とする仮処分との関係で、本案性を認めた事例

（東京高判昭61・1・22家月38・12・68、判タ610・137）

事案の概要

○当事者

控訴人Y：相続人（遺留分割合は4分の1）

被控訴人X：相続人（遺言により全遺産を相続した）

関係者A：被相続人（昭58・2・15死亡）

○事実経過

昭54・12・27	Aは、Xに遺産全部を相続させる旨の公正証書遺言を作成（以下「本件遺言」という。）
昭58・2・15	Aが死亡し、相続が開始。X、YはAの法定相続人
昭58	Xは、Aの遺産である各土地の所有権移転登記を経由
昭58・8・11	Yは、遺留分減殺により発生する権利を保全するため、Xを相手方として、上記各土地の処分禁止の仮

	処分を申し立てたところ、これを認める仮処分決定（以下「本件仮処分」という。）
昭58・９・29	Ｘの申立てにより、本件仮処分についての起訴命令
昭60・11・５	Ｙは、本件仮処分の本案訴訟として、本件遺言の無効確認等を求める訴えを提起（以下「本件訴え」という。）
昭60	Ｘは、本件訴えが本件仮処分の本案ではないとして、本件仮処分の取消しを求めたところ、第一審は、これを認容

当事者の主張

○控訴人（Ｙ）の主張

本件訴えは、本件仮処分の本案訴訟である。

裁判所の判断

Ｙの主張を採用し、原判決を取消し。

本件仮処分の申立てにおいて主張する請求と本件訴えにおける請求とは訴訟物を異にするものではあるが、本件遺言が有効か無効かによって控訴人の取得する持分の割合が異なってくるものであって、遺言の有効無効はその割合を決定する重要な前提問題であるから、これらの請求はその請求の基礎において同一性を失わないものというべく、したがって、本件訴えをもって本件仮処分の本案訴訟というに妨げない。

コメント

仮処分の本案性については、仮処分の被保全権利と本案訴訟の訴訟物たる権利とが全く同一である必要はなく、訴えの変更の要件である請求の基礎の同一性（民訴143①）があれば足りるとするのが判例（大判大14・５・30民集４・288、最判昭26・10・18民集５・11・600、判タ16・40ほか）であり、また、学説においても多数説である（例えば、瀬木比呂志『民事保全法』436頁（判例タイムズ社、2001）、西山俊彦『保全処分概論』206頁（一粒社、新版、1985）等）。

本件における仮処分の被保全権利は、遺留分減殺請求権を行使した結果Ｙが取得する、土地の所有権（共有持分権）に基づく妨害排除請求権としての移転登記請求権等である。

なお、Ｙは、本件仮処分の申立ての際、事情としてではあるが、本件遺言が無効であるとの主張もしていたようである。

次に、本件の本案訴訟は、本件遺言の無効確認等を求めるものであり、訴訟物は、本件遺言の有効性である。なお、Ｙは、予備的に、本件遺言が有効であることを前提とした、遺留分減殺請求権行使の主張をし、これに基づく何らかの請求をしているようであるが、詳細は明らかではなく、また、本判決は、専ら、遺言無効の訴えの本案性について判示している。

本件仮処分の被保全権利と遺言無効確認の訴えの訴訟物たる権利に、請求の基礎の同一性があるかについて、本判決は、上記のように、これを肯定し、本件遺言が有効か無効かによってＹの取得する持分の割合が異なってくるものであって、遺言の有効無効はその割合を決定する重要な前提問題であることをその理由としているものである。

ところで、本件のような事例では、仮処分の段階で、遺言が無効であることを前提とした被保全権利をも主張するのがむしろ自然であると思われるが、本件は、そうではなく、仮処分段階では、遺言が有効であるとして、遺留分減殺請求権を行使した場合の請求権のみを被保全権利としたために、本案訴訟との齟齬が問題となったものである。

請求の基礎が同一か否かは、事案ごとに個別に検討するしかないところ、本件は、遺留分減殺請求権行使により発生する物権的又は債権的請求と、当該遺留分減殺の対象である遺言の無効確認の訴えについて、請求の基礎が同一であることを明らかにした高裁判例として、実務上参考になろう。

参考判例

○起訴命令に基づき提起された訴えの請求が当該保全処分の被保全権利と請求の基礎において同一性があり、当該訴えが本案訴訟に当たるとされた事例（最判昭26・10・18民集５・11・600、判タ16・40ほか）

○起訴命令に基づき提起された訴えが当該保全処分の本案訴訟に当たらないとされた事例（仙台地判昭52・10・12下民28・９－12・1095、判時886・76）

○起訴命令に基づき提起された訴えが当該保全処分の本案訴訟に当たるとされた事例（東京高判昭60・９・26判時1168・73ほか）

40　遺留分減殺請求による土地共有持分の返還請求権を被保全権利とする処分禁止仮処分と特別事情による取消し

遺留分権利者が、遺留分減殺請求による土地共有持分の返還請求権を被保全権利とする処分禁止仮処分の決定を得たとしても、同土地共有持分を弁償するに足りる金銭的補償を受け得る場合は、同仮処分を取り消すことができるとした事例

（東京地判昭34・２・４家月11・６・126、判時185・23ほか）

事案の概要

○当事者

申立人Ｘ：Ａからの受遺者

相手方Ｙ：Ａの子（遺留分権利者）

関係者Ａ：Ｙの父

○事実経過

昭32・４・９	Ａは、Ｘに対し、公正証書によりその所有にかかる土地を遺贈した後、死亡した。
昭32・７・22	上記土地のうちの本件土地が日本住宅公団より住宅建設計画に編入され、昭和32年９月ころ、Ｘが売渡しを承諾する。
昭33・５・21	Ｙが遺留分減殺請求権により、本件土地の共有持分

	の処分禁止を命ずる仮処分を得た。
昭33・５・30	本件土地が団地に指定され、Ｘと公団の間で、本件土地を1,280万0,500円で売り渡すとの売買契約が成立
昭33・５・31	前記仮処分決定がＸに送達される。Ｘから本件保全取消しの申立てがなされた。

裁判所の判断

遺留分は、元来遺産に一定の生前贈与の目的物を加えた財産に対する割合をもって示される価額であって、これによって遺留分権利者に保留されるのは具体的財産ではなく価額である。もっとも遺留分権利者がその権利を行使し、遺贈又は贈与を減殺するときは、その結果、取得した遺贈又は贈与の目的物自体の返還請求をなし得ることは当然であって、民法もこれを認める立場から規定しているけれども、同時にまた、その1041条１項は、受贈者又は受遺者が減殺を受くべく限度において贈与又は遺贈の目的の価額を遺留分権利者に弁償して返還の義務を免れることができると規定し、遺留分が価額についての権利たる趣旨を貫いた。換言すれば、遺留分減殺により生じた具体的財産の返還請求権は、当該財産の返還が可能な場合においても受贈者又は受遺者の自由な意思に基づきこれに代わる金銭の給付に満足すべく本来の給付を期し得ないものであって、その意味では権利行使につき遺留分の本質に由来する当然の制約を受ける。したがって、上記本案の土地共有持分返還請求権もこれが保全のための処分禁止仮処分を絶対に必要とするものでなく、土地共有持分の価額を弁償するに足る金銭的補償をもってしても、よくその終局の目的を達し得るものと考えざるを得ない。

コメント

遺留分制度は、大別して、遺留分を相続分の一部とするゲルマン型と、これを一定の財産額とするローマ型があるが、わが民法は、前者の立場を採用した（民1028）。この結果、遺留分権は物権的な性格をもち、遺留分減殺の結果、遺留分権利者は、遺贈ないし贈与の目的物に対して現物の返還を請求することができる。これに対し、民法1040条及び1041条は、この例外として、受贈者又は受遺者が目的物に代わる価額を賠償して返還請求を免れ得ることを規定する。ゲルマン法の基調とした家産維持の機能が、遺留分制度の近代化に伴い、遺族の生活を保障するとの機能に移行した結果であり、フランス法などでも見られる規定であるとされる。

本件では、遺留分減殺請求権に基づく共有持分返還請求権を本案とする処分禁止の仮処分において、特別事情による取消し（民事保全法制定附則２条による改正前の民訴759、現行民保39①に相当）の可否が問題となった。旧法下では、「特別ノ事情」の要件については明文がなかったが、判例・学説は、①債権者において金銭的補償によって仮処分の目的を達し得るという事情、②債務者において通常被ることが予想される損害よりも多大な損害を被るべき事情、の２要件がこれに当たると解していた（最判昭26・2・6民集5・3・21、判タ10・52）。ただし、①の要件を余り緩やかに解することについては、特別の事情を要件とする意味が失われるとして反対する学説も見られており、現行の民事保全法制定に当たっては、②の要件だけを明示することになった。したがって、現行法下では、①の要件は、慎重に判断されなくてはならないのであるが、遺留分減殺請求権がその性質上①の要件に基本的に該当することは、前記民法1041条の趣旨からも明らかであろう。本判決は、これに加えて、申立人が公団に対して、本件仮処分の結果本件土地を売却できない場合には、損害賠償を請求されるなど重大な損害を受けることになることを認定し、仮処分の取消しを認めたのであり、妥当な判決といえる。旧法下の判決ではあるが、遺留分実務に参考となろう。

参考判例

○詐害行為取消権に基づく仮処分は、特別の事情があるときは取り消すことができる（東京地判昭43・８・９判時539・49ほか）

41　遺留分減殺請求に基づく共有持分移転の仮登記仮処分を求める場合の疎明内容

遺留分権利者が、遺留分減殺請求に基づき、土地の共有持分移転の仮登記仮処分を申請する際には、相続財産の範囲、その価額、算入されるべき遺贈及び生前贈与の存在とその価額、相続債務とその額等について主張し、疎明する必要があるとされた事例

（東京高決平４・11・６判タ813・277）

事案の概要

○当事者

抗告人Ｘ：Ａの二男（遺留分権利者）

相手方Ｙ：Ａの四男（受遺者）

関係者Ａ：Ｘらの母

○事実経過

平３・４・21	Ａは、Ｙに対し、その所有にかかる本件土地を公正証書により遺贈した後、死亡した。相続人は、Ｘ、Ｙら７名である。
平３・８・６	Ｙは、本件土地につき相続を原因とする所有権移転登記を経由した。
平３・７・18	Ｘは、Ｙに対し、遺留分減殺の意思表示をした。その後、Ｘは、Ｙに対し、本件土地について、上記意思表示により14分の１の共有持分を取得したとし

	て、同割合に相当する共有持分移転の仮登記を求める仮処分命令を申請した。
平４・８・６	原審は、後記本決定とほぼ同旨の理由により上記申請を却下したが、Ｘから同決定に対して抗告

当事者の主張

○抗告人（Ｘ）の主張

遺言によるＹへの事件物件の所有権移転により、抗告人の遺留分が侵害された。

裁判所の判断

抗告人は、前記遺言によるＹへの本件物件の所有権移転により、抗告人の遺留分が侵害されたと主張するが、上記主張の当否につき判断するためには、抗告人の具体的遺留分額を算定する必要があり、上記遺留分額は、相続開始時の相続財産の価額に、遺贈、法所定の範囲の生前贈与の各価額を加えた上、相続債務を控除した財産額を基礎として算定することになるので、抗告人は、相続財産の範囲、その価額、算入されるべき遺贈及び生前贈与の存在とその価額、相続債務とその額等について主張し疎明する必要があるものである。抗告人は、原決定が、上記の点について疎明を求めたことについて疑義を述べるが、仮登記仮処分命令の申請手続では、申請者の主張や疎明だけで命令が発せられ、重大な利害関係を持つ仮登記義務者（本件物件の所有者）には審尋の機会は与えられないばかりか仮処分命令に対し不服申立ても許されておらず、損害担保のための保証提供の制度も設けられていないことを考慮すると、上記仮登記義務者の受ける不利益との均衡上、仮登記仮処分命令の発布を求める抗告人に前記程度の疎明を求めることはやむを得ないものというべきであり、何ら違法不当はないというべきである。

コメント

仮登記仮処分は、登記義務者が登記に協力しない場合に、登記権利者が、仮登記原因を疎明した上、裁判所から仮登記仮処分命令を得て、仮登記の単独申請をなし得るという手続である（不登107①・108）。仮登記仮処分手続の性質は非訟事件手続であり、仮登記義務者が対立当事者の地位を有することはない。仮登記仮処分命令においては、本決定も述べるように、登記義務者に対する審尋や裁判所による職権探知が行われることもなく、専ら申請人の提出する疎明資料だけでその当否が判断され、損害担保のための保証は必要とされず、命令に対する登記義務者の不服申立ても認められていない。

このため、実務においては、仮登記仮処分の申請手続においては、仮登記原因の存在について、極めて厳格な疎明を要求している。すなわち、申請人は、同手続の審理において、登記請求権の発生原因事実のみならず、発生障害事実の不存在や消滅原因の不存在の全てについて、疎明する責任があるとされるのである。

本件において、Ｘは、遺留分減殺請求により本件土地につき共有持分を取得したが、Ｙにおいて、共有持分移転登記に協力しないことから、これを仮登記原因（不登105一）として、本件仮登記仮処分を申請したものである。しかしながら、上述したところにより、Ｘが上記仮処分を受けるためには、登記請求権の発生原因事実に相当する遺留分額の算定資料を提出しなくてはならないのであるし、仮登記義務者が登記に協力しなかったことも疎明しなくてはならないのである。Xが本件申請に当たり提出した資料は、遺言の存在及び自己が抽象的な遺留分権利者であることの疎明、被相続人の財産目録等であって、これらのみでは遺留分額の算定を行うことはできない。Xが上記のような疎明資料を提出しないこと自体、遺留分権の存在に何らかの問題があることを窺わせるものであり、このような疎明状態では、裁判所としては、仮登記手続への協力を行うことはできない。本決定は実務の大勢に従ったもので、妥当である。

なお、Xが自己の登記請求権を保全しようとするについては、保証を条件とする処分禁止仮処分を申請することも考えられる。

参考判例

○仮登記仮処分において、申請者に対して厳格な疎明を要求した事例（東京高決昭63・7・19東高時報39・5－8・43、東京地決平4・6・16判タ794・251ほか、東京高決平5・2・19金法1371・80）等

(3)　債権者代位

42　遺留分減殺請求権を債権者代位の目的とすることの可否

遺留分権利者の金銭債権者は、特段の事情がある場合を除き、同権利者の遺留分減殺請求権を代位行使することはできないとされた事例

（最一小判平13・11・22民集55・6・1033、判時1775・41ほか）

事案の概要

○当事者

上告人Ｘ：Ａの金銭債権者

被上告人Ｙ：五男（Ｂの受遺者）

関係者Ａ：三男（Ｂの遺留分権利者）

関係者Ｂ：Ａの父（平８・８・10死亡）

○事実経過

昭51・５・８	Ｂは、Ｙに対し、その所有にかかる本件土地を公正証書により遺贈した。
昭62・２・１	Ａの金銭債権者であるＸは、所在不明のＡに対し、貸金返還訴訟を提起し、勝訴判決を得た。
平８・８・10	Ｂは死亡した。相続人は、子のＹ、Ａら10名
平９・１・21	Ｘは、Ａに代位して本件土地につき相続登記を経由

	し、Aの共有持分に対し、強制競売を申し立てた。
平9・3・5	Yは、本件遺言を根拠に、Xに対し、第三者異議訴訟を提起したが、これに対し、Xは、Aに代位して遺留分減殺の意思表示をしたと主張した。第一審・二審ともX敗訴。Xが上告

当事者の主張

○上告人（X）の主張

遺留分減殺請求権は、譲渡性を有する財産権であるから、債権者代位権の客体になると解すべきである。

裁判所の判断

遺留分減殺請求権は、遺留分権利者が、これを第三者に譲渡するなど、権利行使の確定的意思を有することを外部に表明したと認められる特段の事情がある場合を除き、債権者代位の目的とすることができないと解するのが相当である。その理由は次のとおりである。遺留分制度は、被相続人の財産処分の自由と身分関係を背景とした相続人の諸利益との調整を図るものである。民法は、被相続人の財産処分の自由を尊重して、遺留分を侵害する遺言について、いったんその意思どおりの効果を生じさせるものとした上、これを覆して侵害された遺留分を回復するかどうかを、専ら遺留分権利者の自律的決定にゆだねたということができる（民1031・1043参照）。そうすると、遺留分減殺請求権は、前記特段の事情がある場合を除き、行使上の一身専属性を有すると解するのが相当であり、民法423条1項但書にいう「債務者の一身に専属する権利」に当たるというべきであって、遺留分権利者以外の者が、遺留分権利者の減殺請求権行使の意思決定に介入することは許されないと解するのが相当である。民法1031条が、遺留分権利者の承継人にも遺留分減殺請求権を認めていることは、この権利がいわゆる帰属上の一身専属権を有しないことを示すものにすぎず、上記のように解する妨げとはならない。なお、債務者たる相続人が将来遺産を相続するか否かは、相続開始時の遺産の有無や相続の放棄によって左右される極めて不確実な事柄であり、相続人の債権者は、これを共同担保として期待すべきではないから、このように解しても債権者を不当に害することにはならない。

コメント

遺留分減殺請求権が債権者代位の客体になり得るかについては、本判決の当時は、下級審判決も分かれており、学説上は肯定説が多数説であった（判例・学説の状況は**第２章・事例43**のコメントを参照いただきたい。）。なお、類似の論点である遺産分割に関連し、判例は、相続人の債権者による、相続人のした遺産分割協議の詐害行為取消し（最判平11・６・11民集53・５・898、判時1682・54ほか）や、相続人の遺産分割請求権の代位行使（名古屋高決昭43・１・30家月20・８・47、判タ233・213）を認めていた。本判決は、このような中で上記のとおり否定説を採ることを明らかにしたものであり、非常に画期的な判決である。

本判決が否定説に立つ根拠としては、前記判文中にも見られるように、①遺留分制度の趣旨や、相続開始前の遺留分の放棄が民法1043条により認められていることから、現行民法下では被相続人の財産処分の自由を尊重する方向性にあること、②遺留分権利者の債権者においても、被相続人の財産を回収の引き当てとして期待すべきではないことのほか、相続放棄のような相続人の意思を尊重すべき身分権の行使については詐害行為取消を否定していること（最判昭49・９・20民集28・６・1202、判時756・70ほか）との権衡などが指摘されている（井田友吉「最高裁判所判例解説８事件」曹時27巻６号119頁）。

しかしながら、本判決後の学説には、本判決に反対のものも少なくない。前記①の理由付けに対しては、遺留分制度の母体であるフランス法やスイス法では、遺留分減殺請求権の代位行使は認められていること、無資力の遺留分権利者の意思を尊重してその債権者を害するのは適当でないこと、同②の理由付けに対しては、相続開始後に遺留分減殺請求権の内容が観念的に確定した以上は、債権者がこれを共同担保として期待することは不合理とはいえないこと、現に中小企業金融においては代表者の親族の資産も責任財産として見る場合があるのが実態であること、などを理由とする。

また、本判決は、慰謝料請求権の一身専属性の喪失事由（最判昭58・10・６民集37・８・1041、判時1099・51ほか）に平仄を合わせる形で、「遺留分権利者が、これを第三者に譲渡するなど、権利行使の確定的意思を有することを外部に表明したと認められる特段の事情がある場合」には、遺留分減殺請求権の代位行使は許容されることを明らかとした。そのため、前記反対説を中心とする学説は、上記「特段の事情」を具体化・集積した上、これを広く認めていこうとする傾向にある。例えば、本判決が明示したところに従うと、遺留分権利者が、遺留分減殺請求権を第三者に譲渡し、当該第三者の債権者がこれを代位行使する場合、あるいは、遺留分権利者の債権者が上記譲渡を詐害行為取消権を行使して取り消し、代位行使する場合などが指摘されている。この他、学説上で想定されているのは、遺留分権利者が相続開始後、遺留分減殺請求権の行使を債権者に確約した場合、あるいは、遺留分減殺請求権行使により取戻しを予定する財産を処分した場合、他の相続人よりも取得した財産が少ないから、何とかしてほしい、と弁護士に依頼した場合、債権者に対して遺留分減殺請求権を譲渡担保に供した場合、などがある。

なお、本件においては、Bは、Yに対して、「相続させる」遺言をなしていたものであるが、上記の遺言は、判例上、遺産分割方法の指定であると解されている（最判平３・４・19民集45・４・477、判時1384・24ほか）。同遺言の効果として、遺産分割の結果、AからYに対し、法定相続分を超える部分が移転したものとすれば、民法909条ただし書により、Yは、Aの相続持分を差し押さえた第三者であるXに対抗できないことになる。ところが、上記判例は、上記内容の遺言によっては、遺産はBの死亡時に直ちにYに承継されるとしているため、Xにおいては、本件のように遺留分減殺請求権の代位行使による無効登記の流用を主張せざるを得なくなる。学説中には、この点も遺贈などと均衡を失するとし、判例理論の欠陥として批判するものが多い。

このような学説の批判にもかかわらず、判例の方向性は本判決により固まったといわざるを得ないが、今後、本判決の掲げた「特段の事情」の内容等の派生問題についての判例・学説の展開が期待される。

参考判例

○離婚に伴う財産分与は、特段の事情がない限り、詐害行為とはならない（最判昭58・12・19民集37・10・1532、判時1102・42ほか）

43　遺留分減殺請求権に対して債権差押えをすることの可否

遺留分権利者に対して金銭債権を有する者が、その行使の意思の表示がなされる前の遺留分減殺請求権を差し押さえることは許されないとされた事例

（東京高決平６・８・10東高時報45・１－12・33）

事案の概要

○当事者

抗告人Ｘら：Ｂの関係者

相手方Ｙ：Ｃの債権者

関係者Ａ：Ｂ及びＣの父

関係者Ｂ：Ａの受遺者

関係者Ｃ：Ａの遺留分権利者

○事実経過

――	Ａにおいて、Ｂにその財産を遺贈し、死亡した。
――	Ａの遺留分権利者Ｃの債権者Ｙが、Ｃの有する遺留分減殺請求権を債権執行により差し押さえた（Ｃは、遺留分減殺請求の意思表示を行った。）。
――	Ｂの関係者Ｘらから、同差押決定に対して執行抗告がなされた事案のようである。

裁判所の判断

遺留分減殺請求権を行使するか否かは、専ら遺留分権利者の自由な意思決定にゆだねられていると解するのが相当であり、これを行使する相続人の意思が外部に表示される（受遺者や受贈者に対する遺留分減殺請求の意思表示はもちろん、他人への減殺請求権の譲渡の意思表示も遺留分減殺請求権を行使する意思の表示と見てよい。）前の遺留分減殺請求権は、行使上の一身専属権であると解するのが相当である。したがって、これを差し押さえることは許されないというべきである。

コメント

遺留分減殺請求権は、その性質上身分法上の権利であるが、同権利が財産権にも関わりをもつものであることから、これに対する債権執行が可能かが問題となる。民事執行法は、同法152条に定めるほか、差押えを禁止する債権の規定を特に置いていないが、債務者の有する債権が譲渡できないとか（民466①ただし書）（これを帰属上の一身専属性と呼ぶ。）、他人にその行使をゆだねることができないとき（民423①ただし書）（これを行使上の一身専属性と呼ぶ。）には、その取立てや管理命令（民執161①）による換価は不可能であるから、金銭執行の対象とならないとされる（吉野衛ほか『注釈民事執行法(6)』335・386頁（金融財政事情研究会、1995））。

遺留分減殺請求権についてみると、これが譲渡可能なことは、民法1031条から明らかであるが、上記行使上の一身専属性があるか否かが問題となる。本判決の当時、判例・学説上は、遺留分減殺請求権の代位行使の論点に関して、この問題が論じられ、見解は大きく分かれていた。学説は、立法当初から肯定説が圧倒的に多数であり、その根拠とするところは、①遺留分減殺請求権に前記帰属上の一身専属性がないことは、この権利が身分から切り離された純粋の財産権であることを示すものである。②権利の行使が権利者の自由選択にゆだねられるのは全ての権利に共通であって、遺留分減殺請求権についてだけ殊更にこれを強調すべき理由はない。③遺留分権利者の債権者は、相続財産からも弁済を受けられるという合理的期待を有しているから、これを保護すべきである、というものであった。これに対して代位否定説も当時は徐々に有力なものとなっており、下級審判例（東京地判平２・６・26家月43・５・31、判時1377・74ほか）にも否定説に立ったものが現れていた。なお、債権執行の関係では、この点に関して論ずる教科書や注釈書は、否定説に立つものが多かったが（中野貞一郎『民事執行法』632頁（青林書院、増補新訂５版、2006)、吉野・前掲書386頁、鈴木忠一＝三ケ月章編『注解民事執行法４』369頁（第一法規出版、1985))、本件決定も否定説に立つことを明らかにしたものである。その後、最高裁は、遺留分減殺請求権には行使上の一身専属性があり、代位行使はできないことを明言した（最判平13・11・22民集55・６・1033、判時1775・41ほか（**第２章・事例42**)。否定説の論拠は、同事例における解説を参照。）ので、本件についての実務の方向性は固まったといえよう。

なお、本件では、Ｃは、債権執行に先立ち、既に遺留分減殺請求権を行使していたのであるから、この点でも本件債権執行は執行の対象を欠いていたものといわなくてはならない。Ｙは、Ｃが遺留分減殺請求により取得した具体的な相続財産に対して強制執行をすべきだったのである。ところで、差押禁止の権利であることを看過して発された債権差押命令は、差押えの効力が生じなくなっただけであり、これを取り消す必要はないとされる（東京高決昭58・４・22金法1056・46)。本決定は、そのような趣旨を勘案して、執行対象を改める旨の補正をすべきことを理由中で述べた上で、原決定を取り消し、差し戻したものである。

参考判例

○郡農会の町村に対する経費文賦金債権は、公法上の権利であるから、差押えは許されない（大判昭12・5・8民集16・560）

○消費貸借の予約に基づく権利は、当事者間の信頼関係に基礎を置くものであるから、差押えは許されない（新潟地決昭30・1・22下民6・1・93）

第3章

価額による弁償

概　説

1　遺留分の価額弁償制度の趣旨

遺留分減殺請求権行使によりどのような法的効果が生じるかについては、同請求権の法的性質をどのように考えるかで、説が分かれているが、私法上の形成権と解した上、その行使により減殺の対象である贈与又は遺贈の全部又は一部が当然に失効し、目的物は遺留分権利者に移転すると解する説（形成権・物権的効果説）が通説・判例である。

侵害された遺留分を回復する方法としては、現物返還(登記を含む。)が原則とされており（民1036）、その理由は、我が民法が遺留分を遺産についての法定相続分の一部とみるゲルマン型の構成を採っているためとされている。しかし、遺留分制度が「家産」の維持・回復ではなく、遺留分権利者の生活保障としてとらえられるようになると、義務者が望む限り、現物返還ではなくその価額を弁償すれば足りるはずである（中川善之助＝加藤永一編『新版注釈民法(28)』519・520頁（有斐閣、補訂版、2002)）。そこで、民法1041条１項は、受贈者及び受遺者は、減殺を受けるべき限度において、贈与又は遺贈の目的の価額を弁償して現物返還の義務を免れることができるものとしたのである。

2　価額弁償における重要な論点

価額弁償に関しては、以下の主要な論点が存するので、簡単に全体を概覧しておきたい。

(1)　価額弁償という場合の価額とはいつの時点の価額をいうのであろうか。遺留分額の算定と同様相続開始時であろうか、それとも現実に弁償がなされるときの現物の価額（実際の訴訟では、口頭弁論終結時）であろうか。これが**第３章・事例１**の問題であり、貨幣価値や目的物価額に変動があるため、価額弁償時の不平等、不公平を回避するという観点から、口頭弁論終結時説が正当である。

(2)　次に、受贈者・受遺者が価額の弁償によって現物返還義務を免れるが、この返還義務を免れる時期は、受贈者・受遺者が価額弁償の意思表示をするだけで、現物返還義務が消滅し、価額返還義務に転換するのであろうか、それとも、現実に価額を弁償ないし弁済の提供をすることによって現物返還義務が消滅するのであろうか。これが**第３章・事例２**の問題であり、権利者の保護の希薄化の回避という観点から、義務者である受贈者、受遺者等が現物返還義務を免れるには、価額弁償の意思表示のみでは足りず、同価額について現実に価額弁償をするか履行の提供などをして初めて、義務者は目的物の返還義務を免れると解すべきである。もっとも、その価額を当事者が判断することが困難であるときは、裁判所は、義務者が裁判所の定めた額により価額弁償する旨の意思表示をしたときは、口頭弁論集結時を基準として弁償すべき額を定め、義務者が同額を支払わなかったことを条件として、遺留分権利者の請求を認容するのが相当であろう。また、義務者が上記意思表示をせず、現実の価額弁償、履行の提供をしなかったときは、権利者としては、自ら価額弁償請求権を行使することも可能というべきであろう。

(3)　そして、価額弁償はいつまでに行う必要があるか、口頭弁論終結後更には判決確定後でもよいであろうか。これの終期に関する論点が**第３章・事例３**であり、裁判所は、遺留分権利者が得るものが価額弁償時における等価の金銭であって、いわば目的物そのものを得るに等しいという観点から、遺留分権利者から受遺者に対して履行済みの遺贈を取り戻そうとする場合においては、執行手続が完了するまで（不動産の場合は、登記を経由するまで）に価額弁償を行う必要があるとした。

(4)　さらに、遺留分減殺請求より前に受贈者等が目的物を第三者に処分した場合はいつを基準時とすべきか。これが**第３章・事例４**の問題であり、基準時を相続開始時と解することも考えられないではないが、そうすると特に値上がりが予想される土地の場合、相続開始前の譲渡処分については、その後の値上がり分を負担しなければならないし、相続開始後では、通常はその時点より評価額の安い相続時の価額で弁償すればよいとすると、かえって受贈者に経済的な利益を与えたり、損失を与えたりすることになり、不当であるから、譲渡の価額がその当時において客観的に相当と認められる限り、処分時を基準とするのが正当であると解すべきである。

(5)　遺留分義務者は各個の財産につき価額弁償をして返還義務を免れることができるか。これが**第３章・事例５**の問題であり、裁判所は、遺留分権利者のする返還請求は権利の対象たる各財産について観念されるのであるから、その返還義務を免れるための価額の弁償も返還請求に係る各個の財産についてなし得るものというべきであり、また、遺留分は遺留分算定の基礎となる財産の一定割合を示すものであり、遺留分権利者が特定の財産を取得することが保障されているものではなく（民1028～1035)、受贈者又は受遺者は、当該財産の価額の弁償を現実に履行するか又はその履行の提供をしなければ、遺留分権利者からの返還請求を拒み得ないとして、義務者は、任意に選択した一部の財産についての価額弁償が許容されるとした。

(6)　価額弁償請求訴訟における弁償金についての遅延損害金はいつから発生するのか。これが**第３章・事例６**の問題であり、裁判所は、遺留分減殺請求権の行使に対して、受遺者が裁判所の定めた価額の弁償を求めた場合、裁判所は、事実審口頭弁論終結時を算定基準として弁償額を定めた上、受遺者が弁償額を支払わなかったことを条件として、目的物返還を命ずることになること（最判平９・２・25民集51・２・448、判時1597・66ほか）（第２章・事例37）、また、原則的な判決主文の場合には遅延損害金は付されることはなく、受遺者は判決確定後直ちに弁償額を支払えば足りることになっていることとの均衡を考慮すべきであるとして、弁償金に対する遅延損害金の起算点は、弁償金の支払を命じた判決が確定した時とするのが相当であるとした。

(7)　遺留分減殺請求を受けた受遺者が価額弁償の意思表示をし、これを受けた遺留分権利者が受遺者に対して価額弁償を請求する権利を行使する意思表示をした場合、遺留分権利者は目的物の現物返還請求権を有し続けるのであろうか、それとも同権利を失い、価額弁償請求権を確定的に取得することになるのであろうか。これが第３章・事例７の問題であり、遺留分権利者が受遺者に対して価額弁償を請求する権利を行使する意思表示をした以上、当該権利者は現物返還請求権をさかのぼって失い、これに対する価額弁償権を確定的に取得する（受遺者が無資力である場合のリスクや価額変動のリスクも確定的に取得し、反面遅延損害金を請求する権利を取得する。）と解するのが相当であろう。

3　結　び

本章では、これらの問題について、判例学説を紹介し、上記から派生する論点についても、指摘しているので参考となろう。

1　遺留分権利者が受贈者又は受遺者に対し民法1041条1項の価額弁償を請求する訴訟における贈与又は遺贈の目的物の価額算定の基準時

価額弁償における価額算定の基準時は、現実に弁償がされる時であり、遺留分権利者において当該価額弁償を請求する訴訟にあっては現実に弁償がされる時に最も密着した時点としての事実審口頭弁論終結の時であると解するのが相当であるとした事例

（最二小判昭51・8・30民集30・7・768、判時826・37ほか）

事案の概要

○当事者

上告人Y：｝姉弟関係
被上告人X：｝

関係者A：XとYの父（昭32・12・7死亡）

○事実経過

―――	Aは、昭和32年9月14日遺産である土地の全てをYに遺贈
―――	Xは、Yに対し、昭和33年7月18日遺留分減殺請求権を行使し、対象土地について共有持分権の確認、持分移転登記を求め、提訴
―――	第一審判決は、昭和41年11月17日請求の一部を認容したので、X、Yがそれぞれ控訴

――	Ｙは、昭和48年５月18日の口頭弁論期日に対象土地の一部につき価額弁償する旨申し出たので、Ｘは同部分につき訴えを変更して金員の請求

当事者の主張

争点は、価額弁償の対象となった土地の評価の基準時であり、Ｘは控訴審の口頭弁論終結日を主張したのに対し、Ｙは相続開始時を主張した。第二審判決は、公平の理念に照らし、相続開始時における取引価額によるべきではなく、同審の口頭弁論終結時における取引価額によるべきとした。そこで、Ｙは、これを不服として上告した。

裁判所の判断

本判決は、民法1041条１項の価額弁償は目的物の返還に代わるものとしてこれと等価であるべきことが当然に前提とされているから、価額弁償における価額算定の基準時は、遺留分権利者において当該価額弁償を請求する訴訟の事実審口頭弁論終結の時であると解するのが相当であるとして、原審の判断を維持し、上告を棄却した。

コメント

1　遺留分減殺請求権行使によりどのような法的効果が生じるかについては、同請求権の法的性質をどのように考えるかで、３説に分かれている。その性質を、目的物の所有権の移転を求める請求権と解する説（請求権説）、私法上の形成権と解するが、形成の効果は、相手方に対し、目的物の所有権を遺留分権利者に移転させる債務を負わせるという債権的効果が生ずると解する説（形成権・債権的効果説）、私法上の形成権と解した上、その行使により減殺の対象である贈与又は遺贈の全部又は一部が当然に失効し、目的物は遺留分権利者に移転すると解する説（形成権・物権的効果説）である。

2　侵害された遺留分を回復する方法としては、現物返還（登記を含む。）が原則とされているが（民1036）、受贈者又は受遺者は、減殺を受けるべき限度において、贈与又は遺贈の目的物の価額を遺留分権利者に弁償して返還の義務を免れることができるとされ（民1041①）、遺留分減殺請求権の義務者は価額弁償により現物自体の返還を免れ得るとされている。

3　義務者が、価額弁償を選択すると意思表示をした場合、①権利者は、もはや現物返還を求めることができなくなるのか、②価額弁償が現実になされて（履行の提供を含む。）初めて現物返還請求権が消滅するのか、③価額弁償ないし同履行の提供がなされないうちは現物返還請求権は消滅せず、権利者も価額弁償を請求することができるのかについては、争いがある（佐藤繁「判解」『最高裁判所判例解説民事篇　昭和50年度』309頁（法曹会、1979）参照）。

このうち、①説は、義務者が価額弁償の意思表示をしたにもかかわらず、履行しないときは、権利者は、形成権・物権的効果が生じているはずであるのに、一般債権者と同様の立場で強制執行をするしかないことになり、相当ではない。義務者が現物返還義務を免れるには、単なる価額弁償の意思表示のみでは足りないと解すべきである（**第3章・事例2**参照）。

次に、遺留分減殺請求訴訟の訴訟物は、同減殺請求権そのものではなく、その行使の結果生じた物権的権利等（所有権移転登記手続請求権、同引渡請求権等）と解するのが裁判実務である。②説のように、権利者から価額弁償を求めることができないとすると、権利者は、何らかの別訴を提起するしかないが、それでは、訴訟経済に反するばかりでなく、別訴の法的構成をどのようにするかにも問題が生じることになる（佐藤・前掲311頁）。

本件では、第二審において、義務者が価額弁償を申し出たことにより、権利者が現物返還の請求を金員支払請求に変更しており、それを受けて第二審判決は、同支払請求を認容し、本判決もこれを是認しているが、これは③説に立った見解であり、相当である。

4　そこで、問題は、形成権・物権的効果説及び③説を前提とした場合、価額弁償における評価の基準時として、いかなる見解が相当かであり、相続開始時説と事実審の口頭弁論終結時説とに分かれている。

相続開始時説の根拠は、民法1044条は同904条を準用していることにある。しかし、同904条は特別受益に関する評価基準時を定めたものであって、生前贈与等が相続開始時になされた場合における具体的相続分額を定める際の基準時を相続開始時としたものである。具体的相続分額を算定する趣旨は、法定相続分を寄与分、特別受益により修正するため（具体的計算は、相続開始時を基準とする遺産総額に特別受益の総額を加え、寄与分の総額を減じて「みなし相続財産の価額」を求め、これに法定相続分の割合を乗じた額から、各人の特別受益額を減じ、寄与分額を加えて行う。）であり、相続開始時において、それ以前の特別受益や寄与分を考慮して法定相続分を修正することが目的である以上、そこにおいて、相続開始時を基準とするのは当然の帰結である（遺留においても「みなし遺留分額」の計算に関しては、同様となる。）。

しかし、本件での問題は、相続開始後、権利者により遺留分減殺請求権が行使され、更に義務者により価額弁償請求権が行使された後において、その価額をどの時点を基準に算定するのが合理的かにあり、相続開始時から価額弁償までの間に貨幣価値や目的物価額に変動があるときは、それを考慮し、現実に価額弁償をする時点での目的物価額を対象として計算するのでないと、当事者間に不合理、不公平な帰結をもたらすことになり相当ではない。したがって、相続開始時説は相当ではなく、本判決の採る事実審の口頭弁論終結時説が相当である。

5　なお、最高裁平成10年３月10日判決（民集52・２・319、判時1636・49ほか）は、相続開始後、遺留分減殺請求を受けるよりも前に遺贈の目的物を譲渡した受贈者が遺留分権利者に対して価額弁償すべき額は、民法1040条１項の類推により、譲渡の価額がその当時において客観的に相当と認められるものであったときは、同価額を基準として算定すべきであるとし、神戸地裁昭和53年９月４日判決（判タ378・128）は、贈与後目的物件が競売されたときは、受贈者は目的物の価額である競売代金剰余金を基準として価額を弁償すべきとしている。価額弁償の時点では、義務者が現物を保有しておらず、それより以前に目的物が処分ないし競売され、金銭債権（ないし現金）化しているのであるから、民法1040条１項の法意が当てはまる局面であり、相当な帰結である。

2　特定物の遺贈につき履行がされた場合に民法1041条の規定により受遺者が遺贈の目的の返還義務を免れるためにすべき価額弁償の意義

特定物の遺贈につき履行がなされた後、遺留分減殺請求をされた受遺者が民法1041条１項により返還の義務を免れるためには、価額の弁償を現実に履行し、又は価額の弁償のための弁済の提供をしなければならないとした事例

（最三小判昭54・７・10民集33・５・562、判時942・46ほか）

事案の概要

○当事者

上告人Ｙ：Ｘの甥

被上告人Ｘ：Ａの長女（唯一の相続人）

関係者Ａ：被相続人（昭46・８・６死亡）

○事実経過

昭47・３・10	Ｙは、同建物につき、遺贈を原因として所有権移転登記をする。
——	Ｘは、Ｙに対し、遺言の無効確認等を求めるとともに、予備的に昭和47年６月14日遺留分減殺請求権を行使するとして、同建物につき２分の１の共有持分を有することの確認、遺留分減殺による相続を原因とする２分の１の持分移転登記手続を求める。

—	第一、二審はXの予備的請求を全部認容した。そこで、Yが上告 なお、Yは、第二審において、民法1041条1項に基づき価額弁償の意思表示をし、これにより遺贈の目的につき返還義務を免れるに至ったと主張していたが、第二審は、この主張を排斥

当事者の主張

○上告人（Y）の主張

Yは、第二審において、本件建物は、その敷地についての使用借権がAの死亡により消滅したことにより無価値となったから、同建物について遺留分減殺の効果を認めることはできず、仮にそうでないとしても、本件建物は、Yにおいて価額弁償の意思表示をしたことによりYの所有に帰したと主張した。

裁判所の判断

本判決に先立ち、第二審は、使用借権が消滅しても、本件建物はまだかなりの価値があるし、民法1041条1項の規定の趣旨よりすれば、遺留分権利者の目的物返還請求権は、受遺者・受贈者において価額弁償の意思表示をしただけでは消滅せず、価額弁償が現実になされて初めて消滅するものであり、そう解しないと、遺留分権利者は、上記価額弁償の意思表示により、受遺者・受贈者の一般債権者と同じ立場のものとして取り扱われることになり、遺留分権利者に物権的効果を与えてかかる一般債権者より強く保護した趣旨を没却することになり、不公平であるなどと判示した。

本判決は、本件のように特定物の遺贈につき履行がされた場合において民法1041条1項により受遺者が返還の義務を免れる効果を生ずるためには、価額の弁償を現実に履行し又は価額弁償のための弁済の提供をしなければならず、単に価額の弁償をすべき旨の意思表示をしただけでは足りないと解するのが相当であるとした。その理由は、単に弁償の意思表示をしたのみで受遺者をして返還の義務を免れさせるものとするのは、同条1項の規定の体裁に必ずしも合うものではないばかりでなく、遺留分権利者に対し、同価額を確実に手中に収める道を保障しないまま減殺の請求の対象とされた目的の受遺者への帰属の効果を確定する結果となり、遺留分権利者と受遺者との間の権利の調整上公平を失し、ひいては遺留分の制度を設けた法意にそわないこととなるというものである。

コメント

1　遺留分減殺請求権行使によりどのような法的効果が生じるかについては、同請求権の法的性質をどのように考えるかで説が分かれているが、最高裁は、私法上の形成権と解した上、その行使により減殺の対象である贈与又は遺贈の全部又は一部が当然に失効し、目的物は遺留分権利者に移転すると解するとの見解（形成権・物権的効果説）に立っており、本判決も同様である。

2　ところで、侵害された遺留分を回復する方法としては、現物返還（登記を含む。）が原則とされているが（民1036）、受贈者又は受遺者は、減殺を受けるべき限度において、贈与又は遺贈の目的物の価額を遺留分権利者に弁償して返還の義務を免れることができるとし

（民1041①）、遺留分減殺請求権の義務者は価額弁償により現物自体の返還を免れ得るとしている。

義務者が、価額弁償を選択すると意思表示をした場合、権利者は、もはや現物返還を求めることができなくなるのか、価額弁償が現実になされて（履行の提供を含む。）初めて現物返還請求権が消滅するのかについては裁判例が分かれていた。

前者の説は、価額弁償の意思表示がなされれば、遺留分権利者は価値返還で満足するほかはなく、なお現物返還を求めなければならないとするのは現実的でないこと、弁償すべき額は受遺者等に必ずしも明らかではなく、裁判所の判定によってはじめて明らかになることが少なくなく、現実の弁償を要するとするのは不能を強いることになることなど理由としていた（宮井忠夫「判批」民商法雑誌77巻１号106頁、福島地判昭39・７・20下民15・７・1842）。

しかし、このような見解は、義務者の価額弁償の意思表示により、現物返還請求権が金銭債権へ転化することを認めるに等しく、権利者はもはや現物返還を請求できなくなり、価額弁償請求の認容判決が確定しても、それが履行されないときは、権利者は一般債権者と同様の立場で強制執行を検討するしかないことになる。民法1041条１項の「返還を免れる」との文言をもってかかる帰結を認めるのは文理上無理があるばかりでなく、被相続人の処分権を軽視し、権利者の保護が希薄化する帰結となり、具体的妥当性に照らし相当でない。

したがって、義務者である受贈者、受遺者等が現物返還義務を免れるには、価額弁償の意思表示のみでは足りず、同価額について現実に価額弁償をするか履行の提供などをして初めて、義務者は目的物の返還義務を免れると解するのが相当であり、本判決はかかる立場を採用したものである。

なお、この履行の提供に関しては、義務者が権利者に対して有する金銭債権を提供する旨の申出（既存債権の放棄・債務の免除）でもよいとする裁判例（大阪高判平12・9・13判タ1071・239）があるが、相殺の申出については適法な価額弁償の申出ではないとする裁判例（東京地判平9・6・30判タ967・213）がある。

3　ところで、義務者が価額弁償の意思表示のみでは足りないとし、現実の価額弁償、履行の提供がなされなかった場合、2つの問題が生じる。

1つは、義務者が価額弁償の額を現実に判断するのは困難であることから、裁判所が定めた額により価額弁償をする旨の意思表示をした場合をどう取り扱うかである。最高裁平成9年2月25日判決（民集51・2・448、判時1597・66ほか）（**第2章・事例37**）は、かかる場合には、裁判所は、同訴訟の事実審口頭弁論終結時を算定の基準時として弁償すべき額を定めた上、義務者が同額を支払わなかったことを条件として、遺留分権利者の請求を認容すべきあるとした。

今1つは、義務者が前記のようないわば条件付の意思表示をせず、現実の価額弁償、履行の提供をしなかった場合、権利者としていかなる対応が可能かである。この場合、権利者は、飽くまで目的物の現物返還請求権を行使することもできるが、それに代わる価額弁償請求権を行使することも可能であり（**第3章・事例1**の最判、前掲・最判平9・2・25。なお、**第3章・事例1**のコメントを参照されたい。）、そして、権利者が後者を選択したときの法的効果につき、最高裁平成20年1月24日判決（民集62・1・63、判時1999・73ほか）（なお、**第3章・事例7**のコメントを参照されたい。）は、権利者が現物返還請求権をさかのぼって失い、これに代わる価額弁償請求権を確定的に取得するものとした。

これらの最高裁判決により、本判決が残した未解決の問題は、ほぼ解決されたといえよう。

3　遺留分減殺の訴えの判決確定後に民法1041条に定める価額弁償を行うことの可否

民法1041条に定める受遺者又は受贈者の遺留分権利者に対する価額弁償は遺留分の完全な回復が得られるまですることができるとされた事例

（東京高判昭59・11・14東高時報35・10－12・187、判時1141・76ほか）

事案の概要

○当事者

控訴人Ｙ：Ａの子（遺贈対象土地（本件土地）上に建築された建物の所有者）

被控訴人Ｘ：遺言執行者（受遺者へ本件土地を引き渡すことが職務）

関係者Ａ：被相続人（昭48・１・16死亡）

○事実経過

昭41・９・20	Ａは、本件土地を二女Ｂへ遺贈する旨の公正証書遺言を作成し、Ｘを遺言執行者に指定
昭48・１・16	Ａ死亡
昭48・12	Ｙを含むＡの相続人ら８名（Ｙら）が、Ｂを含むＡの相続人ら７名に対し、遺留分減殺請求権を行使する旨の意思表示
昭52	Ｙらが、Ｂらを被告として、遺留分回復の訴え（土

	地所有権移転登記請求事件、別件訴訟）を提起
昭53	遺言執行者Ｘが本件土地を占有するＹに対して建物収去土地明渡請求訴訟（本件訴訟）を提起
昭55・2・18	本件訴訟第一審判決（建物収去土地明渡請求を認容）、Ｙ控訴
昭57・7・30	別件訴訟第一審判決（本件土地について、Ｙが共有持分を取得したことを認め、更正登記手続請求を認容）、Ｂ控訴
昭57・9・28	Ｘ価額弁償相当額を供託
昭58・10・4	Ｂ別件訴訟について控訴取下げ（昭和57年８月24日（昭52(ワ)6532）をもって別件訴訟確定）

当事者の主張

○控訴人（Ｙ）の主張

被控訴人のした供託は、別件訴訟の判決確定後にされたことになるところ、価額弁償は、現物返還を求める訴訟の判決確定までになされることを要すると解すべきであるから、判決確定後にした供託には本件土地の返還義務を消滅させる効果はない。

別件訴訟の確定により、控訴人Ｙは本件土地の共有者となったところ、Ｂも共有持分権者であるにとどまるから、Ｂの権限に依拠する被控訴人Ｘから控訴人Ｙに対する明渡請求は許されない。

裁判所の判断

民法1041条に定める受遺者又は受贈者の遺留分権利者に対する価額弁償の制度は、遺贈又は贈与の目的物の返還義務を免れしめることを目的とするものであって、いわば法定の代物弁済による解決の手段であり、その本旨は、被相続人の意思の尊重を基幹として相続人、受遺者、受贈者間の利害を調整することにあり、その制度の効用が発揮されることにより、受遺者・受贈者の遺贈又は贈与の目的物をめぐる既成の事実関係が維持される反面、遺留分権利者には、当該目的物の返還に相等しい過不足のない代償としての金銭給付を得させることとなるのである。したがって、このような制度の趣旨、ことに、遺留分権利者が得るものが価額弁償時における等価の金銭であって、いわば目的物そのものを得るに等しい点にかんがみるときは、遺留分回復の訴訟が先行した場合に、その事実審の口頭弁論終結時までに価額弁償の提供をしなければならないとして、時期的制限を科する必要はなく（口頭弁論終結後に価額弁償をしても従前の審理が無駄になることはない。）、遺留分の完全な回復が得られるまでは、価額弁償をなし得るものと解するのが相当である。そして、このように解することは、共有関係の成立をよりいっそう回避する結果を生ずるから、前記の制度の趣旨により合致するものと解される。

コメント

本件は、遺言執行者から本件土地の占有者（同時に遺留分権利者である。）に対する建物収去土地明渡請求であり、遺留分減殺請求により本件土地が共有となったのに対し、価額弁償によって受遺者の単独所有となったか否かが争われた事案であり、価額弁償の時期的限界が正面から問題となった。

この問題について明文の規定はなく、学説上も言及したものは少ないが、①遺留分減殺請求権の存否及び範囲が争われた訴訟の口頭弁論終結時までに行う必要があるとの見解（伊藤昌司「判批」判評319号45頁）、②同訴訟の判決言渡し後確定前までに行う必要があるとの見解（名古屋地判平3・8・12判時1412・134ほか）、③現実に遺留分の回復を得るまでに行う必要があるとの見解（島田禮介「判批」久貴忠彦＝米倉明編『別冊ジュリスト　家族法判例百選』248頁（有斐閣、第5版、1995）、石渡哲「判批」判評302号51頁など）などが見られる。本判決の後は、本判決の結論を支持する見解が多数となっているように思われる（中川善之助＝加藤永一編『新版注釈民法㉘』523頁〔高木多喜男〕（有斐閣、補訂版、2002）など）が、これに対しては、紛争の蒸し返しを許すこととなるのではないか、受遺者から相続人に対する未履行の遺贈の履行を請求する場合における基準が明確ではない、との問題提起がされている（野山宏「判解」『最高裁判所判例解説民事篇　平成9年度（上）』276頁（法曹会、2000））（同書は、原則として遺留分減殺訴訟の事実審口頭弁論終結時までとするが、最高裁平成9年2月25日判決（民集51・2・448、判時1597・66ほか）（**第2章・事例37**）のような判決がされた場合には、例外的に同判決による遺留分の回復までとする見解も考えられる、としている。）。

裁判例についてみると、この点に関する最高裁判決はなく、下級審の判決として、判決において受遺者に対し不動産の現物返還を命じてそれが確定した後においても、受遺者は、その価額弁償をすることによって、現物返還義務を免れることはいうまでもない旨判示したもの（東京高判昭60・9・26金法1138・37（**第1章・事例11**））、及び前掲・名古屋地裁平成3年8月12日判決が見られる。前掲・最高裁平成9年2月25日判決は、遺留分の存否及び範囲が争われた訴訟の判決確定後にも価額弁償をなし得ることを前提としているが、価額弁償の終期については明らかにしていない。

本判決は、価額弁償の終期について、正面から判断したおそらく初めての判決であり、価額弁償の時期的限界を示したものとして実務上の意義がある。本判決によれば、遺留分権利者から受遺者に対して履行済みの遺贈を取り戻そうとする場合においては、執行手続が完了するまで（不動産の場合は、登記を経由するまで）に価額弁償を行う必要がある（野山・前掲参照）。

なお、本判決からは、別件訴訟中に価額弁償の申出すらしていなかった場合であっても判決後の価額弁償が認められるについては明らかでないが（判文中からは別件訴訟の係属中価額弁償の申出をしていたか否か明らかでない。）、このような場合には、もはや判決後の価額弁償は認められないと解するのが相当であろう（富越和厚「判解」『最高裁判所判例解説民事篇　平成12年度（下）』685頁（法曹会、2003）参照）。

参考判例

○遺留分権者の遺留分減殺請求に基づく登記手続請求に対する民法1041条の価額弁償権行使の終期（名古屋地判平３・８・12判時1412・134ほか）

○遺留分減殺請求における現物返還と価額弁償（東京高判昭60・９・26金法1138・37）

○受贈者から相続人に対し被相続人のした不動産の贈与の履行請求として所有権移転登記手続を求める訴訟において、相続人の遺留分減殺の抗弁に対し、受贈者が価額弁償を選択した上、その価額を評価特定し、その価額をもって弁償する旨を明示して主張している場合には、上記価額を確定した上、弁償額を弁済するか又はその提供することを条件として請求を認容するのが相当である（東京高判昭62・８・26判時1252・54ほか）

○遺留分権利者からの不動産の持分移転登記手続請求訴訟において受遺者が裁判者が定めた価額による価額弁償の意思表示をした場合における判決主文（最判平９・２・25民集51・２・448、判時1597・66ほか、最判平９・７・17判時1617・93ほか）

4　受贈者が目的物を第三者に処分した後に遺留分減殺請求がなされた場合の価額弁償の基準時

受贈者が目的物を第三者に処分した後に遺留分減殺請求がなされた場合の価額弁償の基準時は、当該処分の時であるとされた事例

（東京地判昭63・２・29金判802・15）

事案の概要

○当事者

原告X_1～X_9：遺留分権利者（Ａの子４名、Ａの子Ｂの相続人５名）

被告Y_1、Y_2：Ａから生前贈与を受けた受贈者（Y_1、Y_2ともにＡの子)。ただし、判決では、遺留分を保全するに必要な限度で、後になされた贈与から減殺した結果、Y_1に対する生前贈与は減殺の対象とされなかった。

関係者Ａ：被相続人（昭54・１・30死亡）

○事実経過（Y_2に関する部分のみ）

昭34～35頃	ＡはY_2に土地を贈与
昭45～46頃	ＡはY_2に土地を贈与
昭53・４・26	Y_2は上記土地の一部を第三者に譲渡
昭54・１・30	Ａ死亡。相続人は、Ｘら、Ｙらを含むＡの子11名
昭55・１・25	ＸらがＹらに対して遺留分減殺請求の意思表示

昭56	Ｘら本件訴訟提起

当事者の主張

○原告（Ｘら）の主張

金銭による弁償を求めるにつき、その価額の評価は現時点直近の取引価格を基準にするのが相当である。

○被告（Y_2）の主張

目的物が善意の第三者に処分された後に遺留分減殺請求がなされた場合の基準時は目的物の譲渡時であり、仮にそうでないとしても相続開始時であると考えられる。

裁判所の判断

後者（既に受贈者が目的物を第三者に処分した後に遺留分減殺請求がなされたとき）の場合には、民法1040条１項の規定に照らし明らかなように、もはや遺留分権利者は現物返還請求権を有しないのであり、この場合の目的物の価額弁償の基準時を相続開始時と解することも考えられないではないが、そうすると特に値上がりが予想される土地の場合、相続開始前の譲渡処分については、その後の値上がり分を負担しなければならないし、相続開始後では、通常はその時点より評価額の安い相続時の価額で弁償すればよいとすると、かえって受贈者に経済的な利益を与えたり、損失を与えたりすることになり、不当である。したがって、このような場合には、むしろ当該譲渡がなされたときの目的物の価額を基準とするのが相当であり、原告らの前記主張は採用できない。

コメント

民法1040条1項本文は、本条に基づく価額弁償に関し、単に「その価額」と規定しているのみであり、価額算定の基準時をどの時点とすべきかは、本条の規定上明らかでない。この点につき、学説上は、①相続開始時説（中川善之助編『註釈相続法（下）』270頁〔磯内哲〕（有斐閣、1955）など）、②処分時説（田中恒朗「判批」判タ342号95頁など）、③事実審の口頭弁論終結時説（谷口知平「判批」ジュリ642号91頁など）が見られる。①相続開始時説は、民法1044条による904条の準用を主たる根拠とするようであり、②処分時説は、当事者の公平、すなわち価額弁償が受贈者に経済的な利益及び損失を与えることを目的とするものではないことを根拠とし、③事実審の口頭弁論終結時説は、民法1041条の「価額」と同様に解すべきであることを根拠とするようである。本判決の評釈には、本判決の結論を支持したものがある（加々美光子「判批」判タ706号184頁）。

本判決以前に、この点につき判断した先例は見当たらないが、本判決の後に、「遺留分減殺請求を受けるよりも前に遺贈の目的を譲渡した受遺者が遺留分権利者に対して価額弁償すべき額は、譲渡の価額がその当時において客観的に相当と認められるものであったときは、右価額を基準として算定すべきである」とした判決が出された（最判平10・3・10民集52・2・319、判時1636・49ほか）。（以下「平成10年最高裁判決」という。ただし、平成10年最高裁判決は、遺贈の目的の処分時が相続開始後である点が本件と異なる。）。なお、民法1041条1項に基づく価額弁償算定の基準時は、事実審口頭弁論終結時とされている（最判昭51・8・30民集30・7・768、判時826・37ほか）（**第3章・事例1**）。

本判決は、民法1040条1項本文に基づく価額弁償の基準時について、処分時説に立つことを明らかにしたおそらく初めての判決であり、この点に実務上の意義がある。なお、本判決は、処分時と相続開始時が近接していたことから、相続開始時の評価額と処分時の価額が同じであると推認している。

相続開始時説の根拠とする民法1044条による904条の準用は、遺留分を侵害する範囲を確定するについての基準時を定めたものにすぎず、価額弁償の価額算定基準時を定めたものではないとの指摘が可能であり（前掲・最判昭51・8・30参照）、事実審の口頭弁論終結時説に対しては、民法1041条1項に基づく価額弁償の価額算定に当たっては、現物返還と同等の価値を返還すべきとの考慮が働くのに対し、同法1040条1項本文に基づく価額弁償の価額算定の場合は、現物返還義務に代わるものではないことから、そのような考慮は働かないとの違いがあるので、両者の算定時を同じと解する必然性はないとの指摘が可能であろう（川口冨男「判解」『最高裁判所判例解説民事篇　昭和51年度』314頁（法曹会、1979）参照）。受贈者と遺留分権利者との間で公平な算定を行うという観点も重要であり、妥当な結論を導くことができる処分時説が相当であると考える。

本判決の示した基準に加え、その後の平成10年最高裁判決を考慮すると、譲渡の価額が相当か否かを審査し、相当であると認められれば譲渡価格を価額賠償の額とし、相当であると認められないときは、処分時の客観的な評価額を価額賠償の額とすることとなるのではなかろうか（八木一洋「判解」『最高裁判所判例解説民事篇　平成10年度（上）』245頁（法曹会、2001）は、今後に残された問題であるとする。）。

参考判例

○遺留分減殺請求を受けるよりも前に遺贈の目的を譲渡した受遺者が遺留分権利者に対してすべき価額弁償の額の算定（最判平10・3・10民集52・2・319、判時1636・49ほか）

○遺留分権利者が受贈者又は受遺者に対し民法1041条1項の価額弁償を請求する訴訟における贈与又は遺贈の目的物の価額算定の基準時（最判昭51・8・30民集30・7・768、判時826・37ほか）

5　遺留分減殺の対象とされた贈与等の目的である各個の財産について価額弁償をすることの可否

受贈者又は受遺者は、遺留分減殺の対象とされた贈与又は遺贈の目的である各個の財産について、民法1041条１項に基づく価額弁償をすることができるとされた事例

（最三小判平12・７・11民集54・６・1886、判時1724・36ほか）

事案の概要

○当事者

上告人（被告・控訴人）Ｘ：二男

被上告人（原告・被控訴人）Y_1～Y_3：長女、二女、三男

関係者Ａ：被相続人（昭59・10・27死亡）

○事実経過

昭57・２・26	Ａは、Ｘに財産全部を包括遺贈する旨の公正証書遺言を作成
昭59・10・27	Ａが死亡し、相続が開始。相続人は、Ｘ、Y_1～Y_3の合計４名
昭60・２・21	Ｙらは、Ｘに対して遺留分減殺請求権を行使する旨の意思表示をし、その結果、包括遺贈に係る財産について、Ｙらにつき持分各８分の１、Ｘにつき持分８分の５の共有関係が成立

平８	Ｙらは、Ｘに対し、上記共有に係る相続財産中の不動産及び株式（４銘柄の上場株式及びＡの事業会社として設立されたＢ社の非上場株式）について、共有持分権に基づき、現物分割、移転登記手続、引渡し等を求めて訴訟を提起
平９・11・25	第一審判決は、当事者の共有持分割合による現物分割を命じた（Ｘの民法1041条１項による価額弁償の抗弁は、裁判所が定めた価額による価額の弁償をなすべき旨の意思表示をしていないとの理由で排斥）ため、Ｘが控訴
平10・11・25	第二審判決は、贈与又は遺贈を受けた者において任意に選択した一部の財産について価額の弁償をすることは、遺留分減殺請求権を行使した者の承諾があるなど特段の事情がない限り許されないとして、Ｂ社株式に限定してされたＸの価額弁償の主張を排斥し、当事者の共有持分割合による現物分割を命じたため、Ｘが上告

当事者の主張

○上告人（Ｘ）の主張

遺留分権利者の有する本来的な権利は、現物返還請求権ではなく価値返還請求権であり、受遺者等が特定の財産について個別に価額弁償をすることは、遺留分権利者の利益を害するものではなく、許容されるべきであるから、Ｂ社株式に限定した価額弁償の抗弁を排斥した判断は不当である。

裁判所の判断

受贈者又は受遺者は、民法1041条１項に基づき、減殺された贈与又は遺贈の目的たる各個の財産について、価額を弁償して、その返還を免れることができるものと解すべきである。

なぜならば、遺留分権利者のする返還請求は権利の対象たる各財産について観念されるのであるから、その返還義務を免れるための価額の弁償も返還請求に係る各個の財産についてなし得るものというべきであり、また、遺留分は遺留分算定の基礎となる財産の一定割合を示すものであり、遺留分権利者が特定の財産を取得することが保障されているものではなく（民1028～1035）、受贈者又は受遺者は、当該財産の価額の弁償を現実に履行するか又はその履行の提供をしなければ、遺留分権利者からの返還請求を拒み得ないのであるから（最判昭54・７・10民集33・５・562、判時942・46ほか）、このように解したとしても、遺留分権利者の権利を害することにはならないからである。

このことは、遺留分減殺の目的がそれぞれ異なる者に贈与又は遺贈された複数の財産である場合には、各受贈者又は各受遺者は各別に各財産について価額の弁償をすることができることからも肯認できる。

そして、相続財産全部の包括遺贈の場合であっても、個々の財産についてみれば特定遺贈とその性質を異にするものではないから（最判平８・１・26民集50・１・132、判時1559・43ほか）、上記説示が妥当する。

コメント

1　本判決は、遺留分減殺請求を受けた受贈者又は受遺者による価額弁償は贈与又は遺贈の目的である財産全体についてのみなし得るとした原判決を破棄し、任意に選択した一部の財産についての価額弁償が許容される旨を判示したものである。

2　以下、原判決の説示の問題点を検討し、それとの対比によって本判決の意義を少しく明らかにする。

(1)　原判決が如上の結論の理由とした「遺留分権利者の利益」には、原判決の文理上（東京高判平10・11・25（平9(ネ)5559)、民集54巻6号1968頁17行目以下参照)、①全財産についての共有物分割の手続を求める機会の保障、②特定の財産についての共有物分割手続により取得し得べき所有権の保障、という2つの異なる契機が含まれているものと解される。

(2)　一般に、遺留分減殺に係る財産のいかなる範囲につきいかなる形式の救済を求めるかは、専ら遺留分権利者の自由な選択にゆだねられているところ（なお、富越和厚「判解」『最高裁判所判例解説民事篇　平成12年度（下)』672頁（法曹会、2003）によれば、Xが包括遺贈を受けたAの相続財産中には、Yらが本件訴訟の対象としなかった多数の美術品が含まれる。)、遺留分権利者が全財産の返還をあえて請求していない場合にまで、全財産についての共有物分割の手続を求める機会を保障すべきこと（上記(1)①）が法的に要請されていると解すべき根拠は、容易に見いだせない。また、仮にそのような要請を肯定するにしても、一部の財産についての価額弁償を許容しないことが、いかなる論理の筋道をたどって当該要請の充足につながるのかは明らかでない。

本判決が、遺留分権利者のする返還請求及びそれに対する価額弁償は各個の財産について観念できる旨を判示した点は、遺留分権利者が自己の権利の救済に関して有する上記選択権を確認するとともに、遺留分権利者のする具体的な返還請求に対する抗弁として規定されている価額弁償の要件として、当該返還請求の対象とされていない財産に関わる考慮を取り込むべきでないとの立場

（又はその前提となる事理）を示すものといえよう。

(3)　特定の財産についての共有物分割手続により取得し得べき所有権の保障（上記(1)②）を根拠とする原判決に対しては、特定の財産の集合体としての全財産について価額弁償の抗弁が成立すれば、これに対抗して遺留分権利者が所有権を確保することはできないのであるから、原判決の結論をとっても特定の財産についての所有権の保障は実現されないのではないか、との批判が可能と思われる。

本判決は、遺留分の広い意味での根拠規定と位置付けられる民法1028条から1035条までを引用しつつ、遺留分権利者が特定の財産を取得することが保障されているものではないと判示して、原判決が根拠とした見解を明確に否定したものである。

3　以上を踏まえて、本判決が、価額の弁償の現実の履行又はその履行の提供を受ける場合には「遺留分権利者の利益」は害されない旨判示していることに目を向けると、その根底に、遺留分制度の趣旨は遺留分権利者が遺留分相当の価値を確保できれば実現され、その限りで現物返還と価額弁償との間に原則・例外の関係は予定されていないとの認識が存在することが窺われる。本判決は、遺留分制度全体の中における価額弁償の位置付けを考察する上で、示唆に富む判例であるということができる。

6　価額弁償請求訴訟における弁償金に対する遅延損害金の起算点

遺留分権利者が受遺者に対して民法1041条所定の価額の弁償を請求する訴訟において、弁償金に対する遅延損害金の起算点は、弁償金の支払を命じた判決が確定した時であるとされた事例

（長野地諏訪支判平17・１・27判時1911・133）

事案の概要

○当事者

原告Ｘ：Ａの子

被告Ｙ：Ａの子

関係者Ａ：被相続人（平５・４・３死亡）

○事実経過

平４・６・19	Ａは、財産全部をＹに相続させる旨の公正証書遺言を作成
平５・４・３	Ａが死亡し、相続が開始。法定相続人は、Ｙのほか、Ｘを含む数名（Ｘの法定相続分は５分の１）
平５・12・７	Ａの遺産の不動産４筆について、ＡからＹへの所有権移転登記経由（うち１筆はその後第三者に売却）
平６・４・10	Ｘは、Ｙに対して遺留分減殺請求をする旨の意思表示

平13～	Ｘは、Ｙを被告とする訴訟を提起し、①主位的に、Ａの平成５年１月15日付け贈与により上記不動産中２筆（売却に係る１筆を含む。）の所有権を取得したと主張して、所有権移転登記手続と売却代金の不当利得返還を請求、②予備的に、遺留分減殺に基づき、Ａの遺産（主位的請求に係る不動産２筆を含む計５筆の不動産、預貯金）の総額の10分の１の額の弁償金及びこれに対する年５分の遅延損害金の支払を請求。Ｙは、Ｘの予備的請求につき、民法1041条所定の価額の弁償をする旨の意思表示

当事者の主張

○原告（Ｘ）の主張

弁償金に対する遅延損害金は、遺留分減殺請求の翌日から付されるべきである。

○被告（Ｙ）の主張

弁償金に対する遅延損害金は、裁判所が決めた履行期を守らなかったときに発生する。

裁判所の判断

弁償金に対する遅延損害金の起算点は、弁償金の支払を命じた判決が確定した時とするのが相当である。

なぜなら、遺留分減殺請求権の行使に対して、受遺者が裁判所の定めた価額の弁償を求めた場合、裁判所は、事実審口頭弁論終結時を算定基準として弁償額を定めた上、受遺者が弁償額を支払わなかったことを条件として、目的物返還を命ずることになること（最判平9・2・25民集51・2・448、判時1597・66ほか）、また、原則的な判決主文の場合には遅延損害金は付されることはなく、受遺者は判決確定後直ちに弁償額を支払えば足りることになっていることとの均衡を考慮すべきだからである。

コメント

1　本判決は、価額弁償請求訴訟における弁償金に対する遅延損害金の起算点について、弁償金の支払を命じた判決が確定した時とすべき旨を判示した上で、判決確定の日の翌日以降の遅延損害金の支払を命じたものである。

2　本論点に関して、近時、最高裁平成20年1月24日判決（民集62・1・63、判時1999・73ほか）（**第3章・事例7**）（以下「平成20年最高裁判決」という。）が、本判決と同様の結論を採った原審を破棄し、おおむね次のような論理構成の下に、新たな判断を示した。すなわち、①受遺者が遺留分権利者に対して遺贈の目的の価額を弁償する旨の意思表示をしたのに対し、当該遺留分権利者が受遺者に対して価額弁償を請求する権利を行使する旨の意思表示をした場合には、当該遺留分権利者は、遺留分減殺によって取得した目的物の所有権及び所有権に基づく現物返還請求権をさかのぼって失い、これに代わる価額弁償請求権を確定的に取得する、②受遺者は、遺留分権利者が受遺者に対して価額弁償を請求する権利を行使する旨の意思表示をした時点で、遺留分権利者に対し、適正な遺贈の目的の価額を弁償すべき義務を負い、同価額が最終的には裁判所によって事実審口頭弁論終結時を基準として定められることになっても、同義務の発生時点が事実審口頭弁論終結時となるものではない、③そうすると、民法1041条１項に基づく価額弁償請求に係る遅延損害金の起算日は、上記のとおり遺留分権利者が価額弁償請求権を確定的に取得し､かつ､受遺者に対し弁償金の支払を請求した日の翌日ということになる。

3　平成20年最高裁判決が示したのは、具体的な価額弁償請求権を確定的に取得した遺留分権利者による履行請求をもって、価額弁償義務が遅滞に陥る時期を画するという枠組みである。これを履行遅滞に関する実定法に即して整理するならば、上記２①の次第で確定するに至った価額弁償義務について、期限の定めがない債務は履行請求時から遅滞に陥ると定めた民法412条３項を端的に適用したものであると把握するのが、素直であると考えられる。もっとも、遺留分権利者の価額弁償請求権を行使する旨の意思表示が、受贈者又は受遺者の価額弁償の意思表示に先行する場合は、平成20年最高裁判決との均衡上、後行の意思表示がされた時点をもって遅延損害金の起算点とする取扱いをするのが妥当であると思われるところ、これを民法412条３項の適用場面として説明することは困難というほかない。そうすると、価額弁償による解決を望むとの点で遺留分権利者と受贈者又は受遺者の意思が合致している場合の遅延損害金に関しては、平成20年最高裁判決を機に、上記意思の合致により価額弁償請求権が確定的に取得された時点をもってその起算点とするとの準則が定立されたものと理解するのが実際的ではないだろうか。

4　本判決の事例を、平成20年最高裁判決を踏まえて再検討してみると、Ｙの価額弁償の意思表示とＸの価額弁償請求権を行使する旨の意思表示のいずれもがなされた時点をもって、Ｘは価額弁償請求権を確定的に取得し（上記２①参照)、Ｙは適正な遺贈の目的の価額を弁償すべき義務を負うこととなり（上記２②)、ＸＹ間に当該権利義務関係が成立した日の翌日が弁償金に対する遅延損害金の起算日となる（上記２③）と考えることができる。

5　平成20年最高裁判決の登場によって、受贈者又は受遺者と遺留分権利者の双方が価額弁償を望む場合における弁償金に対する遅延損害金の起算点については、本判決とは結論を異にする方向で、実務上の取扱いが統一されていくものと予想される。これに対し、受贈者又は受遺者が価額弁償の抗弁を提出する一方で、遺留分権利者が現物返還のみを請求し又は主位的に現物返還を請求し予備的に価額弁償を請求する場合における弁償金に対する遅延損害金の起算点をいかに解すべきかは、なお課題として残ることとなる。このような場合には、受贈者又は受遺者が弁償額を支払わなかったことを条件として目的物返還を命ずる判決をすべきものと解されるところ（前掲・最判平９・２・25）、当該判決の確定前にあっては、遺留分権利者が具体的な価額弁償請求権を確定的に取得すべき理由は存在しないと考えられることからすると、当該判決の確定日の翌日をもって弁償金に対する遅延損害金の起算日とする扱いが、平成20年最高裁判決から導き得る準則（上記３）との関係からいっても、理にかなうように思われるが、詳細な検討は今後の議論に譲ることとしたい。

7　遺留分権利者が、遺留分減殺によって取得した遺贈の目的物の所有権等を失い、価額弁償請求権を確定的に取得する時期

遺留分減殺請求を受けた受遺者が民法1041条１項による価額弁償の意思表示をし、これを受けた遺留分権利者が受遺者に対して価額弁償を請求する権利を行使する旨の意思表示をした場合には、当該遺留分権利者は、遺留分減殺によって取得した目的物の所有権及び所有権に基づく現物返還請求権をさかのぼって失い、これに代わる価額弁償請求権を確定的に取得するとした事例

（最一小判平20・１・24民集62・１・63、判時1999・73ほか）

事案の概要

○当事者

原告Ｘ：Ａの相続人（遺留分権利者）

被告Ｙ：Ａから遺贈を受けた者（遺留分義務者）

関係者Ａ：被相続人（平８・２・９死亡）

○事実経過

平８・２・９	被相続人Ａが死亡し、ＹはＡの遺産の遺贈を受けた（以下「本件遺贈」という。）。
平８・８・18	ＸがＹに対し遺留分減殺請求
平９・11・19	ＸがＹに対し遺留分減殺を原因として所有権移転登記手続等の現物返還を求める訴え（以下「本件訴訟」という。）を提起

平16・２・27	ＹがＸに対し価額弁償の意思表示
平16・７・16	Ｘは、本件訴訟の訴えを交換的に変更して、価額弁償請求権に基づく金員の支払を求めるとともに、その附帯請求として平成８年２月９日（相続開始の日）から支払済みまでの遅延損害金の支払を求めた（なお、第一審判決（名古屋地判平16・11・５金判1291・54）は、遅延損害金の起算日について「民法412条３項により遺留分減殺請求のあった日の翌日とするのが相当である。」と判示）。

当事者の主張

○上告人（Ｘ）の主張（この点についてＹ側から特段の主張はない。）

①　遺留分権利者が民法1036条、190条により減殺請求の日以後の果実の代価の償還を求め得ることや遺留分減殺請求権の法的性質についてのいわゆる物権説との整合性からすると、価額弁償金について、その遅延損害金は遺留分減殺請求の日から認められると解するべきである。

②　最高裁昭和51年８月30日判決（民集30・７・768、判時826・37ほか）（第３章・事例１）（以下「昭和51年最高裁判決」という。）や最高裁平成９年２月25日判決（民集51・２・448、判時1597・66ほか）（第２章・事例37）（以下「平成９年最高裁判決」という。）は、価額弁償における価額算定の基準時について言及しているにすぎず、受益者の果実返還義務について制限を加えるものではない。

裁判所の判断

受遺者が遺贈の目的の価額について履行の提供をしていない場合であっても、遺留分権利者に対して遺贈の目的の価額を弁償する旨の意思表示をしたときには、遺留分権利者は、受遺者に対し、遺留分減殺に基づく目的物の現物返還請求権を行使することもできるし、それに代わる価額弁償請求権を行使することもできる（昭和51年最高裁判決、平成９年最高裁判決参照）。そして、上記遺留分権利者が、受遺者に対して価額弁償を請求する権利を行使する旨の意思表示をした場合には、当該遺留分権利者は、遺留分減殺によって取得した目的物の所有権及び所有権に基づく現物返還請求権をさかのぼって失い、これに代わる価額弁償請求権を確定的に取得する。したがって、受遺者は、遺留分権利者が受遺者に対して価額弁償を請求する権利を行使する旨の意思表示をした時点で、遺留分権利者に対し、適正な遺贈の目的の価額を弁償すべき義務を負うというべきであり、同価額が最終的には裁判所によって事実審口頭弁論終結時を基準として定められることになっても（昭和51年最高裁判決参照）、同義務の発生時点が事実審口頭弁論終結時となるものではない。そうすると、民法1041条１項に基づく価額弁償請求に係る遅延損害金の起算日は、上記のとおり遺留分権利者が価額弁償請求権を確定的に取得し、かつ、受遺者に対し弁償金の支払を請求した日の翌日（本事例でいうと訴えの交換的変更をした日の翌日である平成16年７月17日）ということになる。

コメント

1　昭和51年最高裁判決や平成９年最高裁判決は、いずれも遺留分減殺請求訴訟において受遺者が価額弁償をする旨の意思表示をした場合の遺留分減殺請求の目的物の価額評価の基準時を事実審口頭弁論終結時とするものであり、本事例控訴審判決(名古屋高判平18・6・6金判1291・51)は、平成9年最高裁判決を引用しつつ、「この理は、本件のように、受遺者が民法1041条所定の価額の弁償をする旨の意思表示をしたのに対し、遺留分権利者が訴えを変更してその弁償金の支払を求めるに至った場合においても異なるものではなく、遺留分権利者の訴えの変更によって受遺者のした意思表示の内容又は性質が変容するものとみることはできないから、遺留分権利者は、裁判所が受遺者に対し民法1041条の規定による価額を定めてその支払を命じることによって、はじめて受遺者に対する弁償すべき価額に相当する額の金銭の支払を求める権利を取得するものというべきである。」と判示していた。

2　これに対し、本判決は、遺留分減殺請求の目的物の価額評価の基準時の問題と遺留分権利者が価額弁償請求権を確定的に取得する時期の問題とを区別して前記のとおり判示したものであり、これまで必ずしも明確ではなかった点について最高裁としての判断を明らかにしたものとして、理論的にも実務的にも大きな意義がある。

本判決によれば、民法1041条による価額弁償の意思表示を受けた遺留分権利者は、価額弁償を請求する権利を行使する旨の意思表示をすることにより、価額弁償請求権を確定的に取得して遅延損害金を請求する権利を得る一方、受遺者が無資力である場合のリスクや目的物の価額変動のリスクも確定的に負うことになる。具体的事案において、遺留分権利者が、どの時点で価額弁償を請求する権利を行使する旨の意思表示をするかは、目的物の価額変動の動向、遺留分権利者にとっての利用価値、目的物の換価可能性、受遺者の資力等の諸事情を総合的に考慮して決定するほかないであろう。

3　なお、本判決の各評釈(判時1999号73頁、判タ1264号120頁、金判1291号46頁)においては遺留分減殺請求権の法的性格に関する主要な裁判例が分かりやすく整理されている。

第 4 章

遺留分の放棄

概　説

1　「遺留分」の多義性

「遺留分」は多義的に用いられる。例えば、①被相続人の財産のうち、ある一定の相続人（遺留分権利者）の全体に帰属すべき財産部分（被相続人の自由分に対するもの）をいう場合、②各遺留分権利者にそれぞれ配分される部分をいう場合、③相続財産における一定の抽象的な割合をいう場合、④その具体的な額をいう場合、⑤保障された一定割合の財産を取得し得る推定相続人の権利あるいは法的地位をいう場合、などである。「遺留分の放棄」という場合の「遺留分」は、上記⑤の意味に用いられているものである。遺留分権ともいい、この遺留分を有する推定相続人を遺留分権利者あるいは遺留分権者という。この意味の遺留分について民法は、相続開始前に家庭裁判所の許可を受けたときに限り、放棄することを認める（民1043）。遺留分権は、旧民法時と異なり、現行民法の下では純粋に個人的な財産権であり、遺留分権利者がこれを放棄することも可能となったのである。

2　遺留分放棄の意義

ところで、個人は自己の財産を自由に処分し得るのが原則である。そうだとすると、被相続人は、本来ならば、生前に自己の全ての財産を自由に処分することができてよい。相続人に対しても、生前贈与や遺言によって、自由に法定相続分を変更したり、遺産の帰属を定めたりすることが許されるはずである。しかしその際に、法は、遺留分権利者の有する遺留分を侵害するような処分行為は許されないとする

（民902①ただし書・903③・964ただし書）（ただしこの意味は、遺留分を侵害する処分行為が当然無効になるのではなく、遺留分減殺の対象になるにすぎないと解されている（最判昭25・4・28民集4・4・152、判タ3・47（第1章・事例1））。

このように、遺留分は、被相続人が行おうとする自由な生前の財産処分行為を制約する作用を有し、また実際に侵害された場合には、相続開始後に減殺請求することにより、被相続人の処分行為を一部否認する機能を持つ。そこで、遺留分権利者がこの遺留分を相続開始前に放棄すると、被相続人としては自己が自由に処分できる部分（自由分）が増加し、後に遺留分により覆えされる恐れのない、安定した権利関係を築き確定することが容易になる。このように遺留分の放棄は、被相続人の死後の紛争の発生を防止し、あるいは減少させるに役立つ効果がある。

3　遺留分放棄と許可の審判

しかしながら、これを関係者の自由にゆだねると、被相続人の財産処分に利害関係を持つ者が、遺留分権利者に対し、さまざまな方法で圧力を加えてその自由な意思を抑圧し、遺留分を放棄させて、たとえば財産を1人に集中させるなど不当な結果を招来する恐れもある。そこで、このような遺留分放棄制度の濫用や弊害を防ぎ正しく運用されるよう、法は、相続開始前に、後見的見地から家庭裁判所によるチェックがなされるようにした。すなわち、遺留分を放棄する場合には、事前に家庭裁判所に放棄許可の申立てをし、家庭裁判所が審理の結果放棄許可の審判（甲類審判）をした場合にのみ放棄し得ることとされたのである（民1043①、家審9①甲39）。

4　審判に現われる実務上の問題点

以下、家庭裁判所の審判において、実務上現われる問題点をいくつか挙げてみよう。

(1)　申立権者

放棄は、被相続人に対する遺留分権利者の意思表示により行われ、家庭裁判所の許可によって効力を生ずる。申立てをすることができるのは、遺留分を有する第1順位の相続人だけである。後順位の相続人は先順位者が相続開始後に相続放棄をして自己が相続人となった時に、初めて遺留分権も取得するので、遺留分の事前放棄は、原則としてできないとされている。

(2)　遺留分の放棄と相続放棄

遺留分の放棄と相続放棄とは全く異なる。遺留分放棄をしたので相続放棄も済んだと思っている相続人がしばしば見受けられる。相続放棄をすれば、もちろん遺留分も無くなるが、遺留分を放棄しても、それだけでは相続権は失われない。被相続人は、遺留分を放棄した相続人に対し、財産を生前贈与することや遺贈することは何ら妨げられない。また遺留分を放棄し、被相続人から財産を何ら得なかったとしても、相続放棄をしなければ、原則として、被相続人の債務は承継するから、注意を要する。なお、相続放棄は、相続開始前にはできない。

遺留分放棄には、前述のように被相続人の財産処分行為の自由分を増加させる作用があるが、放棄した遺留分権利者がいたとしても、被相続人が遺言等によって増加した自由分を活用することをせず、何らの指示もしないと、遺留分放棄者も相続権に従って相続するから、実質的影響はなく、その放棄は何の意味もないことになる。遺留分放棄がある場合には、被相続人はそれに対応する措置を講ずることが肝要である。また、遺留分権利者の一人が自己の遺留分を放棄しても、他の共同相続人には何ら影響しない。被相続人の自由分が増加するだけである。

⑶　真意に基づく放棄

遺留分の放棄は、遺留分権利者の真の自由意思に基づくものでなければならない。家庭裁判所の許可を得た場合に限り事前放棄は効力を生ずるのであるから、家庭裁判所は、放棄の意思の確認はもちろん、客観的に見て、放棄理由に合理性·必要性があるか、かつ妥当性があるか、具体的事情を慎重に考慮し、判断しなければならない。もちろん、全くの自発的・自由意思で放棄する場合も皆無とはいえないが、遺留分は経済的な利益であるから、その放棄には何らかの代償を伴うのが通常であり、放棄に対する見返りとしての別の贈与などがあるか、その相当性はどうかも問題とされよう。また、代償は将来の履行が不確実なものや、漠然とした期待のようなものではなく、現在において確実な財産的価値があることを要するとされる。

⑷　放棄時後の事情変更

遺留分放棄の意味や意義などの無理解から、安易に放棄をするようなことがあってはならないから、許可の可否の審判をなすに当たっては、家庭裁判所は審判廷で当事者によく説明し、理解したことを確認した上で、審判することが望ましい。しかし遺留分放棄許可の審判を受けた時と、実際に相続が開始し、被相続人の財産処分の効果が実現する時とは、時間的に隔たりがあり、殊に最近のような長寿社会になると、不動産や金融資産の価値が放棄した頃と大きく変動することが多い。そこで、「そういうことならば遺留分放棄などするのではなかった。以前になされた放棄許可を取り消したい」と言う者も少なからず出てくる。放棄の撤回であり、手続的には許可審判の取消しの問題である。

即時抗告の許されない家事審判については、これを不当と認めるときはこれの取消し又は変更ができるとされる（非訟19、家審７）。放棄の許可審判（却下も含む。）も即時抗告のできない審判であるから（家審14参照）、非訟事件手続法により取り消すことができるが、その場合、本来審判が不当であった場合のほか、許可の時点では正当であった審判が、その後の事情変更によって不当となった場合も含まれると解される。もちろん、不当かどうか、事情変更と認められるか、の判断は、当該審判において慎重になされることになる。

事情変更を理由とする取消しの審判の効力は、当初正当であった審判が後に事情変更により不当とされたのであるから、遡及効をもたず、将来に向かってのみ効力を生ずると解すべきである。取消しの時期については、一般には制限はないが、遺留分放棄許可の審判後相続が開始し、減殺請求がないことを前提に、遺産について多くの法律関係が形成され、履行も完了しているような場合には、取引の安全の保護や法的安定性の見地から、一定の制限が加えられると解すべきである。

(5)　代襲相続

相続開始後は、遺留分は、遺留分侵害者に対する減殺請求権として、確定額の権利となり、個別化・具体化する。しかし、放棄者が相続開始前に死亡した場合、代襲相続人は、減殺請求はなし得ない。代襲相続人は被代襲者である放棄者が取得したであろう相続権以上の権利を取得するものではなく、遺留分の無い相続分を相続したからである。

5　おわりに

沿革的にみると、遺留分には、ゲルマン法系とローマ法系があるが、旧民法はゲルマン法系の考え方を継受しているといわれる。旧民法では根底に「家」制度が存在し、遺留分もそれを前提としたものであった。周知のとおり法の大改正により、現行民法においては「家」制度はなくなったにもかかわらず、遺留分に関する規定については、家督相続等の条文を除き、旧民法の条文をほぼそのまま踏襲している。そういう中で、社会情況の変化に応じて適切な運用を図るべく努力されてきたわけであるが、現在、遺留分に関する争いは多くあり、中で最も熾烈でかつ困難なものは、共同相続人間でなされる遺留分減殺訴訟である。最近は遺言も増えており、一方で、減殺請求の中には、相続人の権利の濫用に近いようなケースも見受けられる。被相続人の意思を尊重すべきか、共同相続人間の公平平等か、いずれを重視すべきか難しい問題も多い。遺留分放棄や遺留分権利者の範囲の見直しも含め、我が国における遺留分制度について、意義、必要性、そのあり方等々、法改正も視野に入れた広い観点から、再検討を試みることが必要なのではなかろうか。

1①　遺産分割協議の申入れと遺留分減殺の意思表示の関係
②　留置期間満了で返戻された内容証明郵便による遺留分減殺の意思表示の到達

①　遺産分割協議の申入れに遺留分減殺の意思表示が含まれていると解すべきであるとされた事例

②　遺留分減殺の意思表示が記載された内容証明郵便が留置期間経過により差出人に還付された場合に、意思表示の到達が認められた事例

（最一小判平10・６・11民集52・４・1034、判時1644・116ほか）

事案の概要

○当事者

上告人X_1、X_2：いずれも実子

被上告人Ｙ：養子（平５・３・11養子縁組）

関係者Ａ：被相続人（平５・11・10死亡）

○事実経過

昭63・７・20	Ａは全財産をＹに遺贈する旨の遺言公正証書を作成
平５・11・10	Ａ死亡。相続開始。相続人は、X_1、X_2、Ｙ
平６・２・９	Ｘらは減殺すべき遺贈があることを知った（ただしＸらは、終始、遺贈の効力を争ってはいない。）。

平６・９・14	Ｘら代理人弁護士（以下「代理人」という。）は、Ｙに対し、同日付普通郵便をもって遺産分割協議の申入れをした。Ｙは上記普通郵便を受領後、弁護士から遺留分減殺についての説明を受けた。
平６・10・28	Ｘら代理人は、Ｙに対し、遺留分減殺請求の意思表示を記載した内容証明郵便（書留）を発送したが、Ｙ不在のため配達されなかった。
平６・11	Ｙは不在配達通知書の記載により、内容証明郵便の送付を知ったが、受領に赴かず、留置期間経過により、上記内容証明郵便はＸら代理人に返送された。
平６・11・７	ＹはＸら代理人に対し、多忙で郵便物を受領できないこと及び遺産分割をするつもりはないことを記載した書面を郵送した。
平７・３・14	Ｘら代理人はＹに対し、Ｘらの遺留分を認めるか否か照会を普通郵便で送付。Ｙは平成７年３月16日までにこれを受領したが、しかし消滅時効期間は経過していた。
平７	ＸらはＹに対し、遺留分減殺·土地建物所有権確認請求訴訟提起
平８・５・13	第一審判決。Ｘら請求棄却。控訴
平８・12・25	原審判決。控訴棄却。上告。 第一審、二審とも、平成6年2月9日に減殺すべき遺贈があったことを知ったから、同月10日から消滅時効は進行する。上記１年の間に遺留分減殺の意思表示

	はされず、遺留分減殺請求権は時効消滅したとして、Ｘらの請求を棄却した。

当事者の主張

○上告人（Ｘら）の主張

①　平成６年９月14日付普通郵便による遺産分割協議の申入れには、遺留分減殺の意思表示が含まれている。Ｙはこれを受領している。

②　平成６年10月28日付遺留分減殺請求の意思表示を記載した内容証明郵便は、Ｙが不在のため受領しないまま、留置期間経過により返戻されたが、上記意思表示はＹに到達したものというべきである。

裁判所の判断

（原判決破棄、原審に差戻し）

①　遺産分割と遺留分減殺とはその要件、効果を異にするから、遺産分割協議申入れに、当然、遺留分減殺の意思表示が含まれているということはできない。しかし、被相続人の全財産が相続人の一部の者に遺贈された場合には、遺贈を受けなかった相続人が遺産の配分を求めるためには、法律上、遺留分減殺によるほかないのであるから、遺留分減殺請求権を有する相続人が、遺贈の効力を争うことなく、遺産分割協議の申入れをしたときには、特段の事情のない限り、その申入れには遺留分減殺の意思表示が含まれていると解すべきである。

②　前記の諸事実関係を考慮すると、本件内容証明郵便の内容である遺留分減殺の意思表示はＹの了知可能な状態に置かれ、遅くとも留

置期間が満了した時点でＹに到達したものと認めるのが相当である。

コメント

本件には、争点が２点ある。その１は、遺産分割協議の申入れには、遺留分減殺の意思表示が含まれているか、であり、その２は、内容証明郵便が留置期間満了により返戻された場合、内容である遺留分減殺の意思表示の到達があったといえるか、である。

1　一般的にいえば、遺産分割の申入れの対象は、被相続人の所有であった財産のうち、生前贈与や遺贈等被相続人の処分行為により所有財産から離脱した財産を除いたものであり、遺留分減殺請求の対象は、被相続人の所有財産から離脱して遺産分割の対象外となった財産である。分割請求と減殺請求は、いずれも元被相続人の財産であったものを対象とする点は共通であるが、その要件、効果を異にする。したがって、単に遺産分割協議の申入れがあるだけでは、それに当然に遺留分減殺の意思表示が含まれていると解することはできない。相続人が生前贈与や遺贈の効力を明確に争い、離脱財産の存在を否定している場合には、分割協議の申入れに減殺請求の意思表示が含まれていると解することは難しいであろう（高松高決昭40・3・27家月17・7・128、判タ189・196、東京高判平４・７・20家月45・６・69、判時1432・73）。

この場合、遺贈等の効力が認められた場合を慮って、予備的に減殺請求をしておく方法もあるが、訴訟などでは、主張が弱くなると見られることから、敗訴したときに、敗訴確定により遺留分侵害を知ったとして、改めて減殺請求する方法を講ずることもある。

本件では、相続人の一人Ｙに、被相続人の全財産が包括遺贈された。他の相続人（遺留分権利者）Ｘ２名は、遺贈があったことは知ったけれども、終始、遺贈の効力を争うことはしなかった。そしてＸらはＹに対し遺産分割協議の申入れを普通郵便でしたところ、Ｙは遺産分割をする意思のないことをＸらに伝えたため、ＸらはＹに対し、今度は、遺留分減殺の意思表示を記載した内容証明郵便（書留）を発送した。この内容証明郵便が留置期間満了でＸらに返戻されたため、Ｘらは更に遺留分を認めるか否かの照会をしたが、この時点で既に減殺請求の1年の消滅時効期間が経過していたというのである。

このような事実関係の下で、本判決は、初めに送達された普通郵便による遺産分割の申入れについて次のように判示した。「被相続人の全財産が相続人の一部の者に遺贈された場合には、遺贈を受けなかった相続人が遺産の配分を求めるためには法律上、遺留分減殺によるほかないのであるから、遺留分減殺請求権を有する相続人が、遺贈の効力を争うことなく、遺産分割協議の申入れをしたときは、特段の事情のない限り、その申入れには遺留分減殺の意思表示が含まれていると解するのが相当である。」

遺留分権利者が包括遺贈の効力を争わない本件のような場合には、Ｘらが遺産の配分を求める根拠は、法律上、遺留分減殺によるしかなく、かつ、本件包括受遺者Ｙは、分割の申入れ受領後に弁護士から遺留分減殺の説明も受けていることから、この「遺産分割の申入れ」をもって「遺留分減殺の意思表示」がなされているとしたのである。原審はこれを認めなかったのであるが、本件判示は遺留分権利者を救う合理的な解釈であるといえよう。

2　次に本件では、Ｘらが更に、Ｙに対し、改めて遺留分減殺の意思表示を記載した内容証明郵便を出したが、Ｙが不在のため、留置期間満了で返戻された。Ｙは不在通知書の記載により、この内容証明郵便の内容が本件遺産分割に関するものであることを推測していた。その後Ｘらは更に、遺留分を認めるか照会する普通郵便を出したが既に時効消滅期間が経過していた。上記「遺産分割の申入れ」は「減殺の意思表示」にはならないとすれば（第一審・二審は否定）、後になした減殺の意思表示はいつＹに到達したかが非常に重要になる。

本件のこれについての判示は、隔地者間の意思表示の到達についての重要な判例である。隔地者に対する意思表示は、その書面が相手方の了知可能な状態に置かれることをもって足りるとされるところ（最判昭36・４・20民集15・４・774、判時258・20ほか）、本件では、Ｙが受領せず、留置期間満了で返戻されたので、意思表示が到達したといえるのか問題となる。

これにつき本判決は、Ｙは、不在配達通知書の記載により郵便物がＸらからの内容証明郵便であり、その内容が遺留分減殺の意思表示又はこれを含む遺産分割協議の申入れであることを十分推知できたこと、Ｙは当時、受領の意思があれば、その内容証明郵便を受領し得たこと、などの事実から、内容証明郵便の内容である遺留分減殺の意思表示は、社会通念上、Ｙの了知可能な状態に置かれ、遅くとも留置期間満了の時点でＹに到達した、と判示した。すなわち、受取人が郵便物の内容を推知できること、郵便物が容易に受領可能であること、があれば、了知可能状態にあるとし、到達したと認めるのである。

なお、この「到達」の効力に関する判示部分は、現在急増している消費者金融問題において、債権者の請求と、債務者の内容証明郵便の不受領、不在返戻への対処との関連で、重要かつ興味あるところであるが、ここではこの問題は割愛する。

2　推定相続人廃除審判に対する即時抗告中に遺留分放棄が認められた場合の廃除審判の可否

適法に遺留分を放棄した相続人に対しては、相続人廃除を求める利益がないとして、廃除審判の申立てを却下した事例

（東京高決昭38・９・３家月16・１・98、判タ163・207）

事案の概要

○当事者

抗告人Ｘ：Ｙの長男（遺留分を有する相続人）

相手方Ｙ：Ｘの父親

○事実経過

昭36	Ｙは、Ｘには民法892条の「著しい非行」に相当する事由があるとして、Ｘを推定相続人から廃除する審判の申立てをした。
昭36	原審判は、上記Ｙの申立てを認容
昭36	Ｘ即時抗告（本件）
昭38・３・６	Ｘは、Ｙに係る遺留分放棄許可申立てをした。
昭38・５・16	Ｘに対し、上記遺留分放棄を許可する審判がなされた。
昭38・９・３	本件抗告審決定。原審判取消し。Ｙの申立却下

当事者の主張

○抗告人（X）の主張

① Ｘ とＹの不仲は、挙げてＹの責めに帰すべき事由により生じたものであり、「著しい非行」とする訴訟裁判問題もＹのＸに対する執拗な冷遇虐待の一証左であり、その一の訴訟も、Ｙの子Ａとの訴訟であって、Ｙとの争いではない。Ａ所有の立木に対する窃盗は、Ｘを困却せしめる目的等でなしたＹの廃除の申立てに対し、それまでの冷遇虐待も加わり、Ｘが冷静を失い一時の激情に出たものであって、現在では深く反省している。Ｘにおいて推定相続人廃除の事由はない。

② Ｘは本件につき相続人たる地位を奪われることを恐れて抗争するものではないところ、昭和38年３月６日付けでＹに対する遺留分放棄許可申立てをした。そして同年５月16日に上記遺留分放棄を許可する審判がなされた。

よってＸはＹに対し遺留分を有しないものであるから、本件廃除の申立てはその要件を失い、理由がない。

裁判所の判断

推定相続人の廃除は、遺留分を有する相続人をして相続人たる資格を失わせる制度である。兄弟姉妹のように遺留分を有しない相続人又は遺留分を有したがその後適法に遺留分を放棄した相続人については、被相続人は遺言で相続人の相続分を零と指定するか、遺産の全部を他の相続人に遺贈する等の方法によって、相続人を廃除したと同一の目的を容易に達成できるので、かかる相続人に対する廃除を認める利益も必要もない。

Ｘに対しては、本件抗告申立後、Ｙについての遺留分放棄許可の審判を申し立て、昭和38年５月16日にＸの申立てを相当と認めて上記遺留分放棄許可の審判がなされたことが認められる。そうすると、これによりＸはＹを被相続人とする相続については、遺留分を有しない相続人になったものであり、したがって、Ｘに対し、推定相続人の廃除を求めるＹの本件審判の申立ては、原審判がなされた当時においてはともかく、現在においては、その余の抗告理由について判断するまでもなく、これを取り消してＹの本件審判の申立てを却下する。

コメント

推定相続人廃除の制度と、遺留分放棄の制度との関係について触れている事案である。廃除審判が認容され、即時抗告申立後に相続人が申し立てた遺留分放棄が認められた場合、廃除審判はどうなるか。

廃除は、推定相続人について一定の廃除理由があるときに、被相続人の意思に基づいて行われる。しかし、廃除は相続人の相続資格を奪うものであるから、これらの理由は軽々に認められるべきではないとされる。廃除の請求は家庭裁判所の乙類審判による。廃除され得る相続人は遺留分を有する者に限られ、遺留分を有しない相続人すなわち兄弟姉妹については廃除の制度はない。兄弟姉妹に相続させたくなければ、被相続人は、他の者に全財産を贈与ないし遺贈すればよく、廃除の必要はないからである。

本決定は、遺留分を有する相続人が適法に遺留分を放棄した場合は、兄弟姉妹のように遺留分を有しない相続人における場合と同様であり、その相続人には、遺言による相続分零指定や他の者に対する遺贈などにより、相続人を廃除したと同一の目的を達することができるから、廃除を認める利益も必要もないとして、被相続人Ｙの廃除審判の申立てを却下した。

廃除理由の判断は慎重になされるべきことや、Ｘの主張から見て廃除を認容した原審判が抗告審でもそのまま維持されたかは疑問であるが、ともかく、抗告審はＸの主張①には触れず、②の主張を採り上げ、廃除を申し立てる利益なしとしたのである。

本件の解決としては、判旨に異論はない。しかしこれを一般化して、遺留分を放棄した推定相続人に対しては、常に、廃除を認める利益がないといってよいかは問題である。遺留分放棄の持つ意味と廃除の持つ意味の違い、影響の大きさ等を考えると、本結論は事案の解決としての一事例と見るべきで、一般化することには疑問があることを付け加えておく。

3　将来、履行が確実といえない贈与契約に基づく遺留分の放棄の許否

５年後に300万円の贈与を受ける契約の下になされた遺留分放棄許可申立てを却下した事例

（神戸家審昭40・10・26家月18・４・112、判タ199・215）

事案の概要

○当事者

申立人Ｘ：Ａの認知を受けた子（法定代理人親権者Ｂ）

関係者Ａ：Ｘを認知した父

○事実経過

昭24・６	Ｘ、ＡとＢ女との間に出生
昭40・４・５	Ａの認知を受ける。
昭45・12・31	Ａは妻との間に子がないところ、Ｘに対し、金300万円をＸに贈与するから遺留分の放棄をされたい旨申し向けた。Ｘは遺留分の放棄を決意し、上記放棄許可を求める本件申立てをした。

裁判所の判断

ＡのＸに対してした贈与の申出の事実は認められるが、「ＸがＡか

ら既に金300万円の贈与をうけ了つているのであれば兎も角、〔中略〕唯単に５年後に金300万円を贈与するという契約がなされているに過ぎないのであって、それが果たして現実に履行されるか否かについては〔中略〕たやすく予断を許さ」ず、かかる「事情の下で遺留分の放棄を許可するときは、他日Ｘにとつて予想外の事態を招き、思わぬ損害を惹起する虞れがないとはいえない。そうすると本件遺留分の放棄は相当でない」。

コメント

遺留分を放棄する理由は、遺留分権利者個々人の自由意思にゆだねられているが、通常、権利としての遺留分という経済的利益に見合う何らかの利益がある場合に行われる。本件でも、５年先に得られるであろう300万円の見返りとして遺留分放棄を持ち出されたものと思われる。しかし放棄の「見返り」はやはり現実に得た確実なものであることは必要であろう。後日Ｘに損害が生ずることや、錯誤による無効の問題の生ずる可能性もあり、本審判は妥当な結論である。

4　遺留分放棄の許可審判と非訟事件手続法19条１項の準用によるその取消しの認否

家庭裁判所が遺留分放棄の許可審判をなすに当たっては、遺留分放棄が遺留分権利者の自由な意思に基づくものであるか、その理由が合理性、妥当性、必要性ないし代償性を具備しているかを考慮すべきであり、審判当時からの事情の変化によっては許可審判を取り消すべきであるとされた事例

（東京家審昭54・３・28家月31・10・86）

事案の概要

○当事者

抗告人Ｘ：Ａの長女

関係者Ａ：被相続人

○事実経過

昭41・２・14	東京家庭裁判所にＡの相続財産に対するＸの遺留分事前放棄申立て。理由は、Ａが財産の分散を嫌い、長男に単独相続させたかったためであり、自身の意図について、Ｘらに一応の説明をした上で、普通の家では皆こうするという話や、遺留分を放棄させる代わりに、将来相当な財産を贈与するとの話も交わされた。
昭41・３・１	放棄許可の審判。ただし、その遺産目録の一部には脱漏があり、記載が正確ではなかった。Ｘは事前に

	申立代理人から遺留分制度や事前放棄について一応の説明を受け、放棄に関し異議がない旨述べた。
昭50・５頃	Ｘの嫁ぎ先での相続問題で、改めて遺留分放棄の重大さに驚き、ＸはＡに事情の説明を求めたところ、Ａに受け入れられず。
昭50・10・１	東京家庭裁判所に遺留分を有することの確認を求める調停申立て
昭51・１・29	調停不成立
昭53・８・14	Ｘによる上記許可審判取消しの申立て
昭54・１・25	Ａ及びＡの妻（Ｘの母）による親子関係調停の申立て
昭54・３・５	同調停不成立。理由は既に円満解決の道はないほど対立状態が深刻化していたため

当事者の主張

○抗告人（Ｘ）の主張

Ｘの遺留分放棄は、遺留分放棄がどのようなものか知らず、かつ両親への遠慮もあってなされたもので、真意によるものではないから無効である。仮にそうでないとしても、放棄許可の審判は12年前になされたものであり、推定相続人間の事情や、Ｘの遺留分放棄の意思は変化しているから、これをそのまま有効とすることは不当である。

裁判所の判断

① 家庭裁判所が遺留分放棄許可の審判をなすに当たっては、遺留分放棄が、遺留分権利者の自由な意思に基づくものであるか否かのほかに、その意図するところが、均分相続の基本的理念を没却するものであれば、これを排斥するなどの措置を講じることはもとより、相続財産の内容、性質、遺留分権利者と被相続人その他の親族間の事情等を慎重に調査検討し、遺留分放棄の理由が合理性若しくは妥当性、必要性ないし代償性を具備している場合に初めて事前放棄許可の審判をなすべきである。

② 本件の遺留分の事前放棄は、申立てが、申立人の真意に基づかないものとまではいえないにしても、専ら被相続人の発意に基づき、申立人に対し遺留分に見合うだけの贈与等の代償も与えられず、遺留分放棄審判から既に13年もの年月が経過し、その間に申立人と被相続人との間は深刻な対立関係が生じており、上記審判は現時点においてこれを維持すべきでないのが家事審判の合目的性に適うので、家事審判法７条により、非訟事件手続法19条１項を準用してこれを取り消す。

コメント

本審判例で特筆すべき点は非訟事件手続法19条１項を準用して、同審判の取消しを認めた点である。

1　遺留分放棄許可審判の要件

遺留分の放棄は、民法1043条１項に規定され、単独行為であり、被相続人に対する意思表示とされている（通説、高木多喜男「1043条」中川善之助＝加藤永一編『新版注釈民法㉘』533頁（有斐閣、補訂版、2002)、斎藤秀夫＝菊池信男編『注解家事審判法』312頁〔松原正明〕（青林書院、初版、1987)）。ただし、だれに対する意思表示かという点に関しては争いがあり、相手方のない単独行為だとする見解もある（西原諄「遺留分放棄の撤回と事情変更による取消」判タ613号115頁）。また、家庭裁判所の許可を得て初めて効力が生じる要式行為である。家庭裁判所の許可については、家事審判法９条１項甲類39号の審判事項とされている。

遺留分の事前放棄の許可については、本事例のように、親の権威を笠に着た被相続人の強い意思によって、長子にすべてを相続させることが可能となり、不公平な結果に繋がるとして、制度そのものの存在に疑問を呈する意見も多く（我妻栄＝立石芳枝『親族法・相続法』655頁（日本評論社、1952)、槇悌次「相続分および遺留分の事前放棄」家族法大系刊行委員会編『家族法大系Ⅶ相続⑵』302頁（有斐閣、1960)）、また、その許可に関しても、家庭裁判所は慎重な態度をとっている（後掲・参考判例参照）。

本審判では、裁判所が遺留分放棄許可をなす際に考慮すべき点が挙げられた。具体的には、

①　遺留分放棄が遺留分権利者の自由な意思に基づくものであるか否か

②　その意図するところが、民法で定める均分相続の基本的な理念を没却するものでないか否か

③　相続財産の内容、性質、遺留分権利者と被相続人その他の親族間の事情を慎重に調査検討し、遺留分放棄の理由が合理性若しくは妥当性、必要性ないし代償性を具備しているか否か

である。

本審判では、これらの要件について、当初の許可審判が十分に考慮されていなかったとし、その合理性について疑問なしとしない、とした。

2　非訟事件手続法19条１項の準用による許可審判の取消し

遺留分放棄許可審判の取消しに関しては、民法上も家事審判規則上も明文がない。一般に裁判の取消し・変更は、本来、裁判のき束性又は自己拘束性によりできないが、家事審判に関しては、特別の規定のある場合を除いて、家事審判法７条、非訟事件手続法19条１項準用により許されると解されている（山木戸克己『家事審判法』47頁（有斐閣、1958)、加藤令造編『家事審判法講座　第１巻』79頁（判例タイムズ社、1966))。家事審判は、家庭に関する諸事項を合目的的に処理することを内容とするから、客観的事態の推移によって、その審判を存続せしめておくのが不適当と認められるに至ることがあり、また審判が当初から適当でなかったということもあり得るからである（山木戸・前掲書49頁)。

そこで、次に問題となるのが、非訟事件手続法19条１項に定められている「不当」の概念であるが、これは必ずしも違法に限らず、審判の内容が妥当性を欠きまた不相当と認められる場合を広く包含すると解されている（入江一郎ほか編『条解非訟事件手続法』79頁（帝国判例法規出版社、1963))。また、審判当時から不当であった場合のみならず、審判後の事情の変更により不当となった場合も含む（入江ほか・前掲書79頁)。そして、これは家事審判でも同様に解釈されている（山木戸・前掲書50頁、多数説。ただし、東京高決昭60・８・14家月38・１・143、判時1165・104ほか（**第４章・事例７**）は、同条同項は当初から不当性を有する裁判の更正のためのものであると限定する。)。

本審判では、遺留分放棄許可審判後、13年という相当長時間が経過していることや、被相続人Ａと申立人Ｘの関係が、その期間に相続問題をめぐって悪化し、今では修復困難なほどの対立関係にまでなってしまったことを理由として挙げており、審判後の事情の変更を許可取消しの理由として明記している点で、多数説によったものである。

参考判例

○申立人の許可申立ては、被相続人の発意に出たものであり、殊に配偶者相続権の確立並びに諸子均分相続の理念に反するとして申立てを却下した事例（東京家審昭35・10・４家月13・１・149）

○申立人が、被相続人の反対する女性と結婚するために、遺留分放棄申立書に署名捺印し、審判期日に申立人が任意に出頭し、平静に遺留分を放棄する旨発言したとしても、両親からの結婚問題に関するかなり強度の干渉の結果であるとして申立てを却下した事例（大阪家審昭46・７・31家月24・11・68、判タ283・349）

○結婚を反対された申立人が、被相続人の示唆によって遺留分放棄の手続の申立てをした事実や被相続財産が高額になることから申立ては、申立人の全くの自由意志によってなされたと認定するには多大な疑問が残るとして申立てを却下した事例（和歌山家審昭60・11・14家月38・５・86）

○被相続人の反対を押し切って婚姻届を出した申立人の申立ては、婚姻届の翌日になされ、しかも被相続人からの強い働きかけによるもので、申立ての動機も被相続人による申立人に対する強い干渉の結果であることが容易に推認できるとして、申立てを却下した事例（和歌山家妙寺支審昭63・10・７家月41・２・155）

5　遺留分放棄許可審判取消しの申立ての可否

遺留分放棄許可審判の取消しは家庭裁判所の職権事項であり、被許可者にその申立権はないとされた事例

（仙台高決昭56・8・10家月34・12・41、判タ447・136）

事案の概要

○当事者

申立人・抗告人X：長男

関係者A：被相続人（昭53・3・27死亡）

関係者B、C、D：Xの姉妹

○事実経過

昭49	Aの妻が死亡し、話合いの結果、BがAの面倒を死ぬまで見ることとなり、X、C、DはAの相続財産に関して遺留分を放棄することとした。
昭50・3・27	Xの遺留分放棄許可の審判
昭50・4	AとB家族はA方で同居開始
昭50・6・19	Aは全財産をBに相続させる旨の公正証書遺言作成
昭51・8	AとB家族は折合いが悪くなり同居を解消。Xが居住していた土地建物を処分してA方に転居
昭53・3・27	A死亡

昭56・４・22	Ｘは遺留分放棄許可審判取消しの申立てをしたが却下の決定。Ｘの遺留分事前放棄に至った事情やそれに変更があったことは認め、遺留分放棄の許可は実情に適しなくなったといえるが、既に相続が開始されている本事例では、遺留分放棄の取消しを認めることは、徒に権利関係に無用な混乱を生じさせる結果となるので許されないとの理由であった。
昭56	Ｘの即時抗告

当事者の主張

○抗告人（Ｘ）の主張

遺留分放棄許可審判の取消し又は変更は、家事審判法７条、非訟事件手続法19条１項の準用により認められ、それが認められるのは、遺留分放棄許可審判の後、客観的事態の推移等によりその審判を存続せしめておくのが不当と認められる場合である。Ｘが遺留分を放棄したのは、ＢがＡと同居して面倒をみることを前提としていたのに、事情が変更し、遺留分を放棄する理由がなくなったので、遺留分放棄許可審判は取り消されるべきである。

裁判所の判断

遺留分の放棄は、均分相続の理想に矛盾するものであるから、遺留分放棄を許可された後であってもこれを相当とすべき前提事実が変更したときには、相続開始前後を問わず、許可審判を維持しておく理由はない。

家事審判は、客観的事態の推移によってその審判を存続せしめておくのが不適当と認められるに至った場合には、即時抗告をすることができるなど特別の規定がない審判については非訟事件手続法19条1項の準用により、家庭裁判所はこれを取り消し又は変更することができるし、その時期については特にこれを制限する規定がないので、その必要がある限りいつでもなし得る。

しかしながら、非訟事件手続法19条1項は、裁判所がそのなした裁判を不当と認めるとき、自らこれを取り消し又は変更するについての規定であり、事件の関係人にその取消し又は変更の申立権を認めたものではないから、抗告人の本件申立ても原裁判所に職権の発動を促す以上のものではなく、本件のような「即時抗告」はもとより非訟事件手続法20条に基づく抗告もなし得ないというべきである。

コメント

1　家庭裁判所は、非訟事件手続法19条1項により、遺留分放棄許可審判の取消し・変更ができ、その際の判断基準や判断要素に関しては、**第4章・事例4**の審判でも明示されている。取消し・変更の時期については、条文上特に制限はないが、本決定は、「すでに相続が開始された場合でも同様」として、相続開始後の取消し・変更も認めている。

原審は、相続開始後の許可取消しは、「権利関係に無用の混乱を生じさせる」ことを理由としてこの申立てを却下したが、本決定ではこの点については原審を支持していない。抗告人の即時抗告の理由書には詳しい事情が書かれていないが、相続人間の遺産分割協議の入口段階での申立てであると考えられ、「たとえ相続開始後であっても、許可審判の取消をまってはじめて、遺産分割の協議が正常に行なわれることが期待される。審判の取消によって、権利関係に無用の混乱を生じさせる恐れは少しも存在しない。」（村井衡平「遺留分放棄の許可審判とその取消申立権」法律時報54巻5号145頁）と評され、条文上、特に取消し・変更に制限がないこと、均分相続の観点から、遺留分の事前放棄の許可という制度そのものに疑問を呈する声が多いこと（我妻栄＝立石芳枝『親族法・相続法』655頁（日本評論新社、1952）、槇悌次「相続分および遺留分の事前放棄」家族法大系刊行委員会『家族法大系Ⅶ』302頁（有斐閣、1960））からも、この決定は支持されているようである。

2　それでは、許可審判の取消し・変更が認められるとして、その手続は具体的にはいかなる方法によるべきか。

本事例は、非訟事件手続法19条1項は、事件関係者の申立権を認めたものではないとして「即時抗告」も、同法20条に基づく抗告も許されないとした。これ以前の遺留分放棄事前許可の取消し・変更の審判について、当事者の申立権を前提にして判断したものなのか、単に職権で判断したのか、明らかにしたものはなかったが、本事例は後者であることを明示した。

家事審判法7条で準用する非訟事件手続法19条1項は、当事者に審判の取消し・変更の申立権を認めたものであるか否かについて、裁判所は、これ以前に、遺産管理命令取消しの申立てや相続放棄申述取消しの申立てに関する決定例でこれを否定し、この規定は家庭裁判所に取消し・変更の権限を与えただけであって、当事者は利害関係人に取消変更請求権を認めたものではない、としていたが、本決定は、遺留分事前放棄許可の取消申立てについても、これらと同様とした。

通説もこのように解釈している（加藤令造編『家事審判法講座　第1巻』81頁（判例タイムズ社、1966）、日野原昌「取消・変更」判タ250号120頁）が、これに対しては、これでは本事例のように、原決定の判断に疑問が生じたにもかかわらず、それに対する取消し・変更の請求ができないということになり、審判の取消し・変更を認められた趣旨が全うされないとの批判もある。

ただ、当事者、利害関係人の取消請求権を認める見解（中川善之助＝泉久雄『相続法』652頁（有斐閣、第4版、2000)、山木戸克己『家事審判法』49頁（有斐閣、1958)）は根拠が薄弱であるとの指摘もあり、立法論の問題とすべきとする意見がある（村井・前掲146頁)。

参考判例

○遺産管理命令取消しの申立てを却下した審判に対する抗告を、家事審判規則106条2項が当事者に取消変更請求権を与えるものではないとして却下した事例（東京高決昭25・9・22家月2・9・144)

○相続放棄取消申立てを棄却した審判に対する抗告について、家事審判法7条の準用する非訟事件手続法19条1項は裁判所の職権発動を促す趣旨にすぎず、抗告申立権はないとして判示した事例（東京高決昭27・4・28家月5・4・104)

6　遺留分放棄許可審判の取消しが許されるための要件

遺留分許可審判の取消しが認められるためには、許可当時の事情が変化し、遺留分放棄の状態を存続させることが客観的にみて不合理、不相当と認められる場合に限られるとされた事例

（東京高決昭58・９・５家月36・８・104、判時1094・33）

事案の概要

○当事者

申立人・抗告人Ｘ：遺留分放棄者

関係者Ａ：被相続人

○事実経過

昭50・11・25	ＸのＡの相続財産に対する遺留分放棄許可の審判。理由は、Ｘが勤務先の2,500万円に及ぶ借入金債務を連帯保証したため、将来Ａの財産に対し、債権者から強制執行を受ける不安があったから、というもの
昭58	Ｘが上記審判取消しの申立て。Ｘが保証債務を完済したことにより連帯保証人の地位を喪失したこと、及び放棄の背景にはＡがＸに遺贈するはずだった財産を他の相続人へ遺贈するというＡの意思を尊重した事情があるが、その遺言書は結局作成されず、Ａも高齢で、今後新しい遺言書を作成する能力もない

	からＸに遺留分を放棄させる必要性がなくなったことを理由とする。
昭58・６・13	Ｘの申立て却下の決定
昭58	Ｘの即時抗告

当事者の主張

○抗告人（Ｘ）の主張

遺留分放棄許可の審判当時とは事情が変わっており、かつ遺留分放棄の必要性は消滅したので、遺留分放棄許可の審判は取り消されるべきであり、それをしなかった原審は不当である。

裁判所の判断

裁判所は、いったん遺留分の事前放棄を許可する審判をした場合であっても、事情の変更によりその審判を存続させておくのが不適当と認められるに至ったときには、これを取り消し、又は変更することが許される。

しかしながら、これが許されるのは、法律関係の安定のため、遺留分放棄の合理性、相当性を裏付けていた事情が変化し、これにより遺留分放棄の状態を存続させることが客観的に見て不合理、不相当と認められるに至った場合でなければならない。

連帯保証人たる地位の喪失は、これによって将来相続財産につき強制執行を受ける不安が解消したとしても、抗告人に遺留分放棄の状態を存続させることが殊更不合理、不相当と認められるに至ったとはいえない。

被相続人がその財産を他の者に遺贈する旨の遺言を作成することになっていたがそれがなされないまま日時が経過し、被相続人が新たに遺言書を作成し得る状況ではなくなったとしても、それは本件許可審判がされた当時の事情がその後変化したことを示すものではない。

コメント

遺留分放棄許可審判の取消しについて、「遺留分放棄の合理性、相当性を裏づけていた事情が変化し、これにより遺留分放棄の状態を存続させることが客観的にみて不合理、不相当と認められるに至った場合」、放棄許可後の事情変更による許可審判取消しを認める決定である。

遺留分放棄許可審判が取消可能か否かについて、条文上規定はないが、家裁実務では認める立場に立っており（東京家審昭44・10・23家月22・6・98、判タ254・319、松江家審昭47・7・24家月25・6・153等）、その要件も、本決定とほぼ同様に考えられているといってよい。

審判当時、放棄許可が正当であったとしても、審判後の事情変更により不当となったときの取消し・変更が、非訟事件手続法19条１項「其裁判ヲ不当ト認メルトキ」に含まれるか否かの争いがあり、消極説は、同条は、裁判当時不当であった場合のみを意味し、裁判当時は正当であったがその後に不当になったときには、同条ではなく「事情変更による取消し・変更」によるべきとする。つまり、同条による取消し・変更と、事情変更による取消し・変更は別のものであると解釈するのである。理由は、「民法および家事審判規則に定められている取消・変更の審判は、おおむね前審判後の事情変更に基づくものであり、従って、審判後の事情変更に基づく取消・変更は、これら実体法および手続法に定められた規定によつて処理すべきであり、また、このような規定がない場合でも、その必要がある場合には（例えば家審規84条の後見人に対する指示）、非訟事件特有の性質に従つて取消・変更が可能なのであつて、非訟事件手続法19条１項による取消・変更の中には、事情変更による取消・変更は含まれない」（日野原昌「取消・変更」判タ250号120頁）とされる。

これに対して、同条項をこのように狭く解釈する必要はないとして、積極説は、審判当初から不当であった場合はもちろん、審判後の事情の変更により不当になったときにも、同条項を準用し、審判の取消し・変更をすべきとする。

本決定は、明確な条文上の根拠を示さないまま、事情変更による取消しを認めており、どちらの見解によったものかは明らかでない。

なお、本決定において、そもそも遺留分の放棄を許可すべき事案であったか疑問を呈する意見もある（右近健男「遺留分放棄許可の取消しが許されるには、許可当時の事情の変更を要する」判評303号42頁）。遺留分を放棄しても、なお相続分は存在するのであり、会社債権者による差押えの回避はむしろ相続開始後の相続放棄で初めて目的を達せられるからである。

また、抗告人であるＸの即時抗告に対して、本決定は、抗告理由を吟味し、事情変更に当たらないとして抗告を棄却しているが、そもそも、当事者に原審に対する抗告、即時抗告申立権がないとする決定もあり（仙台高決昭56・８・10家月34・12・41、判タ447・136（**第４章・事例５**）、東京高決昭60・８・14家月38・１・143、判時1165・104ほか（**第４章・事例７**））、果たして当事者に抗告権や不服申立権があるのか否かで判断が分かれているところである。

7　遺留分放棄の許可取消しの申立てに基づく審判に対する不服申立ての可否

遺留分放棄の許可を受けた者が、後にその取消しの申立てをし、それが認められなかった場合、その審判に対する不服申立ては、即時抗告はもちろん非訟事件手続法上の抗告もなし得ないとされた事例

（東京高決昭60・８・14家月38・１・143、判時1165・104ほか）

事案の概要

○当事者

抗告人Ｘ：Ａの子

関係者Ａ：被相続人

○事実経過

昭53・３・25	横浜家庭裁判所にＡの相続財産に対する遺留分事前放棄申立て
昭53・５	放棄許可の審判
昭59・10・９	上記審判取消しの申立て。遺留分の事前放棄申立ては、被相続人から抗告人の負債の整理をする際の条件として要望されたものであるが、上記審判後既に６年以上経過し、被相続人も64歳の高齢となったこと、その間、抗告人は、被相続人の意思を尊重し、その指示に従ってきており、遺留分の放棄は不要と考えられること、被相続人も遺留分放棄の審判取消

	手続に協力する旨約したこと、を理由として挙げている。
昭60・5・24	上記審判取消申立て却下の決定。抗告人の行状が相変わらず芳しくなく、被相続人と抗告人との関係が以前に増して悪化していること、被相続人が上記審判取消しに強く反対していることを理由に、上記審判を存続せしめることが不当であるとは考えられず、それ自体が不当であったと認めるに足りる事由も存在しないとした。
昭60	上記審判に対するXの即時抗告

当事者の主張

○抗告人（X）の主張

遺留分放棄が許可された審判後、放棄の前提となった事実に変化が生じたため、当該審判は取り消されるべきであるところ、取消しの申立てが却下されたため、原審の審判を不服として抗告を申し立てた。

裁判所の判断

民法1043条1項の遺留分放棄許可に関する家庭裁判所の審判については、民法及び家事審判法上、これを取り消すことができる旨の明文の規定がないから、抗告人の本件取消しの申立ては、非訟事件手続法の定めるところによってなされたものと解するほかない（家審7参照）。

仮に、本件申立てが、非訟事件手続法19条1項による裁判の取消し又は変更を求める申立てであるとすれば、同法に定める裁判の取消し又は変更は、当該裁判が当初から不当である場合において、これを更正するために、当該裁判をした裁判所が職権でするものであり、上記申立ては、単に裁判所の職権発動を促すものにすぎないため、本件申立てを却下した原審の審判に対して、抗告人は、即時抗告ないし同法20条の抗告をすることができない。

抗告人の申立てが、事情変更を理由として審判の取消しを求めるものであるとしても、事情変更による取消し又は変更は、当該裁判が継続的法律関係を設定し、又は継続的法律関係に関する場合において、上記裁判がなされた以後、その基礎とされた事実関係の変更によってその裁判がもはや実情に適しなくなったときに、非訟事件における裁判所の後見性ないし裁判における合目的性の優位にかんがみ、実情に合致する措置を採ることの要請に基づき認められるものであるから、遺留分の事前放棄の許可審判のような継続的法律関係の設定等に関係のない裁判について事情変更による取消しに関する法理が適用されるか疑問がある。

仮にかかる裁判についても、一定の要件の下にこれを取り消すべきことが要請されていると仮定したとしても、家事審判法14条が人の身分関係に重大な影響をもつ審判を永く不確定の状態におくことは適当でないとの法意に基づき、非訟事件手続法20条の特例として定められた経緯に照らすときは、かかる取消しの申立てに基づく審判に対しては、即時抗告はもちろん、非訟事件手続法20条の抗告もなし得ない。

コメント

1　本事例のポイントは以下の３点である。

①　非訟事件手続法19条１項の取消し・変更は、当該裁判が当初か

ら不当である場合のもので、裁判後の事情の変更によって、当該裁判が不当となった場合の取消し・変更は、事情変更の法理によるものである。

② 事情変更の法理による取消し・変更は、継続的法律関係の設定等に関係のある裁判に限られ、遺留分放棄許可審判の取消しは、これには当たらないので、同法理による取消し・変更も認められない。

③ 仮に、継続的法律関係の設定に関係のない裁判について、一定の要件の下で取り消すべきであるとしても、家事審判法14条の法意と、同条が非訟事件手続法20条の特例として定められた経緯から、遺留分放棄許可取消審判に対する不服申立てとして、即時抗告も抗告もなし得ない。

2　①について

事情変更の法理に関しては、非訟事件手続法19条１項による取消し・変更の一場合と見る見解（仙台高決昭56・８・10家月34・12・41、判タ447・136（**第４章・事例５**））と、それとは別個の取消し・変更の根拠とする見解とに分かれているが、本決定は後者によったものとみることができる。

3　②について

事情変更による取消しが認められるには、不当とされる裁判が継続的法律関係に関するものに限られ（三井哲夫「第19条」伊東乾＝三井哲夫編『注解非訟事件手続法〔借地非訟事件手続規則〕』179頁（青林書院、1986）、林順碧「非訟事件の裁判の取消・変更」鈴木忠一＝三ヶ月章監『実務民事訴訟講座７』216頁（日本評論社、初版、1969））、遺留分事前放棄許可審判はこれに当たらない（継続的法律関係とはいかなるものを指すのかについては、伊東=三井・前掲書216頁参照）。

事情変更の法理が継続的法律関係に関する裁判にのみ適用される

理由に関し、「事情変更法理による取消制度は、形式的確定力を有する非訟裁判が非訟法19条1項による裁判の取消を許されないため、これに代わる救済方法であり、また、形式的確定力を有しない非訟裁判が継続的法律関係を設定するか継続的法律関係に関する場合、その継続する事実関係の変動によって正当であった裁判が不当となることを予想し、非訟裁判の後見性・事件における合目的性の見地から実情に合致することに対する要請に答えるものである。」（西原諄「遺留分放棄の撤回と事情変更による取消」判タ613号115頁）とされる。

4　③について

本決定は、審判に対する抗告や即時抗告を否定したものであるが、審判取消しの申立権についてはふれておらず、それまで否定したものではないと解釈されている（最高裁判所事務総局家庭局「家庭裁判所事件の概況」家月39巻1号82頁）。前掲・仙台高裁昭和56年8月10日決定は、当事者の即時抗告権、通常抗告権のみならず、不服申立権も明確に否定しており、本決定と異なっている。

当事者の取消申立権を否定するのが通説的見解及び実務であるが（**第4章・事例5**参照）、即時抗告権を認める立場もあり（家事審判研究会編『判例家事審判法』4巻4299頁）、当事者、利害関係人の権利・利益の保護という点を含め今後どのように解釈されていくか注目されるところである。

第 5 章

その他

第１　遺留分と登記

１　遺贈に係る不動産につき遺留分減殺請求権行使の結果、共有権者となった者から、当該不動産の第三取得者に対する登記の全部抹消請求の可否

相続財産につき共同相続人の一人から単独所有権移転登記を受けた第三取得者に対し、遺留分減殺請求権行使の結果共有権者となった者が請求できるのは、自己の持分についてのみの更正登記手続にすぎず、それが通謀虚偽表示を理由とするものであっても、第三取得者の所有権移転登記の全部の抹消を請求することはできないとされた事例

（東京高判平２・３・26金法1268・33）

事案の概要

○当事者

被控訴人X_1～X_3：相続人

控訴人Y_1：相続人、受遺者

控訴人Y_2：第三取得者

関係者Ａ：被相続人

（甲不動産：遺贈に係る不動産）

○事実経過

――	ＡはY_1に対し、甲不動産を遺贈

——	Aが死亡し、相続開始。法定相続人はX_1～X_3、Y_1
——	Y_1は遺言により甲不動産を取得したとして、甲不動産について単独所有権移転登記
——	Y_1からY_2に対し、甲不動産について、売買を原因とする所有権移転登記
——	X_1～X_3はY_1に対し、遺留分減殺請求権を行使し、それぞれ10分の1ずつの相続分が認められる。
——	X_1～X_3は、甲不動産に対するY_2の所有権移転登記の全部抹消を求めて提訴
——	原審（前橋地判平元・8・22（昭62(ワ)333）等）はXらの請求全部認容
——	Yら控訴

当事者の主張

○被控訴人（Xら）の主張

Xらは、Y_1に対して遺留分減殺請求権を行使した結果、甲不動産に対する共有権を取得したものである。Y_2はY_1から甲不動産について売買を原因とする単独所有権移転登記を受けているが、この売買は通謀虚偽表示により無効であるから、これに基づく登記について全部抹消をすることができる。

裁判所の判断

（原判決変更）

相続財産につき共同相続人の一人から単独所有権移転登記を受けた第三取得者に対し、遺留分減殺請求権行使の結果共有権者となった者が請求できるのは、自己の持分についてのみの更正登記手続にすぎず、所有権移転登記の全部抹消を求めることはできない。

なぜなら、共有権者は、自己の持分についてのみ、妨害排除請求権を有するにすぎず、他の共有権者はその持分を自由に処分することができるからである（最判昭38・2・22民集17・1・235、判時334・37ほか）。

このことは、遺留分減殺請求権行使後において、遺贈に係る物件について売買を原因とする単独所有権移転登記を受けた第三取得者に対し、売買を通謀虚偽表示であるとしてその効力を否定し、所有権移転登記の抹消を請求する場合についても同様である。共有権者は、自己の共有持分についてのみ一部登記抹消（更正）登記手続ができるにすぎず、保存行為を理由として登記全部の抹消を求めることは許されない。

なぜなら、たとえ売買が通謀虚偽表示により効力を有しないものであるとしても、偽造等による全く無権限に行為に基づく場合には別意に解すべき余地もあるが、本件は当該共同相続人との合意に基づくものであるから、当該共同相続人の持分につき何らの権利も有しない共有権者が干渉すべき筋合いのものではないからである。

コメント

本判決が引用する前掲・最高裁昭和38年2月22日判決は、甲乙が共同相続した不動産について、乙が勝手に単独所有権登記をし、更に第三取得者が乙から移転登記を受けた場合、甲が請求できるのは、甲の持分についてのみの一部抹消（更正）登記手続であって、各登記の全部の抹消を求めることができないとする。本判決は、遺留分減殺請求の結果に基づく共有関係についても同様に解すべきとしたものであり、妥当な結論と思われる。

なお、本判決は、第三取得者の登記原因である売買が虚偽表示（民94）により無効であるとしても、それだけでは不法登記とはいえないとして保存行為（民252ただし書）による全部抹消はできない旨判示しており、この点も同種事案に対する参考となろう。

参考判例

○共同相続した不動産について、共同相続人の一人が勝手に単独所有権登記をし、更に第三取得者が移転登記を受けた場合でも、他の共同相続人が請求できるのは、自己の持分についてのみの一部抹消（更正）登記手続であって、各登記の全部の抹消を求めることができないとした事例（最判昭38・２・22民集17・１・235、判時334・37ほか）

○共有不動産を第三者が侵奪した場合、共有者の一人は、その持分権に基づき保存行為として、共有不動産の返還を請求することができ、この理は不法登記の抹消請求にも当てはまるとした事例（最判昭31・５・10民集10・５・487、判タ60・48ほか）

2　被相続人が遺産である不動産を相続人の一人に包括遺贈した場合、他の相続人は、遺留分減殺請求権の行使の結果、当該不動産について遺留分割合による共有持分の移転登記手続を請求することの可否

被相続人が遺産である不動産を相続人の一人に包括遺贈した場合、包括遺贈された不動産に対し、他の相続人は、遺留分減殺請求によって遺留分割合による共有持分の移転登記を請求することができるとされた事例

（東京地判平２・10・31金法1286・33ほか）

事案の概要

○当事者

原告X_1～X_3：相続人（いずれも実子）

被告Ｙ：相続人（実子）

関係者Ａ：被相続人

（関係不動産等：相続財産である①土地、②建物２棟、③借地権）

○事実経過

昭55・５・30	Ａは公正証書により、①ないし③の全てをＹに遺贈
昭61・５・23	Ａが死亡し、相続開始。法定相続人はX_1～X_3とＹの４名
――	Ｙは、①ないし③につき、相続を原因とする単独所

	有権登記
——	X_1～X_3は、Ｙに対し、遺留分減殺請求
平元・8・31	Ｙは①につき、抵当権設定登記
——	X_1～X_3は、Ｙに対し、①ないし③について、各８分の１の共有持分の移転登記手続等を求めて提訴

当事者の主張

○原告（Ｘら）の主張

原告（Ｘら）は、ＡのＹに対する遺贈は、Ｘらの遺留分を侵害しているから、その減殺として、各物件について持分８分の１を有することの確認及び①②について持分の移転登記を求めたほか、①について、減殺の意思表示後になされたＹによる抵当権設定に対する損害賠償も求めている。

裁判所の判断

（請求認容）

遺留分減殺請求権者は、包括遺贈された対象不動産に対し、共有持分権の確認と所有権移転登記を請求することができる。

減殺がなされた時点で遺留分侵害行為はその部分の限度で遡及的に効力を失い、不動産については受遺者と遺留分権利者がそれぞれの持分割合で共有する関係に立つから、それ以後はこれより新たに形成された権利関係を基礎にして物権・債権的な関係を生ずるにすぎず、更に遺留分に関する民法の規定を適用する余地はない。

減殺の意思表示後の権利移転及び権利の設定の場合、遺留分権利者と権利移転及び権利の設定を受けた第三者との関係は、登記の有無によって決すべきである（最判昭35・7・19民集14・9・1779、判時232・22ほか（**第2章・事例6、27**））。第三者が先に登記を経た場合には、遺留分権利者はその権利移転又は権利設定を第三者に対しては主張できなくなるが、これによって損害が生じた場合は、受遺者に対する不法行為に基づく損害賠償請求権により解決されるべきであるが、抵当権の設定というだけでは損害が発生したとはいえない。

コメント

遺贈による単独登記がされた場合、自己の相続権を侵害された相続人は、遺産分割手続を経ることなく、いきなり権利の確認ないし更正登記手続を請求することができるか。本判決はこれを肯定するものの理由は述べていないので、いかなる理論に基づくかは定かではない。

同種事案について、東京地裁平成2年10月29日判決（金法1285・28）は、包括遺贈に対する遺留分減殺請求がなされた場合、遺言による相続分の指定に対する遺留分減殺請求がなされたときの法律関係と同視されるべきとし、包括遺贈は減殺請求をした相続人の遺留分を侵害する限度において効力を失って修正を受けるにとどまり、各共同相続人は、被相続人の全遺産の上に上記修正された割合の抽象的な相続分を有するにすぎず、遺産分割手続を経ることなく、直ちに遺産を構成する個々の財産について遺留分の割合による共有持分権を取得することはできないとし、本判決と立場を異にする。これに対し、上記控訴審判決（東京高判平3・7・30家月43・10・29、判時1400・26ほか（**第1章・事例22**））は、遺留分減殺請求権の行使により相続人間の遺産共有の状態となったような場合も、その遺産を構成する個々の不動産につき受遺者である相続人が遺贈による単独の所有権移転登記を受けているときは、これを各相続人の相続分に応じた共同相続の状態にあることを示す登記に是正することが許されるとしている。そして、上記上告審判決（最判平８・１・26民集50・１・132、判時1559・43ほか（**第１章・事例４**））は、民法上、遺留分減殺請求の結果生ずる法律関係は、相続財産としての関係ではなく遺留分権利者と受贈者、受遺者の関係で個別的に生ずるものであり、遺言者の財産全部についての包括遺贈は、遺産の対象となる財産を個々的に掲記する代わりにこれを包括的に表示する実質を有するものとして特定遺贈と異ならず、減殺請求権を行使した結果、遺留分権利者に帰属する権利は、遺産分割の対象となる相続財産としての性質を有しないとして、遺留分減殺を原因とする所有権一部移転登記等を肯定している。

前掲上告審判決によると、包括遺贈に対する遺留分減殺については、相続分の指定でない限り、特定遺贈と同様に遺産から全財産が包括的に離脱させる場合となり、その結果生ずる法律関係は遺産共有とは異なる通常の共有関係ということになろう。実務上大いに参考となるものと思われる。

参考判例

○包括遺贈に対する遺留分減殺請求をした相続人が、直ちに遺産を構成する個々の財産について遺留分の割合による共有持分権を取得したり、相続開始後に処分された遺産の価額弁償請求権を取得するということはできないとされた事例（東京地判平２・10・29金法1285・28）

○包括遺贈に対する遺留分減殺請求をした相続人が、遺産を構成する個々の不動産について、各相続人の相続分に応じた共同相続の状態にあることを示す登記に是正することが許されるとされた事例（東京高判平３・７・

30家月43・10・29、判時1400・26ほか）

○遺言者の財産全部についての包括遺贈に対して遺留分権利者が減殺請求権を行使した場合、遺留分権利者に帰属する権利は遺産分割の対象となる相続財産としての性質を有しないとして、遺留分減殺を原因とする所有権一部移転登記等が認められた事例（最判平８・１・26民集50・１・132、判時1559・43ほか）

○被相続人による相続分の指定に対する遺留分減殺請求の効果は、各共同相続人が全遺産上に有する権利義務承継の割合が修正されるというにとどまるのであって、減殺請求によって修正された相続分に従って法律の定める遺産分割の手続を経ることが必要であり、減殺請求をした相続人が直ちに遺産を構成する個々の財産について遺留分の割合による共有持分を取得するものではないとされた事例（東京地判平３・７・25判タ813・274）

○遺留分減殺請求後に受遺者から贈与の目的物を譲り受けて登記を経由した者に対し、更に減殺の請求をすることはできないとされた事例（最判昭35・７・19民集14・９・1779、判時232・22ほか）

3　遺贈の対象不動産についてされた共同相続登記を遺留分減殺請求による持分の相続登記に更正することの可否

遺贈の対象である土地について共同相続登記がされた後に、共同相続人の一部の者が遺留分減殺の名目で受遺者から取得した各持分は、遺留分減殺により取得すべき持分の割合にとどまるものであれ、割合を超えるものであれ、相続登記がなされた後に受遺者から新たに取得した持分であるから、相続登記の更正登記によって持分の取得登記をすることはできないとされた事例

（最二小判平12・５・30家月52・12・39、判時1724・45ほか）

事案の概要

○当事者

被上告人X_1、X_2：相続人

上告人Y_1～Y_3：相続人

関係者Ａ：被相続人、遺言者

関係者Ｂ：第三者、受遺者

（甲土地：遺贈に係る不動産）

○事実経過

昭57・３・31	Ａは公正証書により、甲土地をＢに遺贈
昭57・４・６	Ａが死亡し、相続開始。法定相続人はＸらとＹらのほか２名の計７名

昭57・4・27	甲土地につき、相続を原因とする法定相続人7名について法定相続分（X1・48分の24、X2・48分の6、Y1・48分の4、Y2及びY3・48分の3）に従った相続登記
昭58頃	Xらは、Bに対し、遺留分減殺請求訴訟提起
昭59・5・16	XらとBとの間において、Xらが遺留分を原因として甲土地を取得し、Bに対し他の土地の法定相続分の無償譲渡と和解金500万円支払う内容で和解（持分はX1・5分の4、X2・5分の1）が成立
平8・9	Xらは、Yらに対し、甲土地について、上記の和解に基づく持分の割合で、前記相続を原因とする所有権移転登記の更正登記を求める訴えを提起。YらはXらに対し、遺留分減殺請求を行使して争う。
平9・6・18 平10・2・12	第一審判決（東京地判平9・6・18（平8(ワ)18370)） 第二審判決（東京高判平10・2・12（平9(ネ)3125)） 第一審判決及び第二審判決は、いずれも、①Yらは相続開始後10年以上経過しているから遺留分減殺請求は行使し得ないとした上で、②XらはBに対する遺贈の登記がなされる前に遺留分減殺の結果、甲土地を取得したものであるから、XらはAから直接相続登記を受けることになり（昭30・5・23民甲973局長通達)、XらはYらに更正登記手続を求めることができるとして、請求を認容。Yらが上告

当事者の主張

○上告人（Yら）の主張

和解後10年以上も放置した後に登記請求をしたXらに対しては、抗弁権の永久性を認めて遺留分減殺請求権の行使ができると解すべきであり、Xらは、遺留分の範囲を超え、Yらの遺留分を侵害することを知って甲土地を取得したものであるから、Xらに対しては権利を行使し得る。

裁判所の判断

（破棄自判）

被上告人らが遺留分減殺の名目で取得した土地の持分は、遺留分減殺請求により取得したと主張していた土地の持分よりも大きく、他の土地の法定相続分の無償譲渡と和解金500万円の支払を約束したものであるから、減殺請求によって取得したものとは到底認め難い。したがって、減殺請求を原因として取得したことを前提とする更正登記を求めることはできない。

また、そもそも被上告人らが取得した土地の各持分は、遺留分減殺により取得したものであれ、これを割合を超えるものであれ、相続登記がなされた後に被上告人らが第三取得者から新たに取得した持分であるから、更正登記によって各持分の取得登記を実現することはできない。

コメント

本判決はYらの主張を直ちに容れたわけではないが、更正登記手続ができないとしてＸらの請求を認めた原判決を破棄したものである。

登記実務では、昭和30年５月23日民事甲第973号民事局長通達により、遺贈による移転登記が未履行のままの不動産について、遺留分減殺請求により共有持分を取得した相続人は、遺贈による移転登記を経ることなく、被相続人から直接「相続」を原因とする移転登記をすることができるとされている。原判決は上記通達を踏まえ、減殺請求の結果に基づく持分の更正登記も許されるとしたものである。これに対し、本判決は、遺留分減殺によって取得した持分は、相続開始後の新たな物権変動によるものであるとして、共同相続登記と実体関係との間に原始的不一致がある場合ではないとし、共同相続登記の更正登記によることはできないとする。

更正登記は、登記と実体関係との間に原始的な不一致があることが必要であり、新たな物権変動に基づく新登記を既存登記の更正によってすることはできないと解されており（幾代通＝浦野雄幸編『判例・先例コンメンタール　新編不動産登記法２』276頁（三省堂、1999））、その意味では、本判決は更正登記の要件に則した判断である。

なお、更正登記ができないとされたＸらの採るべき方策については、本判決の千種判事の補足意見として、「受遺者は、相続登記を経由している相続人らに対し、直接、真正な登記名義の回復を〔中略〕求めることができる」とする見解が示されており、参考になる。

参考判例

○遺留分減殺請求権が行使された効果として遺産共有の状態になった場合、その是正は、更正登記の方法によるのではなく、当該遺留分減殺を原因とする持分の移転登記の方法によるのが相当であるとされた事例（東京地判平４・２・28金法1342・112）

4　不動産を単独相続した相続人が法定相続登記を単独相続登記に更正登記手続することを求めたのに対し、他の相続人が遺留分減殺請求権を行使したことを抗弁として主張することの可否

遺言により不動産を単独で相続承継したにもかかわらず、共同相続人が法定相続分により相続を原因とする移転登記を経由したため、単独相続を原因とする所有権ないし持分全部移転登記に更正登記手続することは、権利変動の忠実な過程を示すという見地から認められるべきであるとし、他の相続人は、遺留分減殺請求権を行使したことにより一部持分を取得したことを抗弁として主張することはできないとされた事例

（東京高判平16・９・７判時1876・26）

事案の概要

○当事者

控訴人Y_1：Ａ、Ｂの子

控訴人Y_2：Y_1の養子（Y_3の配偶者）

控訴人Y_3：Y_1の子

被控訴人Ｘ：Ｂの遺言執行者

関係者Ａ、Ｂ：夫婦

関係者C_1、C_2：Ａ、Ｂの子

（甲不動産：Ａ所有の不動産）

○事実経過

平５・３・14	ＢはＡから遺贈により甲不動産を単独相続

平7・3・15	Bは、Aの相続分の8分の1をY_1に、各24分の7をC_1・C_2にそれぞれ相続させる旨遺言する。
平7・6・21	Bが死亡し、相続開始。XがBの遺言執行者として就任
——	Y_1は、甲不動産につき、Aからの共同相続を原因とする所有権ないし持分全部移転登記手続をし、B・Y_1・C_1・C_2の法定相続分による共同相続登記経由
——	Y_1は、共同相続を原因として経由した上記平成5年3月14日の持分登記をY_2、Y_3に移転し、その旨登記経由
平10・5・7	Y_1は、Bの相続人（C_1ら）に対し、遺留分減殺請求
——	Xは、Y_1・C_1・C_2に対し、甲不動産に対する共同相続登記を、B単独相続を原因とする所有権ないし持分全部移転登記に更正登記手続することを、また、Y_2・Y_3に対し、Y_1から経由した持分移転登記を抹消登記手続するよう求めて提訴
——	C_1・C_2はXの請求を認諾。Y_1らは、Y_1は甲不動産に対する遺留分減殺請求により、その限度で甲不動産の一部を取得したと主張。第一審（東京地判平14・3・19（平12(ワ)1178））は、Y_1が遺留分減殺請求の限度で不動産の一部を取得したとし、これを超える登記の更正を命じるとともに、Y_1が取得した持分を超える部分は無権利者からの譲受けによるとしてY_2及びY_3に対し、Y_1の取得分を超える抹消登記手続を

	認めた。
——	Ｙらが控訴し、Ｘらが附帯控訴

当事者の主張

○控訴人（Ｙら）の主張

Ａの遺言によるＢの相続について遺留分減殺請求権を行使した結果、Ｂの遺産である甲不動産について共有持分を取得しているから、Ｘが求める更正登記手続はできなくなったものであり、更正登記手続請求には理由がない。

○被控訴人（Ｘら）の主張

甲不動産に係る遺産はＢが遺贈により単独相続したものであるから、Y_1らの共同相続登記は無効であり、これを更正してＢへの相続登記が経由されるべきであり、そのための更正登記手続請求に対し、遺留分減殺請求権を行使し遺留分被侵害割合に相当する共有持分を取得したことは抗弁にならない。

裁判所の判断

（原判決変更）

不動産登記は、本来、実態的権利変動の態様や過程を忠実に反映して公示すべきものであり、この見地からは、必ずしも実体的な権利を有しなくとも登記手続請求権が認められるべき場合がある。

本件の不動産については、被相続人の妻が単独相続したことを原因とする同人への所有権等の移転登記が経由されるべきであり、同人はいったん他の共同相続人に対し更正登記手続請求権を取得したのだから、まず更正登記が経由されるべきであり、その更正登記手続請求に対し、他の共同相続人が遺留分減殺請求権を行使したことにより一部持分を取得したことは抗弁とはならないというべきである。

コメント

遺贈に係る不動産を単独相続したにもかかわらず、他の法定相続人による共同相続登記が経由された場合、真実に合致しないものとして、受遺者は、妨害排除請求として一部抹消（更正）登記手続を求めることができるとされているが（最判昭38・２・22民集17・１・235、判時334・37ほか）、遺留分減殺請求権の行使の結果当該不動産に対する持分を有した場合、その限度では登記は現在の実体的権利関係に合致していることになり、この場合、いかなる登記が認められるべきかが本件のテーマである。

中間省略登記の判例にみられるように、実体関係に符合する登記はできる限り抹消すべきでないとも考えられるが、この場合、Ｘは、遺留分減殺請求の結果生じるＢの持分を甲不動産に反映させる手段としては、更正登記によることはできない（最判平12・５・30家月52・12・39、判時1724・45ほか（**第５章・事例３**））（なお、千種判事の補足意見として、真正な登記名義の回復を原因とする持分移転登記を経由する方法が示されている。)。

本判決は、少なくとも不動産権利変動の過程を忠実に反映される方法として、まず単独相続による更正登記をすることが許されるとしているものであり、登記制度の原則的趣旨に立ち返った判断を示すものとして実務上参考になると思われる。

参考判例

○共同相続人の一人が勝手に単独所有権登記をし、さらに第三取得者が移転登記を受けた場合、他の共同相続人は自己の持分について一部抹消（更正）登記手続することができるとされた事例（最判昭38・2・22民集17・1・235、判時334・37ほか）

○中間省略登記が中間取得者の同意なしにされた場合について、中間者に中間省略登記の抹消登記を求める正当な利益を欠くときは、その抹消請求は許されないとされた事例（最判昭35・4・21民集14・6・946）

○遺贈の対象である土地について共同相続登記がされた後に、共同相続人の一部の者が遺留分減殺の名目で受遺者から取得した各持分は相続登記がなされた後に受遺者から新たに取得した持分であるから、相続登記の更正登記によって持分の取得登記をすることはできないとされた事例（最判平12・5・30家月52・12・39、判時1724・45ほか）

第２　遺留分と税務

５　法人に対する遺贈を目的としてされた遺留分減殺請求につき価額弁償がされた場合における所得税法59条１項のみなし譲渡課税の成否

法人に対する遺贈を目的として遺留分減殺請求がされたとしても、価額弁償がされて受遺者が現物返還義務を免れた場合は、受遺者について所得税法59条１項のみなし譲渡課税が成立するとした事例

（東京地判平２・２・27訟月36・８・1532ほか）

事案の概要

○当事者

原告Ｘ：Ａの相続人(みなし譲渡課税に基づくＡの納税義務を承継)

被告Ｙ：Ａに対し所得税法59条１項のみなし譲渡課税をした税務署長

関係者Ａ：被相続人（昭58・５・20死亡）

関係者Ｂ社：Ａから土地の遺贈を受けた法人（遺留分義務者）

関係者Ｃ：Ａの相続人（遺留分権利者）

○事実経過

昭58・５・20	Ａが死亡し、Ｂ社はＡ所有の土地（以下「本件土地」という。)の遺贈を受けた(以下「本件遺贈」という。)。

昭59・６・22	昭和58年中に遺留分権利者であるＣがＢ社を相手方として遺留分減殺請求をしたところ、Ｂ社はＣに対し価額弁償をして本件土地の現物返還義務を免れた。
昭60・９・30	Ｙは、Ｂ社に対する上記遺贈によりＡに対し所得税法59条１項に基づくみなし譲渡課税が成立するとして、Ａの相続人であるＸに対し更正処分及び過少申告加算税の賦課決定をした。Ｘは上記更正処分等の取消しを求めて訴えを提起した。

当事者の主張

○原告（Ｘ）の主張

Ｂ社に対する本件遺贈は遺留分減殺請求により効力を失って遺留分権利者が本件土地を相続により取得し、Ｂ社はこれを価額弁償により買い受けたものであって、本件遺贈により本件土地を取得したわけではないから、所得税法59条１項のみなし譲渡課税の対象とはならない。

○被告（Ｙ）の主張

※裁判所の判断のとおり

裁判所の判断

①　本件遺贈に対する遺留分減殺請求について、Ｂ社は本件土地を返還することによりこれに応じたわけではなく、価額弁償によってこれを免れたのであるから、結局、遺留分減殺請求によっても本件遺

贈により本件土地がＡからＢ社に譲渡された事実には何ら変動はなく、本件遺贈による本件土地に係るＡの譲渡所得には影響がないというべきである。

② 遺留分減殺請求があっても、受遺者は目的物を返還するか、価額弁償によりこれを免れるかを選択することができ、その実行がされるまでは遺留分権利者の権利は具体的には確定しないのであるから、少なくとも課税上は、遺留分減殺請求権の行使の意思表示があった時点で直ちに権利関係に変動を生じたものと考えるのは適当ではない。価額弁償がされた場合にはその時点で遺留分権利者は当該価額弁償金を相続により取得したものとし、これに対し、遺贈の目的物の全部又は一部の返還を受けることとなった場合には、当該目的物の全部又は一部について、遺留分権利者が相続により取得したものとする一方、遺贈による譲渡はなかったものとして、被相続人の譲渡所得税については所得税法152条、同法施行令274条２号に基づき更正の請求ができるものと解すべきである。

コメント

所得税法59条１項のみなし譲渡課税は、資産が法人に対して遺贈された場合に、当該資産がその時における時価で譲渡されたものとみなして、譲渡所得に対する課税をするというものである。そして、判例及び通説によれば、遺贈を目的として遺留分減殺請求がされた場合、これによって遺贈は失効し、受遺者が遺贈によって取得した財産は当然に遡及的に遺留分権利者に帰属するものとされているから（最判昭51・８・30民集30・７・768、判時826・37ほか（**第３章・事例１**））、遺留分減殺請求に対して現物返還がなされれば、もはや所得税法59条１項のみなし譲渡課税をすることはできない。しかしながら、遺留分減殺請求に対して価額弁償がされた場合の法律関係については、①遺留分減殺請求によりいったん失われた遺贈の効果は価額弁償により当初にさかのぼって復活するので、みなし譲渡課税をすることができるとする考え方と、②遺留分減殺請求によりいったん失われた遺贈の効果は価額弁償によっても復活することはなく、価額弁償がされると遺留分権利者から受贈者への財産の移転が生じるにすぎないので、みなし譲渡課税は許されないとする考え方があった。

本判決は、価額弁償がされた場合であっても本件土地が遺贈によって被相続人ＡからＢ社に譲渡された事実には何ら変動はないとして、上記①の立場に立つ旨判断したものであり、この判断は最高裁平成４年11月16日判決（家月45・10・25、判時1441・66ほか）によっても支持された（ただし味村治裁判官による反対意見が付されている。）。この平成４年最高裁判決は、遺留分減殺請求に対して価額弁償がされた場合の法律関係という基本的論点について最高裁としての判断を示したものであり、実務的にも理論的にも注目されるべきものである。

なお、本判決の位置付けを考える場合、前掲・昭和51年最高裁判決が価額弁償における価額算定の基準時は現実に弁償がされる時であるとしていることとの関係が問題となり得るが、価額弁償における財産評価の基準時は遺留分権利者と遺留分義務者の公平かつ妥当な利益調整という観点から考えるべきものであって、所得税法59条１項のみなし譲渡課税の成否とは問題とされる状況が異なるというべきである。

6　遺贈を受けた法人が価額弁償により遺留分減殺請求に伴う現物返還を免れた場合における価額弁償額の損金算入時期

遺贈を受けた法人が遺留分減殺請求を受け、価額弁償により現物返還を免れた場合、価額弁償に要した費用は遺留分減殺請求を受けた時点の属する事業年度ではなく、その支払が確定した時点の属する事業年度の損金に算入すべきであるとした事例

（東京高判平３・２・５行集42・２・199、判時1397・６ほか及びその原審である東京地判平２・２・27行集41・２・352、判タ737・106）

事案の概要

○当事者

控訴人（第一審原告）Ｘ：Ａから土地の遺贈を受けた法人（遺留分義務者）

被控訴人（第一審被告）Ｙ：Ｘのした更正の請求に対し更正をすべき理由がない旨の通知処分をした税務署長

関係者Ａ：被相続人（昭58・５・20死亡）

関係者Ｂ：Ａの相続人（遺留分権利者）

○事実経過

昭58・５・20	Ａ（Ｘの前代表者）が死亡し、ＸはＡ所有の土地（以下「本件土地」という。）の遺贈を受けた。その後、同年中にＢがＸに対し遺留分減殺請求をした。

昭59・５・17	ＸがＢに対し価額弁償。その後、Ｘは、同価額弁償に要した額が昭和58年１月１日から同年12月31日までの事業年度（以下「本件事業年度」という。）の損金に当たるとして、本件事業年度の法人税について更正の請求をしたが、Ｙは更正をすべき理由がない旨の通知処分をした。Ｘは上記通知処分の取消しを求めて訴えを提起した。

当事者の主張

○控訴人（Ｘ）の主張

本件価額弁償は昭和59年度（本件事業年度の翌事業年度）に合意されたものであるが、遺留分減殺請求は本件事業年度中にされたものである。遺留分減殺請求は形成権であり、その行使の意思表示により遺留分の限度で遺贈が失効して遺留分権利者が遺贈の目的物に対する所有権を取得し、その効力は相続開始時にさかのぼるから、本件土地の受贈益中価額弁償金に相当する部分は本件事業年度にさかのぼって生じなかったものとして上記受贈益から控除されるべきである。

○被控訴人（Ｙ）の主張

Ｘは遺留分減殺請求に対して現物返還をしたわけではなく価額弁償によってこれを免れたのであるから、結局Ｘが本件土地を取得したこと自体には何ら変動はない。そして、価額弁償した額はその支払が確定した事業年度の損金に算入されることになるところ、本件価額弁償額は本件事業年度末においてはいまだ確定していなかったから、本件事業年度における損金に算入されるべきではない。

裁判所の判断

遺留分減殺請求があれば、遺留分を侵害する限度において遺贈はその効力を失うが、受遺者は、現物の返還をするか価額弁償をするかの選択権があり、相当価額の弁償をすることにより、現物返還義務を免れることができる。しかも遺留分減殺請求権を行使するかどうかも遺留分権利者の任意である上、行使の時期も時効によって消滅するまで確定的ではない。のみならず、受遺者が価額弁償を選択した場合、弁償を条件として目的物の所有権が確保できる半面、弁償額は観念的には遺留分相当額であっても、現実に弁償すべき額は当事者双方の合意ないしは訴訟等により定まるのであるから、遺贈の効果の発生と遺留分減殺の具体的効果の発生との間に時間の経過が常に存するところ、後者の効果の発生が、相続を原因としてされた課税処分に相続開始時に遡及して影響するものとすると、課税処分の効力を不安定なものとし、客観的に明確な基準に従って迅速に処理することが要請されている課税事務の円滑な遂行を著しく阻害することになる。これに対して、受贈益をいったん相続開始の事業年度における収益として処理するとともに、遺留分減殺請求がされ、これに伴う具体的な受贈益の変動、すなわち具体的に価額弁償の額が決定され、受贈益の減少があった場合に、その時点の事業年度において損金として処理することとしても、受贈者の利益を甚だしく害するものではない。したがって、上記のような処理は、法律的効果の変動とも符合し、具体的な利益の実現状況にも即応するものであって、相当というべきである。

コメント

本判決は、遺贈、遺留分減殺請求及びこれに対する価額弁償の意思表示ないし現実の支払という各局面における具体的かつ流動的な利害関係を分析し、さらには、このような利害関係の変化を課税関係にどのように反映させるのが制度上合理的であるのかという観点から結論を導いているものであって、本判決の示した価額弁償額の損金算入時期は課税実務上確定した取扱いというべきものである。

参考判例

○企業会計上、各事業年度において登記における収益と費用、損失とを対応させて損益計算をし、当期において生じた損失はその発生原因を問わず収益と対応させて計上すべきであるから、その発生原因が既往の事業年度の益金に対応すべきものであっても、原則として、その事業年度にさかのぼって損金として処理しないのが相当であり、このことは、遺留分減殺請求の場合であっても同様であって、非日常的ないし非営利的行為であるからといって、その扱いを異にすべき事情があるということはできないとされた事例（福岡高那覇支判平11・5・11（平10（行コ）1・2））

7　遺留分減殺請求に係る訴訟が係属していた場合における租税特別措置法39条１項所定の期間の起算点

遺留分減殺請求に係る訴訟が係属していた場合であっても、相続財産に係る譲渡所得の算定における取得費加算の特例に関する租税特別措置法39条１項所定の期間の基準となる「当該相続の開始があった日」を「遺留分減殺請求に係る争いが和解、調停あるいは判決によって解決した日」と解釈することはできないとした事例

（東京地判平12・11・30訟月48・１・147ほか）

事案の概要

○当事者

原告Ｘ：Ａの相続人（遺留分権利者）

被告Ｙ：Ｘのした所得税の確定申告に対し更正処分をした税務署長

関係者Ａ：被相続人（昭61・８・16死亡）

関係者Ｂ：Ａの相続人（遺留分義務者）

○事実経過

昭61・８・16	Ａが死亡し、相続が開始。被相続人Ａの遺言はＸに何らの財産も相続させないというものであった。
昭62・３・４	ＸがＢに対し遺留分減殺請求。その後ＸはＢを被告として遺留分の減殺及び遺産範囲の確定を求めて訴えを提起（以下「別訴」という。）
平８・９・26	別訴につき遺産中の土地（以下「本件土地」という。）

	についてＢからＸに対する所有権移転登記手続を命じる判決が確定。そのころＢは上記判決の確定により相続税額が過大になったとして相続税法32条に基づく更正の請求をし、これに伴いＸは相続税法30条に基づく期限後申告
平９・３・14	Ｘは上記期限後申告に係る税額を納付するため本件土地を売却。その後、Ｘは平成９年分の所得税の申告に関し、本件土地に係る相続税額を同土地の取得費として加算したが、Ｙがこれを否認して更正処分をした。Ｘは上記更正処分の取消しを求めて訴えを提起した。

当事者の主張

○被告（Ｙ）の主張

①　旧租税特別措置法39条所定の相続財産に係る譲渡所得の算定における取得費加算の特例（以下「本件特例」という。）は、相続開始後一定期間の間にその課税対象となった相続財産を譲渡した場合に、当該資産の譲渡所得の計算上、その者に課された相続税額を当該資産の取得費として加算することを定めたものであるところ、同条１項は、同期間について、当該相続の開始があった日の翌日から当該相続に係る相続税の申告書の提出期限の翌日以後２年を経過する日までの間と規定している。

②　本件において、「当該相続のあった日」は昭和61年８月16日であり、当該相続に係る相続税の申告書の提出期限は昭和62年２月16日であるから、本件土地の譲渡について本件特例を適用するためには、昭

和61年8月17日から平成元年2月16日までの間に本件土地が譲渡される必要があるが、本件土地が譲渡されたのは平成9年3月14日であるから、同譲渡に係る譲渡所得の計算上、本件特例を適用する余地はない。

○原告（X）の主張

遺留分権利者の遺留分義務者との間で遺留分の存否等について争いがあり、これを解決するための裁判により上記遺留分の存在等が確定した場合で、かつ、遺留分義務者が相続税法32条の更正の請求をした結果、遺留分権利者において相続税法30条の期限後申告を余儀なくされた場合においては、本件特例にいう「当該相続のあった日」は、遺留分の存否あるいはその割合に係る裁判が確定した日と解釈すべきである。

裁判所の判断

本件特例は、①その文言上、本件特例が適用となる譲渡の時期を明確に限定しており、その意義は一義的に明らかであること及び②相続税法32条1号ないし4号の定める事由が生じたため新たに納付すべき相続税額が生じた者が同法30条に基づいてする期限後申告がなされた場合については何ら言及せず、この場合につき上記期間の始期又は終期の基点を変更すべきことを定めていないことからすると、本件特例について、その始期を限定する「当該相続の開始があった日」との文言を、遺留分減殺請求権の行使があった場合においては「遺留分減殺請求に係る争いが和解、調停あるいは判決によって解決した日」と解釈することはできない。

コメント

遺留分減殺請求に係る訴訟の結果相続税額が過大になったとして遺留分義務者が相続税法32条に基づき更正の請求をする場合、その性格上、遺留分減殺請求権の行使により財産権の具体的な移転が確定して税額等が明らかになることが必要であるため、遺留分減殺請求について争いがある場合に相続税法32条3号にいう「遺留分による減殺の請求に基づき返還すべき、又は弁償すべき額が確定したこと」に該当するためには、単に遺留分減殺請求権の行使がなされただけでは足りず、和解、調停あるいは判決などがあったときにはじめて同号に該当するものと解されているため、上記訴訟が長期化したとしても、遺留分義務者において更正の請求ができなくなるということはない。これに対し、本判決によれば、遺留分権利者についてはこれら訴訟の長期化により本件特例の適用を受けることができないという事態が生じ得ることになるが、本判決は、「本件特例は、相続により取得した財産を譲渡したときは、いかなる場合にも譲渡所得の計算において相続財産に係る相続税額を取得経費に準じて扱うべきことまでを定めたものではなく、一定の期間内にされた譲渡についてのみ右加算を許容したものである〔中略〕したがって、相続財産の譲渡時期によって本件適用の有無につき差異が生じることは、本件特例が当然に予定した区別である上、譲渡の時期が遺留分義務者との抗争において遅延したとしても、事案の内容次第では遺留分義務者を非難することができないこともあるから、本件特例の運用につき原告指摘のような状況が生ずるとしても一概に不公平、不平等ということはできない」とした上、「仮に遺留分義務者が違法な抗争に出たために、遺留分権利者が本件特例を受けられなくなったとするならば、その不利益は事案の内容に応じて遺留分義務者との間で分担されるべきものである」と判示している。実務的には、遺留分減殺請求に係る訴訟の長期化により遺留分権利者が本件特例の適用を受けられなくなる場合のあることが本判決により明確にされた以上、遺留分義務者が更正の請求をするか否かを含めて、可能な限り訴訟上の和解等においてその処理を明確に定めるべきであるし、また、清算条項を定めるに当たってもこの点についての注意が必要となろう（東京弁護士会弁護士研修センター運営委員会編『研修叢書39相続紛争処理に必要な税務の知識』261頁（商事法務、2003）において、関戸勉弁護士は、「何度か遺留分の裁判をやって税金をどうするかということを双方で話し合いましたが、大抵の事例は相続税の更正あるいは修正というのはなしにして、そういう金額を考慮して和解金額を決めるというやり方をしていました。」と述べている。）。

なお、本件特例の適用されるべき期間については、本判決後の法改正により、相続税の申告書の提出期限が6か月から10か月に延長され、さらに、同期限後の期間も本判決当時の2年から3年に延長されている（平成20年4月現在）。租税関係法規、特に租税特別措置法は頻繁に改正されるので、具体的紛争処理に当たっては適用されるべき法令を常に確認する必要がある。

8　遺留分減殺義務者から価額弁償を受けた場合における相続税法34条１項の相続税連帯納付義務

遺留分減殺義務者から価額弁償を受けた遺留分権利者が同価額弁償額について固有の相続税納付義務を負わない場合においても、その遺留分権利者が相続税法34条１項の相続税連帯納付義務を免れるものではないとした事例

（金沢地判平15・９・８判タ1180・201）

事案の概要

○当事者

原告Ｘ：Ａの相続人（遺留分権利者）

被告Ｙ：Ｘに対し相続税法34条１項の相続税連帯納付義務に基づく督促処分をした国税局長

関係者Ａ：被相続人（平３・７・19死亡）

関係者Ｂ：Ａの相続人（遺留分義務者）

○事実経過

平３・７・19	Ａが死亡し、相続が開始。Ａの遺言は全財産をＢに相続させるというものであり、Ｂは同相続に係る相続税の納付について延納許可を受けた。
平４・４・30	ＸがＢに対し遺留分減殺請求をした。
平４・７・31	ＢがＸに対し価額弁償をする旨の和解が成立した。

	同和解において相続税の納付についてはＢが一切の責任を負う旨合意されていたため、Ｘは上記価額弁償分に係る相続税法30条の期限後申告をしなかった。また、Ｂも相続税法32条に基づく更正の請求をしなかったため、所管税務署長はＸに対する相続税法35条３項に基づく相続税の更正又は決定をしなかった。
平11・6・7	Ｂが延納許可に係る相続税を納付しなかったため、所管税務署長は、上記延納許可を取り消した。
平12・3・13頃	所管税務署長から上記延納許可取消しに係る国税徴収の引継ぎを受けたＹは、Ｘに対し、相続税法34条１項の相続税連帯納付義務に基づく督促処分をした。Ｘは上記督促処分の取消しを求めて訴えを提起した。

当事者の主張

○原告（Ｘ）の主張

相続税法34条１項の相続税連帯納付義務は、相互保証的連帯納付の義務であり、自らが固有の相続税納付義務を負わず、相互保証的関係にならない場合には同条の相続税連帯納付義務は成立しない。

Ｘは価額弁償分について期限後申告をしていないし、また、相続税法35条３項に基づく更正又は決定も受けていない。さらに、平成９年12月31日の経過により消滅時効が完成していて、もはやＸにはＸ固有の相続税の納付義務はなく、ＸとＢは相互保証する関係にはなり得ないから、Ｘに相続税法34条１項の連帯納付義務は生じない。

○被告（Y）の主張

相続税法34条１項の連帯納付義務とは、同一の被相続人から相続又は遺贈により財産を取得した者について、互いに連帯納付の責に任ずる、すなわち、「甲は乙の納付すべき固有の相続税があれば、これにつき連帯納付義務を負うとともに、乙は甲の納付すべき固有の相続税があれば、これにつき連帯納付義務を負う」という相互関係のことをいうのであり、甲は固有の納税義務を負わないが乙は固有の納税義務を負うこととなった場合においては、連帯納付義務は、連帯保証類似の性質を有し、乙は自己の固有の納税義務は負うものの、甲の固有の納税義務に対応する連帯納付義務は負わないことになり、他方、甲は、自己の固有の納税義務はなくとも、乙の納付すべき固有の相続税との関係においては連帯納付義務を負うことになる。

裁判所の判断

相続税法34条１項は、連帯納付義務を負う主体を「同一の被相続人から相続又は遺贈により財産を取得したすべての者」と規定しており、これを「自ら固有の相続税を課せられた者」と限定して解釈すべき理由があるとは認め難い。

実質的に考えても、共同相続人の一部の者の相続税額が零となるのは、Xの場合のように、相続税の申告手続がなされた後に遺留分減殺等がなされたのに、相続税額が過大になった者が更正の請求をせず、他方新たに相続税法27条１項に規定する申告書を提出すべき要件に該当することとなった者が期限後申告書を提出しなかったため、その者の納税義務が時効消滅した場合のほか、配偶者に対する相続税額の軽減条項（相税19の２）が適用された場合等が想定できるところ、これらの事由で相続税の納付義務を免れた者が相続によって受けた利益の価額は相当高額な場合があり、これらの者に連帯納付義務を負担させられないのでは、相続税の徴収の確保を図るという相続税法34条１項の趣旨は実現できないといわなければならない。

コメント

遺留分減殺請求がされた場合における税務の基本的形態は、遺留分義務者が既に申告した相続税額について更正の請求をし、遺留分権利者は取得した財産に応じて修正申告又は期限後申告をするというものである（なお、所管税務署長は、遺留分義務者による更正の請求に応じて更正をしたにもかかわらず遺留分権利者が上記修正申告等をしない場合には、更正又は決定により遺留分権利者の納付すべき相続税額を定めることになる。）。しかしながら、遺留分減殺請求に係る訴訟が係属してこれが訴訟上の和解により終了する場合においては、その後の相続税の処理について、本件のように遺留分義務者が一切の義務を負う旨合意されることが少なくないと思われる。そのような場合、遺留分義務者が自己の納付すべき相続税を既に納付しているのであれば、遺留分義務者が更正の請求をしないことによって遺留分減殺請求に関する税務処理は完成することになるが、本件は、遺留分義務者が延納許可を得ていた自己の納付すべき相続税を納付しなかったために、既に固有の相続税納付義務が時効により消滅した遺留分権利者について相続税法34条１項の連帯納付義務が問題となったものである。この条項の解釈については本判決の判示するとおりというほかなく、遺留分義務者が自己の納付すべき相続税を納付していない場合には、訴訟上の和解をするに当たって十分な注意が必要であろう。

第3　その他

9　韓国民法の遺留分制度における贈与、特別受益等の解釈

韓国民法において、

① 遺留分制度の新設前に行われた贈与は、遺留分返還請求の対象とならないが、遺留分算定の基礎財産に算入することができるとされた事例

② 相続開始後1年前にされた特別受益者への贈与は、遺留分算定の基礎財産に算入されるとされた事例

③ 贈与に対する遺留分返還請求は、遺贈及び死因贈与の返還を受けた後に行うべきであるとされた事例

（浦和地判平3・3・13判タ769・205）

事案の概要

○当事者

原告X_1～X_4：Aの長男、孫（亡二男の子）3名（代襲相続）

被告Y：Aの内縁の妻

関係者A：被相続人（昭55・4・24死亡）

関係者B_1～B_4：Aの子ら

○事実経過

昭37・10・6	Aは、X_1に対し、不動産を贈与（①）

昭52・4・11	Aは、Yに対し、不動産を贈与（②）
昭52・12・31	遺留分制度を新設した改正法公布
昭53・2	Aは、Yに対し、現金を贈与（③）
昭53・10・22	Aは、B_3・B_4に対し、不動産を贈与（④）
昭54・1・1	遺留分制度を新設した改正法施行
昭54・7・30	Aは、B_1ほかに対し、不動産を贈与（⑤）
昭54・8	Aは、Yに対し、現金を贈与（⑥）
昭54・8・23	Aは、B_1に対し、現金を贈与（⑦）
昭54・10	Aは、Yに対し、現金を贈与（⑧）
昭55・4・24	A死亡。Y及びB_3・B_4に対し、預金等を遺贈（⑨）、B_3・B_4に対し、不動産を死因贈与（⑩）
昭56・2・14	X_1は、Yに対し、返還請求権行使
昭56・3・14	X_2～X_4は、Yに対し、返還請求権行使

当事者の主張

○原告（Xら）の主張

贈与②③は、原告らの遺留分権利者に損害を与えることを知ってされたものであるから、韓国民法1114条によれば、Aがした贈与は、その全てが遺留分算定基礎額に加算されることとなり、X_1～X_4は遺留分を侵害されている（贈与①④も、共同相続人に対する贈与としてその時期を問わず遺留分算定基礎額に加算される。)。返還請求は、遺贈、贈与の順に行うとされているので、まず遺贈⑨について、次いで贈与②③⑥⑧について、返還請求を行う。

○被告（Y）の主張

改正法施行の前日までに行われた贈与に遺留分の規定は適用されない。これを積極に解するとしても、改正法公布前に行われた贈与②については、遺留分権利者は存せず、損害を与えることを知り得ないから、遺留分算定基礎額に算入されない。

裁判所の判断

① 韓国民法1115条の規定が改正法施行前の贈与について適用されると解するときは、受贈者は同施行前の贈与により取得した財産の一部を返還せざるを得ない結果となり、「この法律は、従前の法律により生じた効力に対して影響を及ぼさない。」との改正法附則２項の規定に反する結果となるから、同施行前の贈与について韓国民法1115条を適用することはできない。したがって、同施行前にされた贈与②に対する返還請求は理由がない。

他方、遺留分の算定に当たり、同施行前にされた贈与財産の価額を算入したとしても、同施行前に生じた贈与の効力に影響を与えるものではないから、同施行後に遺留分を算定する場合、同施行前にされた贈与財産の価額を算入することは妨げられない。しかし、改正法公布前にされた贈与②、同施行前にされた贈与③については、贈与当事者が遺留分権利者に損害を与えることを知っていたとすることはできないから、遺留分算定基礎額に算入できない。

② 韓国民法1118条、1008条によれば、共同相続人中に、被相続人か

ら財産の贈与を受けた者がある場合は、たとえ相続開始1年前にされたものであっても、その価額の全部を遺留分算定基礎額に算入すべきである。したがって、贈与①④の価額は、遺留分算定基礎額に算入される。

③　死因贈与には遺贈の規定が準用される（韓国民法562）から、原告らは、まず、遺贈⑨及び死因贈与⑩に対し、返還を請求すべきであり、⑨⑩の価額合計が原告らの不足遺留分額を上回っているから、贈与⑥⑧に対する返還は請求できない。

コメント

我が国では、明治民法以来遺留分制度が採用されているが、韓国では、現行民法で遺言の自由が認められたことに対応して新たに遺留分制度が設けられ、経過規定として、前記改正附則2項が設けられた。これによれば、改正法施行前にされた法律行為の効力が否定されるような請求が認められないことは明らかであり、本判決も、同施行前にされた贈与に対する返還請求を否定している。他方、返還請求の対象と遺留分算定基礎額に算入する対象とは別個に考えることができ、附則の文言を忠実に解釈するのであれば、本判決のように同施行前にされた贈与財産であっても要件を満たす範囲でその価額を遺留分算定基礎額に算入できると解することになろう。本判決は、取引の安全と遺産の公平な分配のもと調整を図ったもので、遺留分制度の趣旨に合致するものと思われる。

また、我が国では、民法1044条、903条により、特別受益の価額は、特段の事情がない限り、そのされた時期を問わず遺留分算定基礎額に算入されるとされているところ（最判平10・3・24民集52・2・433、判時1638・82ほか（第1章・事例12））、韓国民法1008条の規定ぶりからすると、直ちに全ての特別受益価額が遺留分算定基礎額に算入されるとすることはできないようにも考えられるが、韓国ではこれを肯定するのが判例・学説であり（金疇洙『注釈大韓民国相続法　2002年改正まで』399頁（日本加除出版、2002））、本判決も同様に解したものである。

さらに、韓国民法1116条は、死因贈与の扱いを明文で定めていないが、同562条は死因贈与に遺贈の規定を準用すると規定していることから、本判決は、遺贈及び死因贈与の返還後に贈与の返還を受けるべきとしたが、韓国の判例・学説も同旨である（金・前掲書397頁）。

本判決は、新たに設けられた韓国の遺留分制度に関する我が国での先例であり、実務上参考となる。

○参照条文（韓国民法）

第1113条１項　遺留分は、被相続人の相続開始時において有した財産の価額に贈与財産の価額を加算し、債務の全額を控除して、これを算定する。

第1114条　贈与は、相続開始前の１年間にしたものに限り、1113条の規定によってその価額を算定する。当事者双方が遺留分権利者に損害を加えることを知って贈与をしたときは、１年前にしたものでも、同様である。

第1116条　贈与に対しては、遺贈の返還を受けた後でなければ、これを請求することができない。

第1118条　1001条、1008条及び1010条の規定は、遺留分にこれを準用する。

第1008条　共同相続人の中に、被相続人から財産の贈与又は遺贈を受けた者がいる場合に、その受贈財産が自己の相続分に達することができないときは、その不足する部分の限度において相続分がある。

改正法附則２項　この法律は、従前の法律により生じた効力に対して影響を及ぼさない。

10　遺留分減殺請求事件を受任した弁護士が期待された職務の遂行を怠ったとして慰謝料の支払を命じられた事例

裁判上の手続を受任した弁護士は、善管注意義務を負うものの、受任事務の性質上相当の範囲で裁量が認められるのであるが、遺留分減殺請求権のように時効期間内にこれを行使しなければ裁判を受ける機会を永久に逸してしまう場合には、権利実現の可能性が相当低いと判断されるとしても、依頼者がその行使の意向を示している場合、これを行使する手続を行うべきであるとされた事例

（東京地判平12・５・26（平９㈦15109））

事案の概要

○当事者

原告X_1～X_3：相続人（A_1、A_2の子）

被告Ｙ：弁護士

関係者A_1、A_2：被相続人（夫婦。夫・昭63・６・22死亡、妻・平元・６・２死亡）

関係者B_1～B_3：A_1、A_2の子（相続人）

○事実経過（受任の有無の争いについては割愛した。）

昭63・６・22	A_1死亡。相続人A_2、X_1～X_3、B_1～B_3
平元・６・２	A_2死亡。相続人X_1～X_3、B_1～B_3

平元・6・23	原告ら、Y事務所を訪問し、遺産分割手続と遺留分減殺請求通知の手続を依頼
平元・7・18	Yは、原告らの代理人として、B_1～B_3を相手方としてA_1の遺産について遺産分割調停申立て
平元・12・12	B_1は、原告らがA_1の遺産とする資産の一部について、昭和47年7月18日にA_1から譲渡を受けた旨主張（本件譲渡）
平2・3・26	Yは、原告らの代理人として、B_1～B_3を相手方としてA_2の遺産（ただし、本件譲渡を前提とする内容）について遺産分割調停申立て
平3・9・3	調停から審判に移行
平6・10・3	Yは、審判期日において、原告らの代理人として、B_1に対し、遺留分減殺請求の意思表示
平8・1・9	裁判所は、遺留分減殺請求は時効期間を経過しているとしてこれを認めない審判

当事者の主張

○原告（Xら）の主張

弁護士は、遺産分割事件を受任した場合、遺産の範囲を確定する必要があるから、それに伴い遺留分侵害の事実の存否に疑問がある場合でも、時効により消滅するのを防ぐため、当然遺留分減殺の通知を出すべきである。にもかかわらず、被告は、B_1に対し、直ちに遺留分減殺請求の通知を行わず、平成６年10月３日に至るまで同請求権の行使を怠り、時効消滅を招いたのであるから、かかる行為は、原告らに対する受任義務の不履行又は不法行為に該当する。

○被告（Y）の主張

被告は、原告らから説明を受けた限りでは、同請求訴訟を提起したとしても勝訴できないと判断していた。

裁判所の判断

一般に、民事事件の裁判上の手続を受任した弁護士は、善管注意義務のみならず、誠実義務も負う。Ｙは、平成元年６月23日には、原告らから遺留分減殺権行使の具体的な委任を受けていたのであり、しかも､同請求権には１年の短期消滅時効が規定されているのであるから、Ｙは、原告らが持参した資料を速やかに精査するなど事実を調査した上で、依頼者の委任の意図を尊重すべく、時効期間内に同請求の意思表示をすべきであったにもかかわらず、平成６年に至るまで前記対応をとらず、期間徒過により原告らの同請求権を時効により消滅させたものである。このようなＹの行為は、弁護士としてなすべき委任契約上の義務に違反し、債務不履行に当たる。弁護士は、専門的な法律知識と経験に基づき、具体的な状況に応じた適宜の判断を下す必要があるから、その事務処理は相当の範囲において弁護士の裁量にゆだねられているというべきであるが、同請求権のように時効期間内に行使しなければ時効消滅し、裁判を受ける機会を永久に逸してしまう場合には、依頼者は同請求が認められるかどうかについて裁判を受ける権利を有し､その裁判の結果を検討する機会を確保されるべきであるから、たとえ弁護士としての専門的見地からは、同請求権を行使してもこれが認められる可能性が相当低いと判断される場合であっても、依頼者がこれを行使する意向を表明している以上、弁護士は、依頼者の意向、指示を尊重して、同請求の手続を行うべきである（なお、本件では、同請求権を行使しても、これが認められたとは認められないとして、財産的損害の請求は棄却されたが、裁判を受ける機会等が奪われたとして慰謝料の請求が一部認容された。）。

コメント

弁護士と依頼者との間の契約は、委任ないし準委任契約（民643・656）とされ、弁護士は専門家として、依頼者に対し、高度の善管注意義務（民644）を負うほか、忠実義務ないし誠実義務（弁護1②）を負うとされる（加藤新太郎「弁護士の責任」川井健＝塩崎勤編『新・裁判実務大系8　専門家責任訴訟法』57頁以下（青林書院、2004）。大阪地判平13・1・26判時1751・116ほか、さいたま地判平19・6・29（平18(ワ)192）最高裁HP、LLIなど。なお、専門家が負うとされる注意義務の内容について加藤・前掲参照）。弁護士の執務は、①事情聴取・資料収集・事実調査、②法的検討、③具体的措置の選択、④説明と承諾、⑤職務遂行と依頼者との連絡、⑥委任事務の終了などに分けられ、過誤の類型として、㋐不誠実型、㋑単純ミス型、㋒技能不足型に分ける見解などが唱えられている（加藤・前掲58頁以下）。本判決では、具体的措置の選択の適否が問題となったが、そこには専門家としての裁量が認められ（東京地判平12・12・26判タ1069・286、加藤・前掲58頁以下）、選択した措置が、弁護士として一般的に要求される水準に比して著しく不適切・不十分であるなどの特段の事情がない限り、注意義務違反にはならないとされるが（さいたま地判平19・9・28（平17(ワ)829）最高裁HP、LLI）、本判決のように審判を受ける機会を逸するような場合については、注意義務違反が認められる傾向にあるといえよう（東京地判平16・10・27判時1891・80ほか、千葉地判平9・2・24判タ960・192、東京地判昭52・9・28判時886・71)。

なお、本件で原告らは、平成元年6月19日、B_1に対し、遺留分減殺請求を内容とする内容証明郵便を発送したが受領を拒絶されたという経緯があるところ、最高裁平成10年6月11日判決（民集52・4・1034、判時1644・116ほか）（**第2章・事例18**）によれば、受領を拒絶された郵便でも意思表示の到達を認め得る場合があるとされており、これによれば事案の帰趨が異なった可能性がある。また、期待権侵害に係る損害賠償請求の可否について、最高裁平成17年12月8日判決（裁判集民218、裁時1401・14、判時1923・26ほか）はこれを限定的に解しており、議論があろう（弁護過誤による期待権侵害を否定したものとして大阪地判平18・12・8判時1972・103ほか、肯定したものとしてさいたま地判平19・3・28（平16(ワ)1301）最高裁HP、LLI)。

11　弁護士である遺言執行者が遺留分減殺請求事件の代理人となることと弁護士倫理（当時）

弁護士である遺言執行者が、特定の相続人の依頼を受け遺留分減殺請求事件の代理人となることは、弁護士倫理（当時）に反し懲戒（戒告）事由に当たるとした事例

（東京高判平15・４・24判時1932・80）

事案の概要

○当事者

原告Ｘ：弁護士

被告Ｙ：日本弁護士連合会

関係者Ａ：被相続人（平10・８・９死亡）

関係者Ｂ：Ａの長男（平４死亡）の妻（Ａの養子）

関係者Ｃ：Ａの長女

関係者Ｄ：Ａの二女

関係者Ｅ：Ｃ及びＤの代理人（弁護士）

○事実経過

平８・８・21	Ａは、Ａの遺産全部をＢに相続させる。Ｘを遺言執行者に指定する旨の遺言公正証書作成
平10・８・９	Ａ死亡
平10・11・26	Ｃ及びＤは、Ｅを代理人として、遺留分減殺請求調

	停申立て。そのころ、Xは、Bから同調停の代理人となることを依頼され受任
平11・2・3	Eは、裁判所に対し、遺言執行者であるXが同調停事件の相手方代理人となり得るか検討の上、意見述べたい旨申出。このため、Xは、第1回期日前にBの代理人を辞任
平11・3・11	Dが、県弁護士会にXの懲戒を請求
平11・12・6	県弁護士会は、Xが遺言執行者に就職した事実が認められないとして処分せず
平12・2・5	DがYに異議申出
平13・8・24	Yは、Xの遺言執行者就任を認定した上、遺言執行者は相続人の代理人であり、その就任後少なくとも執行終了までの間、個々の相続人から減殺請求事件等を受任することは、弁護士倫理26条2号に違反するとして、Xを戒告

当事者の主張

※遺言執行者就任の事実の有無については割愛した。

○被告（Y）の主張

弁護士倫理26条2号（以下「本規定」という。）は、「受任している事件と利害相反する事件」を職務を行い得ない事件としているところ、その趣旨は、弁護士の品位保持と当事者の利益保護、職務の公正さと信用を確保することにあるのであり、民法1015条が遺言執行者を相続人の代理人とみなしていることからすると、遺言執行者となった弁護士がその職務を越えて特定の相続人の利益を図ることは許されず、また、本件遺言が一人の者に遺産全部を相続させているとしても、財産目録の調整・交付の職務は、全相続人のために中立公平な立場で行うべきであるから、Xの行為は弁護士倫理に反する。

〇原告（X）の主張

Xの行為は、次のとおり、利害相反行為に当たらない。すなわち、①民法1015条は、執行行為の効果が相続人に帰属することを説明するための擬制にすぎず、遺言執行者と相続人の間に委任関係に基づく代理関係はない。②遺言執行者による相続財産目録の調製・交付は、法定の義務である上、事実行為にすぎない。③遺産の全部を一人の相続人に相続させる本件遺言において執行行為は単なる履行行為にすぎない。

裁判所の判断

民法1012条、1013条によれば、遺言執行者がある場合には、相続財産の管理処分権は遺言執行者にゆだねられ、遺言執行者は、その事務処理に当たり善管注意義務を負う。このような遺言執行者の地位・権限からすれば、遺言執行者は、特定の相続人の立場に偏することなく、中立的立場でその任務を遂行することが期待されている。弁護士である遺言執行者が、相続財産をめぐる相続人間の紛争につき特定の相続人の代理人となることは、中立的立場であるべき遺言執行者の任務と相反するものであるから、受任している事件（遺言執行事務）と利害相反する事件を受任しているものとして、弁護士倫理26条２号に違反する。

コメント

本規定は、弁護士法25条を拡大して「受任している事件と利害相反する事件」を職務を行い得ない事件としていた（同法25条の趣旨は、①当事者の利益の保護、②弁護士の職務執行の公正の確保及び③弁護士の品位の保持にある。なお、現行の弁護士職務基本規程では、28条３号で「依頼者の利益と他の依頼者の利益が相反する事件」について職務を行ってはならないとされている。)。

本規定と遺言執行者である弁護士との関係については、①遺言執行者に就任する場合は個々の相続人との関係において、利害相反の有無をチェックしておく必要があり、就任後は個々の相続人から事件を受任することは利害相反に該当し許されないとの見解（日本弁護士連合会弁護士倫理に関する委員会編『注釈弁護士倫理』116頁（有斐閣、補訂版、1996））、②執行行為の内容が裁量の余地なく規定されている場合には、利害相反に当たらないが、裁量の余地が認められている場合又は減殺請求者からその基礎となる事実の協議を受けて賛助していた場合には、利害相反となるとする見解（日本弁護士連合会調査室編『条解弁護士法』（弘文堂、第３版、2003)、「解説　弁護士職務基本規程」自由と正義臨増56巻６号54頁)、③遺言執行者は相続人との間では等距離を維持するべきで、遺言執行者であった弁護士が減殺請求事件において特定の相続人の代理人となることは、弁護士の信用・品位の保持及び職務公正の確保という観点から問題があり、利益相反に当たるとの見解（加藤新太郎『コモン・ベーシック弁護士倫理』76頁（有斐閣、2006））がある。日本弁護士連合会調査室編『条解弁護士法』188頁以下（弘文堂、第４版、2007）によれば、日弁連の懲戒実務では、近年、民法1015条を根拠に、少なくとも執行終了までの間、受益者から減殺請求事件等を受任することは、利害相反に当たるとの解釈が採られるようになり（本事件原処分)、さらには、当事者間に深刻な争いがあり話合いによっては解決することが困難な状況にあった場合は、執行行為が終了していると否とにかかわらず、遺言と相続財産をめぐる相続人間の紛争について、特定の相続人の代理人となって訴訟活動をすることは、執行行為終了後は利害相反でないが、弁護士の信用品位の保持、職務公正の確保に問題があるとして処分がされているとのことである。本件は、そのような解釈の変容の中で示されたもので、先例として重要である。

判例年次索引

判 例 年 次 索 引

月 日	裁判所名	出 典	頁
		明 治 38 年	
4.26	大 審 院	民録11・611	60, 254 256
		明 治 40 年	
6.24	大 審 院	民録13・705	32,38
		明 治 41 年	
4.21	大 審 院	民録14・458	32,38
		明 治 44 年	
12. 1	大 審 院	民録17・745	32,38
		大 正 4 年	
6. 2	大 審 院	民録21・873	32,38
12.10	大 審 院	民録21・2039	174,267 268
		大 正 6 年	
7.18	大 審 院	民録23・1161	8
		大 正 7 年	
12.25	大 審 院	民録24・2429	79,91
		大 正 10 年	
5.17	大 審 院	民録27・929	268
11.29	大 審 院	新聞1951・20	21
		大 正 11 年	
7. 6	大 審 院	民集1・455	21,83
		大 正 12 年	
4.17	大 審 院	民集2・257	32,37 38
		大 正 14 年	
5.30	大 審 院	民集4・288	322
		昭 和 4 年	
3.11	大 審 院	評論全集18民740	32,35 38,39
6.22	大 審 院	民集8・618	21
		昭 和 5 年	
6.16	大 審 院	評論全集19民1039	32,35
		昭 和 9 年	
4. 2	大 審 院	法叢4・4・496	38
9.15	大 審 院	民集13・1792	59,191 208
		昭 和 11 年	
6.17	大 審 院	民集15・1246	7,21 57

月 日	裁判所名	出 典	頁

昭 和 12 年

月 日	裁判所名	出 典	頁
5. 8	大審院	民集16·560	340

昭 和 13 年

月 日	裁判所名	出 典	頁
2.26	大審院	民集17·275	151,162 165,254 256

昭 和 15 年

月 日	裁判所名	出 典	頁
10.26	大審院	新聞4639·5	86

昭 和 25 年

月 日	裁判所名	出 典	頁
4.28	最高裁	民集4·4·152 判タ3·47	19,29 34,35 209,384
9.22	東京高	家月2·9·144	411

昭 和 26 年

月 日	裁判所名	出 典	頁
2. 6	最高裁	民集5·3·21 判タ10·52	326
10.18	最高裁	民集5·11·600 判タ16·40	322,323

昭 和 27 年

月 日	裁判所名	出 典	頁
4.28	東京高	家月5·4·104	411

昭 和 29 年

月 日	裁判所名	出 典	頁
12.24	最高裁	民集8·12·2271 判タ46·30	38,39

昭 和 30 年

月 日	裁判所名	出 典	頁
1.22	新潟地	下民6·1·93	340
12.26	最高裁	民集9·14·2082 金法126·28	10

昭 和 31 年

月 日	裁判所名	出 典	頁
5.10	最高裁	民集10·5·487 判タ60·48	426

昭 和 32 年

月 日	裁判所名	出 典	頁
6. 6	前橋地	下民8·6·1070	190,193 198

昭 和 33 年

月 日	裁判所名	出 典	頁
12.26	広島家呉支	家月11·4·116	113

昭 和 34 年

月 日	裁判所名	出 典	頁
2. 4	東京地	家月11·6·126 判時185·23	324
6.19	最高裁	民集13·6·757 判時190·23	27,53 56,131 132

昭 和 35 年

月 日	裁判所名	出 典	頁
4.21	最高裁	民集14·6·946	440
7.19	最高裁	民集14·9·1779 判時232·22	14,170 177,265 429,431
10. 4	東京家	家月13·1·149	406

昭 和 36 年

月 日	裁判所名	出 典	頁
4.20	最高裁	民集15·4·774 判時258·20	394
9.25	仙台高秋田支	下民12·9·2373	21,64 229

月 日	裁判所名	出　典	頁

昭 和 37 年

月 日	裁判所名	出　典	頁
4.13	東京高	家月14·11·115 判タ142·74	132
5.29	最高裁	家月14·10·111 判タ141·71	32,33
11. 9	最高裁	民集16·11·2270 判時322·24	132

昭 和 38 年

月 日	裁判所名	出　典	頁
2.22	最高裁	民集17·1·235 判時334·37	425,426 439,440
9. 3	東京高	家月16·1·98 判タ163·207	395

昭 和 39 年

月 日	裁判所名	出　典	頁
7.20	福島地	下民15·7·1842	355

昭 和 40 年

月 日	裁判所名	出　典	頁
2. 2	最高裁	民集19·1·1 判時404·52	74,107 116
3.23	大阪家	家月17·4·64 判タ185·196	23
3.27	高松高	家月17·7·128 判タ189·196	212,217 218,222 224,392
6.22	東京高	判タ179·145	269
10.26	神戸家	家月18·4·112 判タ199·215	399

昭 和 41 年

月 日	裁判所名	出　典	頁
3. 2	最高裁	民集20·3·360 判時439·12	284,292 294
7.14	最高裁	民集20·6·1183 判時458·33	14,45 147,179 183,215 216,221 239,244 248,249 271,272

昭 和 42 年

月 日	裁判所名	出　典	頁
7.21	最高裁	民集21·6·1643 判時488·21	275

昭 和 43 年

月 日	裁判所名	出　典	頁
1.30	名古屋高	家月20·8·47 判タ233·213	334
5.31	最高裁	民集22·5·1137 判時521·49	164
8. 9	東京地	判時539·49	327
10. 9	神戸家	家月21·2·175 判タ239·308	104

昭 和 44 年

月 日	裁判所名	出　典	頁
1.28	最高裁	家月21·7·68 判時548·68	14
7.21	東京高	家月22·3·69 判タ248·310	291
10.23	東京家	家月22·6·98 判タ254·319	414

昭 和 45 年

月 日	裁判所名	出　典	頁
3.24	高松高	判時600·93	152
12. 9	名古屋高	家月23·7·44 判タ269·327	194,206

昭 和 46 年

月 日	裁判所名	出　典	頁
1.26	最高裁	民集25·1·90 判時620·45	179
3.18	大阪高	昭42(行コ)23	37
6.29	徳島地	下民22·5–6·716 判時643·84	190,198
7.31	大阪家	家月24·11·68 判タ283·349	406
9. 3	最高裁	裁判集民103·48 金法628·36	174

月 日	裁判所名	出典	頁

昭和47年

月 日	裁判所名	出典	頁
5.25	最高裁	民集26・4・805 判時680・40	201
7.24	松江家	家月25・6・153	414
7.28	東京家	家月25・6・141 判時676・55	201,202 204

昭和48年

月 日	裁判所名	出典	頁
10. 3	広島高 岡山支	家月26・3・43	104,108

昭和49年

月 日	裁判所名	出典	頁
9.20	最高裁	民集28・6・1202 判時756・70	335
10.24	最高裁	家月27・7・47 判時761・77	36
11.27	仙台高	高民27・7・944 判タ320・192	158
12.19	大阪高	判時787・75	181

昭和50年

月 日	裁判所名	出典	頁
6.16	福岡高	判時811・68	264

昭和51年

月 日	裁判所名	出典	頁
3.18	最高裁	民集30・2・111 判時811・50	24,87
3.31	山口地	判時837・87	184,198
5.26	東京高	家月29・12・51 判タ341・172	255,256
7.19	最高裁	民集30・7・706 判時839・69	164
8.30	最高裁	民集30・7・768 判時826・37	14,43 45,151 239,244 248,249 271,272 283,285 301,307 313,347 365,366 378,379 443,444
10.22	東京地	判時852・80	61
11.25	大阪家	家月29・6・27	70,104 108
11.30	名古屋地	判時859・80	229,230

昭和52年

月 日	裁判所名	出典	頁
3.31	最高裁	民集31・2・365 判時850・22	298
6.16	仙台高	判タ359・280	126
9. 8	東京家	家月30・3・88	236
9.28	東京地	判時886・71	467
10.12	仙台地	下民28・9-12・1095 判時886・76	323

昭和53年

月 日	裁判所名	出典	頁
9. 4	神戸地	判タ378・128	351
9. 6	高松高	家月31・4・83	203
9.26	大阪家	家月31・6・33	23,71

昭和54年

月 日	裁判所名	出典	頁
2. 6	東京高	高民32・1・13 判時931・68	127
3.28	東京家	家月31・10・86	401
7.10	最高裁	民集33・5・562 判時942・46	178,183 301,307 312,352 369

昭和55年

月 日	裁判所名	出典	頁
2.12	東京家	家月32・5・46	67,104 108,117
9.10	東京高	判タ427・159	70,104
9.16	福島家	家月33・1・78	70
9.19	東京地	家月34・8・74 判タ435・129	101

月日	裁判所名	出典	頁
9.24	大阪高	家月33·3·48 判時995·60	298
11.27	最高裁	民集34·6·815 判時991·69	70,103

昭和 56 年

月日	裁判所名	出典	頁
8.10	仙台高	家月34·12·41 判タ447·136	407,415 419,420
12.24	千葉地	判タ469·229	186,198

昭和 57 年

月日	裁判所名	出典	頁
3. 4	最高裁	民集36·3·241 判時1038·285	45,51 151,239 244,245 272
11.12	最高裁	民集36·11·2193 金判669·20	250,259 263

昭和 58 年

月日	裁判所名	出典	頁
4.22	東京高	金法1056·46	339
6.28	東京高	家月36·10·90 判時1085·61	313
9. 5	東京高	家月36·8·104 判時1094·33	412
10. 6	最高裁	民集37·8·1041 判時1099·51	335
10.14	最高裁	裁判集民140·115 判時1124·186	71
12.19	最高裁	民集37·10·1532 判時1102·42	336

昭和 59 年

月日	裁判所名	出典	頁
1.25	和歌山家	家月37·1·134	126
6.18	大阪高	家月37·5·60 判タ537·224	289
7.20	最高裁	民集38·8·1051 判時1132·117	298
11.14	東京高	東高時報35·10-12·187 判時1141·76	357

昭和 60 年

月日	裁判所名	出典	頁
1.31	最高裁	家月37·8·39	71
3.20	大阪高	判タ560·144	92
4.30	京都地	金判721·32	212,218
7. 4	最高裁	家月38·3·65 判時1167·32	121,125 127
8. 5	東京高	東高時報36·8-9·140	257
8.14	東京高	家月38·1·143 判時1165·104	405,415 416
9.26	東京高	金法1138·37	72,117 360,361
9.26	東京高	判時1168·73	323
11.14	和歌山家	家月38·5·86	406

昭和 61 年

月日	裁判所名	出典	頁
1.22	東京高	家月38·12·68 判タ610·137	320
3.13	最高裁	民集40·2·389 判時1194·76	281
4.11	盛岡家	家月38·12·71	126
7.14	前橋家 高崎支	家月38·12·84	126
9.26	東京地	家月39·4·61 判時1214·116	186,195

昭和 62 年

月日	裁判所名	出典	頁
3. 3	最高裁	家月39·10·61 判時1232·103	71,103
8.26	東京高	判時1252·54	304,314 361
12. 4	浦和家 飯能出	家月40·6·60	121,286

月 日	裁判所名	出　典	頁

昭　和　63　年

月 日	裁判所名	出　典	頁
2.29	東京地	金判802·15	362
7.19	東京高	東高時報39·5–8·43	11,331
10. 7	和歌山家妙寺支	家月41·2·155	406

平　成　元　年

月 日	裁判所名	出　典	頁
3.28	最高裁	民集43·3·167 判時1313·129	281
8.22	前橋地	昭62(ワ)333	424
9.14	東京高	東高時報40·9–12·109	264

平　成　2　年

月 日	裁判所名	出　典	頁
2.27	東京地	訟月36·8·1532	441
2.27	東京地	行集41·2·352 判タ737·106	445
3.26	東京高	金法1268·33	423
6.26	東京地	家月43·5·31 判時1377·74	339
8. 7	東京高	判時1362·50	290
10.29	東京地	金法1285·28	41,44 429,430
10.31	東京地	金法1286·33	427
12.25	宇都宮家栃木支	家月43·8·64	108

平　成　3　年

月 日	裁判所名	出　典	頁
2. 5	東京高	行集42·2·199 判時1397·6	445
3.13	浦和地	判タ769·205	458
4.19	最高裁	民集45·4·477 判時1384·24	50,54 55,161 164,202 336
5.10	東京地	家月43·9·46	122
7. 3	東京地	金法1310·32	175
7.25	東京地	判タ813·274	431
7.30	東京高	家月43·10·29 判時1400·26	28,41 44,118 290,429 430
8.12	名古屋地	判時1412·134	360,361
9.20	東京地	判タ788·259	213,222
10.23	神戸地	判タ803·246	122,180
12.24	東京高	判タ794·215	28,123

平　成　4　年

月 日	裁判所名	出　典	頁
2.24	東京高	判時1418·81	225,236
2.28	東京地	金法1342·112	435
5.27	東京地	金法1353·37	229,230
6.16	東京地	判タ794·251	331
6.26	東京地	家月45·8·90	295
7.20	東京高	家月45·6·69 判時1432·73	211,212 217,218 222,223 224,392
8.31	東京地	金法1375·116	217,218 222
9.29	東京高	家月45·8·39 判時1440·75	45,285
11. 6	東京高	判タ813·277	328
11.16	最高裁	家月45·10·25 判時1441·66	444
12.17	東京高	家月46·2·140 判時1453·132	281

平　成　5　年

月 日	裁判所名	出　典	頁
2.19	東京高	金法1371·80	331
3.30	東京高	家月46·3·66 判時1459·130	237,244 282
5.31	東京高	家月47·4·32 判タ885·265	159
9.21	東京高	判時1473·53	276

平　成　6　年

月 日	裁判所名	出　典	頁
1.27	名古屋高	判タ860·251	299
2.22	東京高	東高時報45·1–12·5	155,190
8.10	東京高	東高時報45·1–12·33	337

月 日	裁判所名	出　　典	頁

平成7年

月 日	裁判所名	出　　典	頁
1.24	最高裁	裁判集民174・67 判時1523・81	51,164
6.9	最高裁	裁時1148・7 判時1539・68	248,249 272
8.24	大阪高	判時1559・53	263

平成8年

月 日	裁判所名	出　　典	頁
1.26	最高裁	民集50・1・132 判時1559・43	19,40 100,120 122,240 241,244 283,285 369,430 431
6.20	東京家	家月48・11・85	241,242
8.23	千葉地 一宮支	平5(ワ)53	48
11.7	東京高	高民49・3・104 判時1637・31	24,128
11.26	最高裁	民集50・10・2747 判時1592・66	20,56 96,130

平成9年

月 日	裁判所名	出　　典	頁
2.24	千葉地	判タ960・192	467
2.25	最高裁	民集51・2・448 判時1597・66	307,309 318,319 346,356 360,361 374,376 378,379 380
3.14	最高裁	裁時1191・18 判時1600・89	278
6.18	東京地	平8(ワ)18370	433
6.30	東京地	判タ967・213	356
7.17	最高裁	判時1617・93	307,315 316,361
9.9	最高裁	平6(オ)1215	319
10.14	最高裁	平9(オ)129	319

平成10年

月 日	裁判所名	出　　典	頁
2.12	東京高	平9(ネ)3125	433
2.26	最高裁	民集52・1・274 判時1635・55	157,187
3.10	最高裁	民集52・2・319 判時1636・49	122,351 364,366
3.24	最高裁	民集52・2・433 判時1638・82	7,22 69,74 76,112 461
3.31	東京高	判時1642・105	48
6.11	最高裁	民集52・4・1034 判時1644・116	217,218 219,389 467
6.29	東京高	判タ1004・223	105
11.25	東京高	平9(ネ)5559	370

平成11年

月 日	裁判所名	出　　典	頁
1.8	高松高	家月51・7・44	289
3.5	高松高	家月51・8・48	108
5.11	福岡高 那覇支	平10(行コ)1・2	448
6.8	大阪高	高民52・1 判時1704・80	22,110
6.11	最高裁	民集53・5・898 判時1682・54	334
6.24	最高裁	民集53・5・918 判時1687・70	273
8.27	東京地	判タ1030・242	230,231
12.16	最高裁	民集53・9・1989 判時1702・61	46,122 164

月 日	裁判所名	出　典	頁

平成 12 年

月 日	裁判所名	出　典	頁
3. 8	東京高	高民53·1·93 判時1753·57	199,205
5.26	東京地	平9(ワ)15109	463
5.30	最高裁	家月52·12·39 判時1724·45	432,439 440
7.11	最高裁	民集54·6·1886 判時1724·36	367
7.13	東京高	家月53·8·64 判時1727·104	261
9.13	大阪高	判タ1071·239	356
11.30	東京地	訟月48·1·147	449
12.26	東京地	判タ1069·286	466

平成 13 年

月 日	裁判所名	出　典	頁
1.26	大阪地	判時1751·116	466
11.22	最高裁	民集55·6·1033 判時1775·41	332,339

平成 14 年

月 日	裁判所名	出　典	頁
3.19	東京地	平12(ワ)1178	437
11. 5	最高裁	民集56·8·2069 判時1804·17	23,74 114

平成 15 年

月 日	裁判所名	出　典	頁
4.24	東京高	判時1932·80	468
9. 8	金沢地	判タ1180·201	454

平成 16 年

月 日	裁判所名	出　典	頁
9. 7	東京高	判時1876·26	436
10.27	東京地	判時1891·80	466
10.29	最高裁	民集58·7·1979 判時1884·41	23,70 75,108 117
11. 5	名古屋地	金判1291·54	378

平成 17 年

月 日	裁判所名	出　典	頁
1.27	長野地 諏訪支	判時1911·133	372
12. 8	最高裁	裁判集民218 裁時1401·14 判時1923·26	467

平成 18 年

月 日	裁判所名	出　典	頁
6. 6	名古屋高	金判1291·51	380
6.21	東京地	平16(ワ)13422	303
12. 8	大阪地	判時1972·103	467

平成 19 年

月 日	裁判所名	出　典	頁
2. 2	福岡地	平16(ワ)3481 最高裁ＨＰ	52
3.28	さいたま地	平16(ワ)1301 最高裁HP LLI	467
6.21	福岡高	金法1815·49	132
6.29	さいたま地	平18(ワ)192 最高裁HP LLI	466
9.28	さいたま地	平17(ワ)829 最高裁HP LLI	466

平成 20 年

月 日	裁判所名	出　典	頁
1.24	最高裁	民集62·1·63 判時1999·73	302,356 374,377

遺留分をめぐる紛争事例解説集

不許複製

平成20年10月14日　第一刷発行
平成20年12月12日　第二刷発行
定価4,830円(本体4,600円)

編集　星野雅紀

発行者　新日本法規出版株式会社
代表者　服部昭三

発行所　新日本法規出版株式会社

本社
総轄本部　(460-8455)名古屋市中区栄1－23－20
電話　代表　052(211)1525

東京本社　(162-8407)東京都新宿区市谷砂土原町2－6
電話　代表　03(3269)2220

支社　札幌・仙台・東京・関東・名古屋・大阪・広島
高松・福岡

ホームページ　http://www.sn-hoki.co.jp/

ISBN978-4-7882-7135-7